U0639121

钢铁人生

平凡而非凡的人生

张荣华　主　编

方　卫　周春玲　副主编

天津出版传媒集团

天津人民出版社

图书在版编目(CIP)数据

钢铁人生:平凡而非凡的人生/张荣华主编;方卫,周春玲副主编. -- 天津:天津人民出版社,2025.

1. -- ISBN 978-7-201-20942-5

Ⅰ. K825.38-53

中国国家版本馆CIP数据核字第202567V3K5号

钢铁人生:平凡而非凡的人生

GANGTIE RENSHENG : PINGFAN ER FEIFAN DE RENSHENG

出　　版	天津人民出版社
出 版 人	刘锦泉
地　　址	天津市和平区西康路35号康岳大厦
邮政编码	300051
邮购电话	(022)23332469
电子信箱	reader@tjrmcbs.com

责任编辑	高　琪
封面设计	汤　磊

印　　刷	天津新华印务有限公司
经　　销	新华书店
开　　本	710毫米×1000毫米　1/16
印　　张	23.5
字　　数	250千字
版次印次	2025年1月第1版　　2025年1月第1次印刷
定　　价	129.00元

版权所有　侵权必究

图书如出现印装质量问题,请致电联系调换(022—23332469)

这样的祥青

敢为人先的创新精神

攻坚克难的勇气魄力

钻研较真的执着精神

智慧谋略的非凡胆识

自强不息的奋斗精神

着眼未来的远见卓识

诚实守信的真字精神

无我利他的责任担当

大爱无疆的奉献精神

家国天下的格局境界

目 录

祥青其行

家人朋友篇

院校追忆篇

政府协会追忆篇

目　录

代序

活着的意义

张祥青

那一天夜里看着玻璃向我扎来，我以为这是梦。我说我就不眨眼，就要看看这个梦究竟会怎么醒。

等我真的醒来，我发现我在妈妈的怀里，她一身的汗，我疯狂地叫："妈妈！"旁边的五哥说："妈死了。"

大哥比我大26岁，离我们住的地方只有六七百米。当时，他从屋里冲出来后，一路救人，六七百米的路他走了五个小时。

我们家旁边有一棵树，妈妈曾经说："留着吧，等以后铁六结婚的时候可以用来做房檩子。"殊不知地震时，就是这棵树砸了下来……

汶川地震的时候我看电视，只有经历过此种惨况的人才能体会那种近乎绝望的心境。我们当时出来后没有水，没有吃的，也是在滂沱的大雨中淋着。我知道他们盼望的是什么，渴望的是什么。

当时，看到妈妈、哥哥和其他乡亲的一具具尸体摆在那儿，我真的很难过，但我没有绝望。我的生命是妈妈给我的，她既然让我活了下来，我就要坚强地活下去。我永远不会把自己当孤儿，我把爸爸妈妈的离去想成他们都是去了远方，这样我才不会觉得自己是最可怜的人。

妈妈在世的时候常跟我们说，一个人有力量的时候能够帮助别人，这才有价值。我记得，有一年冬天很冷，我在村头和一个乞丐玩了一上午，最后我把他领到我们家里吃饭。那是一个饥饿的年代啊，家里没有多余的口粮，但妈妈见是我领回来的，还是把家里的东西拿出来让我们分着吃。

可到了最后，那乞丐不走了。我急问："妈妈，怎么办啊？"妈妈说："你领来的，你自己处理啊。"我说："我让他到咱们家来吃，他就来了。"哥哥姐姐说："你让他来吃，他能不来？"最后，乞丐还是走了，因为家里实在没吃的了。

我小时候一直渴望当个英雄。如果别人欺负我哥哥，我跳出来说："别打我哥哥，要打就打我，我不哭！"我家里摆着王杰和洪常青的画像，我跟我爸爸说："我要改名，要当英雄，要叫'张祥青'。"爸爸说："行啊，只要你不改姓就行。"就这样，张铁六改名张祥青。

现在父母亲的音容笑貌依旧在我的脑海中。在他们身上，我学会了两样东西，一是善良，二是勤奋。那时候因为家里穷，人家说："就怪你们家小孩太多。"我妈妈则回答说："我这么多儿子，将来不知哪个儿子可以当县长呢。"我从来没有见妈妈在家里休息会儿，看到最多的就是在炕上缝缝补补。她曾经告诫我，一个人在这个社会上只要肯动手，就不会饿死。

这么多年，我要感谢我的太太。当初我们在一起的时候，旁人冷言冷语："那小子太穷，别嫁。"我太太却说："我偏不怕他穷，我要帮他过上好日子！"

我记得我和太太刚结婚的时候，家里连一把菜刀都没有。刚创业时借了亲戚的账，但在我们最困难的时候，她总是给我鼓励。我这一辈子能够找到一个好老婆，是我最大的福气。

从某种意义上说，我是一个死过一次的人。这也让我更加地珍视身边人，注重健康和珍惜生命。而人既然活着，就要活得有意义、有价值。曾经有人问我，活着的意义是什么。我告诉他们："是你这个人活着，而很多人能因为你而活得更精彩、更美好。"

　　财富真的只是一串数字。小时候为了能挣学费，我曾经捡过破烂。可即使是捡破烂，我也是很快乐的。它教会我如何寻找机遇，以及面对强者时如何保护自己。这些时光，回想起来都是人生的宝贵财富，它并不比金钱逊色。

　　比财富更重要的是生命，是对社会的贡献。只有这样，你的存在对于世界才是一种祝福！

2010.6.2

写不尽的这十年

张荣华

　　万里长城，诉不尽历史的沧桑厚重；黄河长江，见证着岁月的激荡峥嵘！

　　十年，我们踏平坎坷，攻克险阻，经历磨炼，成就圆满，在岁月长河中留下了无数难忘的瞬间！

十年，我们风雨兼程，使命在肩，把一个个"不可能"变成了现实，跨越一道道难关，找到了精彩答案！

十年，我们扬帆远航，笃行实干，踔厉奋发，勇毅拓展，佳报频传，掀开历史新篇！

——**我们见证**。这十年，新时代的车轮滚滚向前，党和国家以中国式现代化全面推进中华民族伟大复兴，统揽伟大斗争、伟大工程、伟大事业、伟大梦想，明确"五位一体"总体布局和"四个全面"战略布局，经过接续奋斗，实现了小康这个中华民族的千年梦想，打赢了人类历史上规模最大的脱贫攻坚战，伟大祖国站在了更高的历史起点。

——**我们自豪**。这十年，祖国非凡成就举世瞩目，我国经济总量稳居世界第二位；制造业规模、外汇储备稳居世界第一。建成了世界最大的高速铁路网、高速公路网，机场港口、水利、能源、信息等基础设施建设取得重大成就。载人航天、探月探火、深海深地探测、超级计算机、卫星导航、量子信息、核电技术、新能源技术、大飞机制造、生物医药等取得重大成果，进入创新型国家行列。

——**我们振奋**。新时代，党中央把"两个毫不动摇"写入坚持和发展中国特色社会主义的基本方略，成为治国理政一项重大方针进一步确定下来，坚持"两个毫不动摇""三个没有变"是党和国家对民营经济的高度信任和殷切希望，激励我们胸怀国之大者，担当历史使命，专心致志勇毅前行科学发展。

——**我们坚信**。新时代的十年，有太多的变化令人动容，有太多的成就让人惊叹，有太多的故事值得铭记。实干精神是我们跨过一道又一道沟坎、取得伟大胜利的重要法宝。展望未来，民族复兴事业前途光明。

实现伟大的中国梦，需要我们发扬实干、苦干的精神，自强不息、默默奉献，用勤劳的双手创造出一个又一个奇迹，写出更加辉煌的续篇。

过去的十年，荣程与时代同步伐，与祖国共命运，与人民齐奋斗，信念坚定，步履铿锵。

这十年，荣程人以时间为纸、以勤劳为笔，绘就出一幅美丽的画卷，用心用情交出了一份实业报国的答卷；这十年，荣程人以四季为景、以忠诚为曲，谱写出一首感人的旋律，用汗水和创造谱就一首顽强奋进的赞歌；这十年，荣程人以时光为速、以创新为翼，走出了平凡而非凡的人生，用智慧和拼搏开拓出高质量发展之路。

秉感恩之心，怀感激之情，品味岁月峥嵘、铁骨人生，炽热与传承，大爱与光辉，无私与执着，一个人的生命融入了太多的五彩斑斓与跌宕起伏，文字不足以道尽他的一生。与他是并蒂莲，是知己，是相互的支撑；与我是一生的钟情，是力量，更是生命中闪耀的星，这个人是我的爱人、荣程的创始人——祥青。

回首过往，想起祥青以及我们共同走过的每一步，点点滴滴汇成涓涓细流，那是我心底永远珍藏的温暖与美好……

"思念，总在那不经意间，走过的路程，留下的痕迹，成了永恒的画面。"十年里，想着地震来袭时，母亲本能地挺身而出，用怀抱为孩子搭起最伟大的庇护所，用柔弱的血肉之躯撑起男孩的整个世界；想着一个坚强的男孩拾荒时，那份刚毅勇敢的信念支撑着他心向美好；想着一个车间的炉前工被钢花烫伤后的那份镇定和对钢铁一生的挚爱与执着……

"你是我难忘的名著，我是你忠实的读者。"十年里，想着与他相识时的羞涩、质朴和为人忠厚、做事踏实；想着和他一起起早贪黑做豆腐、摆摊卖早点、养猪，为小家的幸福共同努力，那年寒冬腊月，为了刚刚降生的 12 只小猪，能吃苦的他在猪圈里守护了整整一夜；想着第一车废钢生意亏掉所有积蓄时，没有灰心，重新再来的那份执着和必胜的信念。

"他喜欢雨天，喜欢闪电瞬间的划过，喜欢雷声咆哮在那空中，任凭狂风吹过。"十年里，想着在炉前聚精会神研究的场景；想着因为在炉前操作溅出的钢花而在衣服上留下的一个个小小的印记；想着一直在围绕铁的革命的信念，研究如何缩短工艺流程，从长流程冶炼到短流程生产；想着他打着点滴进京到冶金图书馆买相关书籍；想着他不分昼夜研究，坚持、坚守的毅力；想着他凝视远方放眼世界的雄心。

"遵循着你的心念，感恩社会传承爱心。踏着那条路径，去迎接属于你我的人生。"十年里，想着和他一起走过家乡那座捐建的桥上的幸福时刻；想着和他一起赶往汶川地震灾情现场看到满目疮痍而潸然泪下的伤痛；想着他在赈灾晚会现场那捐款亿元的壮举和"建震不垮的学校"的豪言。

时代成就了有胆识、有魄力的他，成就了我们的梦想，有了荣程这个大家庭。十年里，想着他留给我们的每一句饱含力量的话语、每一个感人的故事和精彩的瞬间；想着带领荣程所有家人化悲痛为力量，上下齐心迎战万难，不断创出佳绩；想着传承接力他的梦想，同心携手打造百年绿色荣程，进军世界 500 强。

"你只管静坐天国，我为你守候希望。你只管种下梦想，我替你振翅翱翔。"我爱的祥青从未离开，他一直在那里静静用心守护着我和家人，守护着荣程这个大家庭，是我们永恒的精神支柱；我爱的祥青从未离开，他一直笑笑的，看着那些熟悉的面孔，看着那些不曾相识的新的缘分，相聚在他那梦想的基地，开疆拓土向着更深的蓝海；我爱的祥青从未离开，他感恩社会传承爱心的理念，是荣程熠熠生辉的底色，也赢得社会广泛认同和共鸣，理想的光芒正在照进更加美好的现实。

回顾过去，几个十年，随光阴流转，荣程从无到有、从小到大，从两人到万人；从最初创业、二次创业，到四次并购、战略转型，从一业为主、多业并举，到12345战略总纲、数智化转型绿色低碳高质协同发展,变的是规模、体量、时间、空间，不变的是初心、使命、精神、传承！荣程人逐梦的脚步与时俱进，奋进的步伐从不停歇！

放眼当下，30岁的钢铁，14岁的数字科技，11岁的文化健康，3岁的融诚物产，2岁的新能科技，有如红日初升、朝气蓬勃、潜能无限！五大板块，你中有我、我中有你，相互支撑、相互连接、相互赋能、相互成就，混合联合形成新力量，整合融合形成新动能。特别是逆境重生的融诚物产，在最短的时间，以最快的速度，成长为助力荣程产业组合、叠变升级，向世界500强奋进的重要力量！

这个家聚合了来自五湖四海同路人，智者和志同者的到来更是为荣程增添了活力。国内外上下游客户及合作伙伴是荣程踏准时代发展鼓点、迈出铿锵发展足音的同行者、见证者、助力者。

祥青留下的宝贵精神财富，无论是过去、现在，还是将来，都值得荣程人、接力的奋斗者们、青年一代致敬和学习，学习他的情怀，追随他的梦想，更要延续好、传承好祥青精神：

敢为人先的创新精神；

攻坚克难的勇气魄力；

钻研较真的执着精神；

智慧谋略的非凡胆识；

自强不息的奋斗精神；

着眼未来的远见卓识；

诚实守信的真字精神；

无我利他的责任担当；

大爱无疆的奉献精神；

家国天下的格局境界。

实干铸就伟业，奋斗开创未来。我相信自强不息、奋斗不止、永不言败的荣程家人，会在集团董事会的带领下，万众一心、众志成城，顺时代之大潮，乘风破浪，勇往直前，向祥青提出的百年绿色荣程和打造世界500强奋进！

潮平两岸阔，风正一帆悬。正是梦想、创新和实干，才有了昨日荣程之自强自立、铸就辉煌，今日荣程之强健体魄、超越卓越；只有始终心怀梦想、守正创新、真抓实干，明日荣程之战略蓝图才能成真，美好愿景才能成真，百年绿色荣程梦才能成真！每个荣程小家庭才能更加富裕，每个荣程家人的生活才能更加快乐、更加幸福！

展望未来，为责任而奋斗、为传承而前行的荣程人，要在习近平新时代中国特色社会主义思想指引下，团结一致、坚定信心，勇毅前行、善作善成，心怀国之大者，以大格局、大心量、大智慧、大创新、大作为，构建大平台、拓展大营销、融入大市场、塑造大优势、实现大发展，全力打造为人民服务的民族企业，书写无愧于时代、无愧于人民、无愧于历史的新答卷。

江山壮丽，人民豪迈，前程远大。让我们敢为人先，以荣程之进，在中国式现代化新征程上谱写新的华彩篇章；让我们自强不息，以荣程之为，为实现中华民族伟大复兴的中国梦贡献智慧和力量！

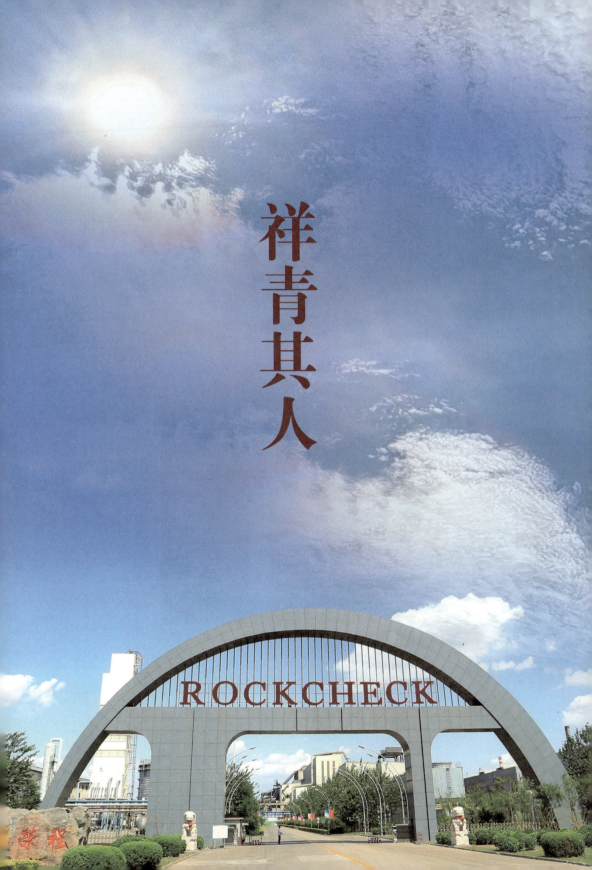

永远的祥青

——纪念张祥青董事长逝世10周年

在我国改革开放以来的钢铁发展史上，有这样一批做出特殊贡献的人：他们虽出身平凡，但胸怀宏图大志；他们虽来自基层，但紧跟时代步伐；他们坚信国家政策，熟知行业脉动，敏锐洞察市场，锐意改革拼搏。他们以一往无前的奋斗精神，义无反顾地投入波澜壮阔的创新实践，以百折不挠的坚韧、脚踏实地的刻苦、兢兢业业的专注、自强不息的实干，以惊人的效率更新行业布局，快速成长为行业翘楚，创造了中国冶金工业的一幕幕感人情景，一个个钢铁传奇。

张祥青董事长就是其中的杰出代表——他以自身独特的品格特质和对社会责任的深刻理解，一手创办起荣程集团。风雨兼程，砥砺前行，发展实业，贡献行业，报效国家，服务社会，从一个困苦艰辛的地震孤儿，成长为受到国家、社会和企业员工高度认可和普遍尊敬的业界领军人物。他用短暂而华彩的一生书写了"自强不息、奋斗不止、永不言败"的荣程精神，挥洒出创新自勉、实干兴邦的人生华章。

幼年遭难，逆境成长。1969年2月12日，张祥青出生于唐山丰南胥各庄镇一个普通的农民家庭。1976年7月28日，唐山丰南一带发生强烈地震，他的家乡处于受灾最严重的震中地区，父母不幸罹难，年仅7岁的张祥青是母亲在最后时刻用身体掩护才有幸在突如其来的大难中得以存活，这在他幼小的心灵留下不可磨灭的创伤，然而亲情大爱让他学会了感恩和坚强。长大后的张祥青始终抱有一个心愿："我是死过一次的人，既然活着就是要有意义，有价值。"

张祥青没有被命运击垮，他以坚强的意志和乐观的精神面对生活的艰辛与挑战。为了减轻亲人负担，年少的张祥青一边读书，一边靠捡废品、卖冰棍维持生计贴补家用。为了生活，他15岁中止学业成为胥各庄轧钢厂年龄最小的炉前工，从此与钢铁结下不解之缘。高温炙烤，型材川流，高强度劳动和紧张默契的生产训练铸就了张祥青钢铁工人的作风品质。他勤奋学习、认真领悟，凭借一股"钻劲儿"，在艰苦环境中锤炼出了坚韧不拔、自强自立的"铁人"性格。

艰苦创业，逐梦前行。 1988年12月13日，张祥青与张荣华喜结连理，这对年轻夫妻以做豆腐、卖早点的小本生意为起点，开启了风雨同舟、艰苦创业的征程。起早贪黑、勤俭持家的两人，把清苦的日子过得日渐起色。天赐的机缘让张祥青和张荣华像优质合金一样熔炼成更顽强、更坚韧的生命一体，他们经历着同时代创业者特有的艰辛，笑迎风浪，扬帆起航……

穷则思变。张祥青求新、求变的性格促使他于1991年把做豆腐、卖早点积累的全部家当投入废钢贸易行业。虽然几经周折，甚至在一个阶段血本无归，但执着的张祥青始终坚信："废旧钢铁有市场，坚持下去一定能成功。"他吸取教训，潜心钻研，转换经营思路，终于以过人的胆识、不服输的干劲儿、敏锐的眼界牢牢抓住了市场机遇，东山再起。废钢贸易的成功让他坚定了信心，积累了才干和实力，为日后的发展打下基础。

历经废钢生意的历练，逐渐成熟的张祥青也学会了在求新、求变中不断自省、自强，他清醒地意识到："一条路走久了肯定会死，因为市场就那么大，干的人越来越多，所以就要改变，寻找新路。"1993年，国内钢铁行业暂遇低谷，废钢生意步履维艰，张祥青狠下决心："不就是废钢吗？大不了自己来炼。我就要拼下去！"1994年，市场经济春风袭来，张祥青敏锐地抓住机遇，成立丰南顺达冶金原料厂，机智地将钢厂废弃钢渣和除尘灰、铁泥等"冶金垃圾"利用起来，土法生产烧结矿，为高炉冶炼提供原料，通过优化工艺改进配比并完善操作流程提升产品质量，实现了"点石成金""变废为宝"的低成本经营。这次成功是未来荣程集团形成精细化管理传统的起点。初步见识钢铁工业魅力的张祥青从此走上实业报国之路。

奋发图强，高效拓展。1993—1994年，中国钢铁行业跌宕起伏，善于在拼搏中深刻思考的张祥青意识到："一个企业没有自己可控的产品市场是不行的，我一定要搞一个钢铁企业。"胆识魄力加上雷厉风行的作风，促使张祥青敢想敢干，说干就干，目标既定，"举枪就打"。凭此策略，他的第一笔钢铁工业版图落笔有形，从此开始高速绘制。

1998年，张祥青承包了已经停产多年的丰南德丰钢厂，成立丰南冀发特种钢材有限公司。好钢成材，必经百炼。建厂不久，全国钢材市场爆冷，销售受阻，数千吨钢锭库存积压，资金链面临断裂风险。张祥青顶住压力，跑市场、销库存、渡难关；他充分利用当初开办冶金原料厂的经验，在同规模行业率先使用高炉煤气生产烧结矿，既解决了高炉煤气放散造成的空气污染，又大幅度降低了烧结矿的燃料成本；他兴建高炉，完善生产工序，首创"电炉加铁水"降成本、创效益。忍过严冬，冀发特钢终于进入发展快车道。

1999年，张祥青租赁滦南县滦粤钢铁厂，成立唐山合利钢铁厂。面对屈指可数、残缺不全的设备，他召集待岗在家的工人回厂复工，修缮高炉、检修转炉、完善设备……摸爬滚打一个月就恢复了生产。与此同时，他又投资新建高炉、扩容转炉，到2000年初，短短几个月时间，合利钢铁厂月产量由3万吨增长到8万吨。同年，他抢抓连铸坯市场机遇，果断决策投建连铸机，优化生产工序，提高生产效率，提升产品质量，大幅降低生产成本。他以真诚笃定的企业家精神，心无旁骛地尊重着工业生产规律的每一个环节。2012年，工厂的原有装备被国家列入淘汰范围，为了近2000名员工的期待，他斥资18亿元兴建新标准厂房，进行了彻底地升级改造。2013年末，新建的一座1080立方米高炉和2台80吨转炉正式投产，产能达到100万吨，一跃成为唐山市优秀重点民营企业。

非凡胆识，缔造传奇。新千年呼啸而来，新世纪的霞光再次照亮张祥青的钢铁梦想。重大机遇出现在2001年的天津，获知天津老渤冶正在寻求整体出让，立足企业做大做强的战略考虑，他萌生了出资购买渤冶的想法。最终张祥青以非凡胆识果断决策出资2.8亿元揭榜接盘，钢铁蓝图的重心开始由唐山向天津转移。从获知消息到现场考察，从谈判磋商到签订合同，张祥青创造了短短14天时间快速达成企业收购的奇迹，让业界目瞪口呆！2001年4月28日，天津荣程钢铁厂正式成立。张祥青毫不犹豫地将冀发、合利钢铁厂共计6000万元的利润全部投入天津荣程厂区的改造。他带领7名骨干住旅馆、吃盒饭，夜以继日"鏖战"1个月，2001年5月28日，曾几何时无奈熄灭的高炉重新点火，顺利出铁，恢复生产。天津荣程建厂当年就实现产值1.3亿元，上缴税金252万元，为当地安置就业500多人。张祥青实现了人生飞跃，钢铁创业的梦想又一次在昂扬奋斗中升华。

疾风劲草，沧海桑田。当年的满目芦苇和鱼塘如今已化作拔地而起的现代化钢铁企业厂群，是党和国家的政策给张祥青的梦想插上了翅膀，是张祥青持之以恒的勤奋工作、呕心沥血造就了荣程。2001年，他用"自强不息、奋斗不止、永不言败"12个字精准总结了自己的成长历程，并成为荣程集团传承至今的企业精神。就在这一年，张祥青提出了"打造百年绿色荣程"的宏大愿景。他那独特而长远的眼光，百折不挠的坚强，永不放弃的坚韧，为的是魂牵梦萦的钢铁梦想，为的是追随奋斗的员工兄弟，更为了奉献社会，为更多人的美好生活倾尽自己的全部心力。

创新竞进，精益求精。打造百年老字号企业，绝不是说说而已的表态，更不是浮夸作秀的宣传。"百年企业"寄托着张祥青实业报国的真情，熔铸着他对国家发展的自信，也是他身先士卒、创新拼搏的动力。多年来，他以"工业之子"特有的真诚持续加大资金投入，升级改造设备，改良生产工艺，不断精益求精。纵观荣程发展史，顺达冶金原料厂的"低温烧结法"，冀发特钢的"电炉配加铁水""烧结矿换钢坯，钢坯加工钢材再销售"，合利钢铁的"转炉扩容、模铸改连铸"，荣程创新发展的脚步从未停止。

挥师天津不久，我国钢铁行业迎来新机遇，进入发展快车道，国内钢铁企业新生如雨后春笋，规模扩张风生水起，产业升级风起云涌。2003年，是天津荣程全面升级改造，迎来发展历程中具有里程碑意义的一年。张祥青亲力亲为，与专家讨论总体规划、与设计院交流工艺方案、与建设单位洽谈合作、与设备制造厂家讨论技术路线……不知疲倦的张祥青在全国往来奔走，寻找动员志同道合的人才加入荣程，成就理想抱负，实现人生价值。

2004年，涵盖烧结、炼铁、炼钢、轧钢的全流程生产线、配套齐全的钢铁之城在艰苦卓绝的努力中建成投产，从此结束了荣程"有钢无材"的历史。张祥青常讲一句话："'工欲善其事，必先利其器'；器不如人，则技不如人，有好的装备才能炼出好钢。"自此，天津荣程的铁前钢后装备不断升级迭代，始终保持在行业领先水平。"普碳钢的成本，精品钢的质量"，是张祥青始终追逐的梦想。2007年，他再次以特有的远见和魄力，大胆提出引进美国摩根第六代生产设备，建设精品高线项目。2012年，他深刻意识到制造业迅猛发展对精品棒材的需求不断增加，果断上马精品棒材生产线，从意大利达涅利公司引进液压剪，从德国 GE 和 FORSTER 公司引进漏磁探伤设备和超声波探伤设备，从捷克 ZDAS 公司引进了矫直机……截至2014年，荣程集团在装备升级、技术改造等方面的资金投入超过120亿元。荣程以让全行业有目共睹的实际行动和骄人业绩，荣获中国民营钢铁十大影响力品牌、中国行业自主创新最具竞争力品牌等多项荣誉。支撑"百年企业"美好理想的是张祥青带领荣程栉风沐雨、风雨兼程的扎实足迹。

绿色先行，和谐共生。曾几何时，钢铁工业一直被认为是高能耗、高污染的环保问题大户，与时俱进的张祥青深刻认识到新时代钢铁企业家的社会责任，深刻指出"建设绿色荣钢是我们义不容辞的使命"。张祥青言行一致，身体力行，在全行业率先响应并积极支持发展循环经济。2006年，荣程第一座25MW煤气利用机组并网发电，充分利用自产煤气，提高自发电比例，开始推广循环经济。2007年，荣程斥资2.1亿元建设治理企业所在地——葛沽镇生活污水的污水处理厂，实现居民生活污水和厂区工业废水深度处理后全部回用于生产，在全国冶金行业率先实现地下水零开采、污水社会零排放的目标。2012年，他组织实施利用生产余热向葛沽镇居民供暖的民生工程，大力推动节能减排。2014年，他又提出："打造绿水蓝天，打造与城市和谐共生的钢铁梦工厂。"于是斥资7000万元将炼钢除尘系统由原来的湿法除尘改造成干法除尘，有效降低了二次污染。到2014年，在他的带领下，荣程集团绿色环保投入超过25亿元，为津南区乃至天津市的环境质量改善做出了重要贡献，被授予世界低碳环境中国推动力百强企业、中国非公经济企业十大碧水环保先锋奖、天津市循环经济示范试点单位等荣誉称号。

高瞻远瞩，战略转型。2010年，张祥青高瞻远瞩，正式启动"做精钢铁，做强科技金融，做大文化健康产业"的转型战略，荣程进入多元化发展新阶段。2011年，融宝支付成立，科技金融开始发力，成为钢铁行业内继宝钢之后第二个获得互联网支付牌照的钢铁企业。2012年，荣程进入"四位一体"联动发展模式，迅速完成了工业实体+物流、信息流和资金流服务的综合产业布局。在做精主业的同时，张祥青以深邃的战略眼光，积极着眼未来扩展新产业布局。他把白酒产业定为荣程二次创业，构建民族健康产业体系的重要组成部分。2012年，他开始在西双版纳建设白酒酿造实验基地，同步在黑龙江泰来、四川泸州等地选址进军酒业，为未来多元化发展寻找突破口。2013年，与泰来县政府签订投资协议，黑龙江荣程泰来酒业有限公司正式成立，并与四川泸州签署10万吨白酒生产基地项目，正式提出了精心酿造"让老百姓喝得起的放心白酒"的目标。2013年末，祥青中医堂成立、时代记忆馆开馆，荣程在科技金融、文化健康领域全面出征，开启新起点、新征程、新跨越。

壮志未酬，英年早逝。2014年8月9日，年仅45岁的张祥青因突发疾病去世。这位在改革开放和社会主义现代化建设中勇立潮头、功勋卓著的民营企业家，以其整个生命书写了自强不息、顽强奋进的人生华章。他是新时期中国钢铁工业执着忠诚的赤子，他是以科学发展观践行实业报国的楷模，他的逝世是高歌奋进中的荣程集团不可估量的损失，他为国家和社会所创造的物质财富和精神财富必将被后人铭记和景仰。

在张祥青的领导下，荣程集团取得了丰硕成果，安置职工就业近8000人，总资产规模达130亿元，实现社会总产值4000亿元，上交国家税金65亿元，社会贡献总额170亿元，连续多年进入中国企业500强，位列天津民营企业之首，荣获全国就业与社会保障先进民营企业、全国守合同重信用企业、社会责任优秀企业、天津市优秀民营企业等多项荣誉。张祥青也多次荣获中国十佳优秀民营企业家、中国十大杰出青年、天津市最具影响力劳动模范、天津市优秀企业家、天津市五一劳动奖章、天津市劳动模范等荣誉称号。这是祖国和人民对一个奋斗者、奉献者的首肯和褒扬。

张祥青的人生，充满挑战、奋斗与成功。他以坚韧不拔的毅力、自强不息的精神和追求卓越的态度，在中国钢铁行业铸就了辉煌传奇。他的一生是不断拼搏奋斗、不断追求卓越、不断创新进步的一生；是实业报国、传承梦想的一生；是将实现个人梦想完全融入国家发展需要并为此奋力前行的一生！

张祥青的奋斗历程让我们明白一个道理——"美好的生活，还是需要用勤劳的双手来创造！不要抱怨社会不公，也不要埋怨父母不是非富即贵的主儿，脚踏实地一步一个脚印，还是能够有所收获的。"他以钢铁报国的初心，钢铁强国的凤愿，勇立改革潮头，不失时机，迎难而上创造了荣程伟业，用实际行动为中国钢铁工业的发展壮大，为强国富民默默贡献着荣程之为、荣程之力！

矢志不渝，笃学钻研，求真务实铸匠心。张祥青的奋斗历程让我们得出一条感悟——"把简单的事情做好，你就不简单；把平凡的事情做好，你就不平凡。"他对科学真理的执着追求和对发展事业的无尽探索，是他矢志不渝、求真务实的恒心所在，他爱岗敬业、执着较真的工匠精神，无不体现在严守标准规范、分秒必争日夜兼程、潜心钻研精益求精的每一个平日瞬间。从炉前小工到学做豆腐，从废钢贸易到开办烧结厂，从冀发、合利到天津荣程，无论是钢铁还是中医和酿酒，坚韧、执着、专注、极致的工匠精神无不支撑着张祥青对完美技艺和提升质量的追求，体现着实业家的原则、价值和尊严！

创业初始阶段，张祥青以敏锐的洞察和坚韧的毅力，深入研究市场，洞察行业趋势，他从废钢贸易起步却不满足于简单的买卖，而是通过深研钢铁生产技术，不断提升自身的经营水平；他在钢材市场中摸爬滚打，在与国内外同行的交流中吸取知识，提升商业智慧；他永不言败，在经历废钢生意血本无归后，认真总结汲取教训直至东山再起；他精心研究，反复实践，心动行动，知行合一。张祥青对事业的热爱和对知识的渴望，使他在创业初期就为后来的发展奠定了扎实的根基。

快速发展阶段，张祥青更是将刻苦钻研的精神发挥到极致。他引进一流生产设备、学习先进管理理念，不断开展技术改造升级，用科学精神和科技实力应对钢铁市场的严峻考验。他深知，钢铁行业是技术密集型行业，只有持续探索求知，才能在激烈的竞争中立于不败之地。他执着于追求真理，深入研究钢铁冶炼工艺，优化生产流程，降能耗、提质量、赢市场，助力企业腾飞发展。他饱览专著穷思尽考，与客户深度合作共同开发B钢产品；他立足实际，力推推钢式加热炉，保证轧线生产连贯性；他眼界开阔，积极研发、引进新技术、新设备，促成摩根高线及精品棒材设备投产达产……他实事求是对待每一个问题，严谨细致对待每一份数据，沉着周全对待每一次挑战。张祥青执着追求真理、顽强探索规律、勇敢付诸实践的精神是我们学习的榜样。

多元发展阶段，张祥青的探索精神同样熠熠生辉。他不满足于单一的钢铁制造，积极布局科技金融、文化健康等领域。他坚信，只有通过不断学习和创新，才能在多元化的社会发展中找到更精准的定位。他从零基础开始入门学习中医，在自己身上试针、号脉，亲力亲为研制中药，最终创办张祥青中医堂；他事无巨细，执着钻研酿酒工艺，不远万里亲自指导试验，确定研发路径，最终酿造出独具荣程特色的"清头酱尾"健康白酒……他以严谨的态度对待每一个环节，每一道工序，每一个细节，为精益求精而上下求索。

张祥青的创业历程，就是一部钻研探索、执着追求的生动教材。张祥青的探索精神不仅体现在掌握专业知识上，更体现在他对生活的热爱和对事业的追求上。张祥青始终坚信："真理不畏艰难，只有不断追求，才能在人生的道路上走得更远。"张祥青教会我们：无论面对何种困难，都不能轻言放弃，只要深入研究找到问题的症结，就能实现真正的突破。张祥青的探索精神，始终激励着每一个荣程人不畏艰辛、求索前进。

勇立潮头，敢为人先，创新引领攀高峰。张祥青以其常人鲜有的胆识，引领荣程集团不断创新，在激烈的市场竞争中独树一帜。他的故事是敢于突破、勇于创新的生动诠释，是传统钢铁业转型升级的典范。值此纪念张祥青逝世 10 周年之际，荣程人以崇敬之心回望他的足迹，"敢为人先"的创新精神犹如璀璨灯塔，照亮荣程前行之路。

张祥青坚信："科技创新是未来企业生存、发展的保证，是企业发展的核心动力，企业的核心竞争力来源于不断地自我超越和不断创新。"他率先以钢厂高炉除尘灰、转炉铁泥等"废料"为主要原料冶炼烧结矿，创造了产品质量不低于业内水准、生产成本远低于同行业 40% 的奇迹。他率先与澳大利亚罗泊河矿业公司签订了长达 10 年的铁矿合作协议，成为国内率先实现使用全外矿烧结的企业，创造了大幅度控制成本的业内神话。他率先实现厚料层烧结，把烧结台车栏板高度由 700 毫米增加到 1000 毫米，大幅提高烧结机台时产量，降低燃料消耗，北京科技大学徐柏兴教授在其论文中将此举作为经典案例向全行业推荐分享。他率先实现"亚鑫—荣钢定制焦炭"，开创了钢铁行业使用定制焦的先河，促进了定制焦在钢铁炉料界的发展，既降低了炉料成本，也为唐山、华北乃至全国钢铁、焦化行业的深度合作提供了新的思路。他率先建设直接还原转底炉项目，被同行誉为"铁的革命"。他审时度势用互联网技术和数字化理念引领荣程战略转型，业务领域从钢铁制造向钢铁服务、钢铁产业链延伸。他积极布局平台经济，提供定制化服务，为实现从产品到服务的创新升级奠定基础。他以敏锐的洞察力，引领企业从传统钢铁迈向智能制造，将单一生产跃升为多元化经营，每一次的突破都源于他对前沿科技的热忱与追求。

诚信守真，无我利他，彰显责任与担当。这是张祥青对商业伦理的不懈坚守。张祥青曾说："要得到人家的信任，建立良好的人脉关系，得靠真诚。"他认为："只有建立在信任基础上的合作才能持久，对待合作伙伴要以诚相待，不因短期利益而损害长远关系。"2003年，他将"以钢铁般的意志，为社会和客户持续创造价值"确立为企业使命，他倡导的"无我利他"理念，把企业发展与社会进步紧密相连，通过帮助合作伙伴实现共赢，推动全行业健康发展。他在从事废钢贸易的时候就秉持"财散人聚"的理念，坚持把利润分给合作伙伴，这种理念一直贯穿于荣程发展始终。他曾多次向宁夏续辉、山西禹王、内蒙古建元等合作伙伴倾囊相助，无条件支持他们渡难关、再发展。张祥青的心胸与格局涵养了行业生态，赢得了市场尊重和社会赞誉。

以人为本，共享快乐，健康百年显温情。这是张祥青对生命状态的愿景。他曾说："人生真正的快乐是分享，当我能够帮助别人的时候，自己也能得到一份快乐。"他坚信人才是企业最宝贵的资产，他倡导"人类健康百年"理念，不仅关注员工的物质生活，更关注他们的精神健康和职业生涯发展。他通过优厚的薪酬福利、丰富的培训机会和良好的工作环境与员工共享企业发展成果，鼓励员工与企业共同成长。他成立"荣程员工救助基金"，为员工个人及直系亲属解决重大疾病和特殊困难带来的后顾之忧。他提出"减员不减薪"政策，将"三班三运转"优化为"四班三运转"，为持续提高人均效能奠定基础……他的大爱格局让我们领悟到，企业的成功并非单纯追求利润，更应是回馈社会，服务人民。

心怀感恩，无私奉献，传承大爱守初心。这是张祥青心口如一、功德善举。张祥青曾说："荣程不是哪一个人的荣程，而是全体荣程人的荣程，是社会的荣程！"他深知，企业的发展离不开国家、社会及荣程家人们的支持和帮助。曾为地震孤儿的张祥青，深谢国家和社会的关爱滋养，他懂得感恩，热心慈善，默默奉献，以实际行动践行公益，用爱心温暖社会，用责任回馈社会。"感恩社会，传承爱心"是他亲笔写下的对社会责任的深刻理解。他出资200万元对家乡丰南的煤河进行改造；他捐款百万元抗击非典疫情；他独家冠名赞助天津男篮，成立天津荣钢男子篮球队俱乐部；他将6600万元拍得的国画《长征万里图》无偿捐赠给国家博物馆；他为汶川地震捐款1.1亿元，帮助灾区人民重建"震不垮的学校"；他与天津泰达心血管病医院共同启动"生命之树"项目，无偿资助贫困家庭中患有先天性心脏病的儿童进行手术治疗；他捐资300万元，为邓小平故里建立"感恩堂义诊所"……据不完全统计，直至他离世，荣程已累计向社会捐款、捐物价值5亿多元人民币，被中华慈善总会授予中华慈善事业突出贡献奖，张祥青个人也被授予"中华慈善人物奖""全国抗震救灾模范""汶川地震灾后恢复重建先进个人"等国家级荣誉称号。

传承是最好的纪念。在张祥青离开我们6年后，张荣华主席全面、系统地阐释了祥青精神。智勇仁义、胸怀家国、心系天下的张祥青，精神不朽，光耀荣程——"敢为人先的创新精神、攻坚克难的勇气魄力、钻研较真的执着精神、智慧谋略的非凡胆识、自强不息的奋斗精神、着眼未来的远见卓识、诚实守信的真字精神、无我利他的责任担当、大爱无疆的奉献精神、家国天下的格局境界"，这是张祥青留给我们的宝贵财富。

斯人已逝，精神永存！张祥青董事长离开我们已经10年了。弹指一挥间，伟大祖国经济发展与社会进步的车轮在一代代奋斗者、拼搏者、奉献者、牺牲者铺就的钢轨上呼啸前行；弹指一挥间，中国钢铁工业的质量、效益、效率格局发生着翻天覆地的变化；弹指一挥间，张祥青用生命浇灌的荣程之花在中国经济的百花园里卓然绽放出更加耀眼的光彩。

祥青精神早已如同一道温暖的阳光深深地照亮了每一位荣程人的心灵。我们呼唤张祥青的名字，还想向他请教在担当更大历史使命的前进中遇到的一个个新的难题；我们继承祥青精神，更想让他生前呕心擘画的百年绿色企业蓝图更早成为现实。

赓续发扬祥青精神，接力前行，是全体荣程人肩负的责任。我们要全面继承和发扬好祥青精神，让他的思想和行动激励着一代代荣程人在未来的道路上，循着张祥青足迹，追逐张祥青梦想，坚守"自强不息、奋斗不止、永不言败"的本色。以他的勇气为帆，以他的执着为桨，以他的爱心为灯，以坚定信念担当起新时代荣程人的使命，不忘初心，接力张祥青，传承发展，砥砺前行，为实现百年绿色荣程梦，全面推进中华民族伟大复兴，贡献荣程之力、荣程之为！

在2005年《时代智商》节目上的讲话（摘录）

1.大家不要盲目地去追随别人，你什么能做得最好，你能在这个行业站住脚，将来剩下谁，你得想到这些。

2.优胜劣汰！必须这样做啊，只有这样才能实现产业升级，这个行业才会有一个强盛状态。世界上没有一个行业可以都赚钱、都盈利，可以盲目地去发展。

3.逐渐地，我们打下了根基。这时候市场很不好做，别人都不做了，而我们还在坚守着。在1991年底到1992年初，迎来了一个新的高峰。到1993年，钢铁市场就炒崩了。在这一年多的时间里，我们奠定了基础。

4.1994年，我就开了一个烧结厂，利用钢厂炼钢留下来的除尘泥烧成烧结矿，给高炉当原料用。当时除尘泥每吨10块钱，国有企业没有利用这些废弃物，但我们把它加工成成品，还能够代替好的原料，当铁精粉，再利用它去炼铁。

5.兼并第二家企业时，也是一个新的坎儿。当时压力非常大，朋友们劝我挣点钱就行了，1000多万了，别再赔掉了。因为当时钢铁行业亏损得太多了，倾家荡产，好不容易弄点钱都赔掉了。我就跟朋友们说："人生能有几回搏，给我这样的机会，我们赔掉就赔掉了，大不了从头再来。"到现在也是一样，将来我们也是一样，如果我们不迎着往上上，不发展，还是没有路，困难肯定是有的。

6.做唐山钢铁的时候，就对中国的铁矿山情况进行了调研，断定形成规模非常难，而且投入比较大，质量比较次，储量也非常小，难以支撑大型钢铁企业来满足我们生产的需要。所以我认为，依托港口进口国外的优质矿粉是我们的出路。在这之前，这个企业我也比较熟悉，我也给它供过原料。那时候它是很艰难的，唐山的钢铁企业花200块钱，它要花300块钱，因为把原料运过来的成本高很多。当时我卖给它原料的时候我还想呢，谁会把钢厂建在这个前不着村后不着店的地方。那时是1997年，到2001年的时候，我豁然开朗：人家高瞻远瞩，想法很长远。当时我就做了一个大胆的决定，我跟大家商量，拿下这个地方，我们是以小吃大，我们将来会苦干10年，很苦很累，如果这个机会我们不来拿的话，我们就要退出钢铁行业了。这个机会错过，将来不会再有，我们就不应该再在这个行业干了。要是干，我们就应该把它拿下来，当作我们一个新的发源地，进入大型企业的一个新台阶来做。当地政府也非常支持我们，信任我们，给了我们分期付款的优惠条件。当时参与谈判的有12家企业，价格被压到了2个亿，当时的开价是2.8亿，我说我不杀价，它的价值远超2.8亿。那时有10多家都在谈，价格压得很低、很苛刻，但最终我拿下来的时候，他们又很后悔，甚至想从我手里买回去。我说："当初那又何必呢？你们都比我要早。"

7.我对兼并重组也没有具体想法，我只是感觉我们应该把企业做强、做优，这是我们的根本，也是方向。在不断发展的过程中会有企业被淘汰、关闭，但是如果对我们这个团队有帮助，能壮大队伍，我们有能力把它搞好的话，那我可能会采取行动。

8.我们是个家族企业，但是我们每个员工，我都把他当成家族的成员。如果企业为家族，这个企业不会长久；如果家族为企业，全都奉献给企业的时候，它就特别有凝聚力，能够带动全企业的人变成这个企业家族的一分子。我没有把企业当成我自己的，我只是把大家伙积累的财富来管理、支配，让企业更有效地发挥它应有的潜能，成为大家共同谋生、体现人生价值的这么一个平台。共同去努力，包括我自己也是一样。在我们的企业里，家族成员不合适的时候，他都会离开企业，同时又能够让合适的人才担当很重要的角色，我们不能因为亲情而让我们失去理智。

9.企业达到最理想、最科学严谨、透明化、民主化的水平，是我们所需要的百年老店。

10.我们也聘请了很多高薪的外部人员，他们本身也把这份事业当成快乐源泉，把自己当作老板一样去工作。应该说，我们对待每一个人都非常真诚，但是也不放弃跟他们学习的机会。我们现在的朋友是越来越多，很多跟我们合作过的客户、工程师、经理都非常愿意跟我们合作，或者是愿意到我们团队里来。

11.我们的定位是围绕天津的制造业，为他们配套服务，形成一条龙，构建最强的产业链。将来，我们企业所占领的、我们所要做的，应该是在竞争过程中使中国变成世界的钢铁强国、世界的经济强国，我们企业随之得到提升。我们做什么？要让中国的产品拥有参与世界竞争的质量和定位，我的理想也是对标全球高精尖。

12."环保"这个问题，我们为之而做了努力。其实来到天津那一天，我们就做了不懈的努力，直到现在环保达标，通过了ISO10004的认证。建设绿色荣钢是我们义不容辞的使命。如果没有绿色、没有环保，那我们的发展、产值都没有意义。如果我们居住的环境遭到破坏，那人们应该成为人类的罪人。外界普遍认为钢铁行业污染，其实现在所建的钢铁企业都是循环经济。只有放错地方的宝贝，而没有垃圾、没有废物，全是有用的，只是看怎么综合利用而已。正是因为我们不断地提升自己的水平，变废为宝，努力打造发展循环经济，才会产生现在这么高的经济效益。将来我们还要不断地进步，不断地学习。

13.失败只是一种对成功的探索过程，有探索肯定会有失败。做事业一定要拼搏，自强不息。我认为这一点不管你做什么也是一样。从我们做豆腐、卖钢渣，甚至说到更早的时候，从我们小的时候开始，这个命运真的是在自己手中，靠自己努力去拼搏。

注：张祥青于2005年8月做客天津电视台《时代智商》栏目，接受主持人杨帆的专题采访时的讲话摘录。

在2006年年终总结
表彰会上的讲话（摘录）

1.焦炭供应紧张，山西焦煤企业生存困难，我们预付5亿多元让合作伙伴去买焦煤，与他们共渡难关。到什么时候都不要灰心，要全力以赴做好应对困难的准备。

2.我们取得这么多成绩，靠的是大家的努力、精细的管理，还有我们的诚信，赢得了国际最著名的钢铁原料供应商的信任，为我们提供了价格稳定的原料，使我们企业的投资回报率达到41%，行业排名第一。我们的高速度、高增长，说明我们这支队伍是具有战斗力、凝聚力，充满活力的队伍，已经成了国内钢铁企业中最具竞争力的企业。

3.在贸易洽谈会上，我们与合作伙伴达成共识，成为澳大利亚铁矿公司最大的股东，拿到了每年700万吨钒钛生铁矿（含钒0.8%，含钛15%）的权益。这是世界上最丰富的钒钛生铁矿，其总价值远远超过普通生铁矿的价值，而我们的出价只是普通生铁矿（含铁56%）的价格。我们为什么能以这么低的价格拿到呢？因为目前我们钢铁企业还没有掌握利用高炉低成本冶炼这种钒钛生铁矿提钒提钛的技术，只能利用一部分钒，浪费掉钛。我们的最新技术——直接还原转底炉项目正在上马，直接还原、电炉熔炉就能克服这个缺点，成为国内最大的直接还原铁项目，我们与合作伙伴北京神雾公司共同拥有此项技术专利。企业科技创新是未来我们生存、保存发展实力的保障。我们很有信心，直接还原铁避开了焦炭，缓解焦炭紧张，利用复杂的传统冶炼难以应用的矿粉。副产品高炉煤气成为新的能源，可以合成甲醇、合成汽油。钢铁企业是二氧化碳排放很大的企业，将碳和氧气还原过程生成一氧化碳放出的热能用于完成冶炼钢铁过程，大部分一氧化碳制成新能源，供给汽车代替石油。

4.中国作为发展中国家，经济的繁荣和快速发展仍然需要很多能源、资源，但是重复建设、盲目开采带来的经济发展，使自然环境遭到破坏。我们能做的，就是充分利用资源发展循环经济，这也是我们正在做的，也是需要我们做的。我们要成为这方面的世界领军企业。

5.我们的会计、审计、综合管理都由世界最著名的会计师事务所来管理，对标世界一流企业来做规划。荣钢是一家民营企业，但它不是属于哪一家哪一户的，而是属于我们大家，是属于我们国家的，是属于人类的。实现既定目标，需要依靠全体荣钢人的共同努力。企业最重要的是人，人是企业最大的资本，是打造百年企业、和谐荣钢的核心力量。良好的人文环境、坚强的干部队伍是企业长存的保障，是荣钢持续发展的基石。我们要始终不断发扬自强不息、奋斗不止、永不言败的精神，增强我们积极进取的事业心。我们大家不会停留在过去的成绩上，成绩只能代表过去，我们大家一起豪情满怀，团结一致，迎接新的挑战，开创新的未来，把荣钢打造成世界第一竞争力企业的宏伟目标一定能够实现。

　　注：张祥青于2007年1月1日在天津荣程钢铁集团综合大礼堂讲话。

在2007年中秋晚会上的讲话（摘录）

1.自创业以来，一直坚持自主创新，没有最好，只有更好，不断探索、不断改进，把产品做到最好。1995年，干小烧结厂用的是炼钢下来的红泥，现在大家都知道回收利用了。当时首钢卖10元/吨，国丰卖5元/吨，银丰免费拉走。我们去了几个钢厂拉红泥，烧完后200多元/吨卖出去。我们废物利用，把别人扔掉的东西当了宝贝。我们无时无刻不在挖掘潜力，捡拾我们能够发现的宝贝。现在，钢渣选铁每年5000多万回收回来。我从国外进的含镍铁粉价格很低，炼钢转炉冶炼每月见到的效益上千万。国际上没人用的时候，我们就用起来了，我们中国走在了第一。向先进企业学习，不是照抄，而是自主创新，不断自我加压，不断探索、不断创新，炼铁、炼钢、轧钢多项指标做到了国内第一。

2.高标准、高起点，我们有信心、有能力把最先进的、最节能的、最实用的、最有效益的产品拿下来，建一流企业。两年后会让世界对我们刮目相看；五年后会成为世界上最有竞争力的企业，而且是标志性的。

3.最终的财富，来自大家汇聚成的巨大力量，人是企业最核心的竞争力。诚信，我们讲情谊、讲人情、讲感情、讲真诚，"滴水之恩，当涌泉相报"。我们企业每年纳税10多亿，履行社会责任。我们对大家倾注一腔真情。我们企业是一流的，会给予创造价值的主人们更多的回报。

4.我们创造了财富，是为了我们生活得更好。现在企业还在发展阶段，将来完成原始积累的时候，像韩国的三星一样，给员工开3倍工资开一年。这种思想、这种哲理，对我有很大的启发，我们夫妻把财富看成社会的，是我们代为管理的。否则今天得，明天失，心中是否会很苦恼？我们把它当成一种游戏，当成我们人生奉献的一种游戏、一个平台去做事情，在很多事情中求知带来很多的快乐，探索的快乐。我身边有很多人把工作当成一种快乐，每当我对他们说起未来我们要做的事情的时候，这种求知欲、这种创新欲都把它当成一种快乐。

5.我们考虑未来要久远，从原料上，从头到尾，到生产每个环节都要考虑周到。一个企业永远在一个起点上，从产品、工艺、起点、原料配置到团队领导都要做好。商场如战场，中国要成为世界钢铁强国、世界经济强国。未来要淘汰掉2亿吨产能，而我们荣钢会成为最强的、最优秀的，让我们共同努力把荣钢打造成世界钢铁业最强的队伍！

注：张祥青于2007年9月25日在天津荣程钢铁集团综合大礼堂讲话。

在2008年天荣7周年厂庆上的讲话（摘录）

1.我们发扬艰苦创业、奋发图强、自强不息、永不言败的精神，打造了荣钢团结向上、爱岗敬业、攻无不破的团队，这是荣钢7年里最大的收获。

2.7年的时间，对于我们打造百年企业的奋斗目标，仅仅是走了一小段，打造世界最具竞争力的钢铁企业始终是我们定下的人生目标。

3.下一步，我们要投入资金100亿元，加快企业优化升级，把荣钢做优、做大、做强。

4.我们不排污，还减污，进行污水处理，这是我们企业的一种使命，一种责任。

5.我们的精品高线是世界最高水平的高线，转底炉直接还原项目是世界上最大的直接还原转底炉项目。将来，我们的能耗、污染、成本会降低30%，这些都是世界最前沿的技术。冶炼优质镍铁，不锈钢冶炼底吹转炉，这也是世界最先进的技术。竖炉还原加电炉熔炉还原冶炼，钒钛冶炼、锰矿冶炼等也在积极开展工作，后面还有更先进的项目也在研发、试验，也在研制设计中。这些项目的开展，将使我们荣钢的竞争力大大加强，别人没有做到而我们能够做到，这就是我们的竞争优势。超越他人，超越自我，自主创新是我们永恒的追求！让我们大家一起继续努力，建设世界一流的荣钢！

注：张祥青于 2008 年 4 月 28 日在天津荣程钢铁集团综合大礼堂讲话。

在2008年6月总结会上的讲话（摘录）

1.参观新西兰工厂，环保、安全是世界上做得最好的。无烧结、无焦化，炼铁、炼钢一条龙。煤与铁粉竖炉预还原后加入回转窑，电炉冶炼配转炉炼钢。电炉和回转窑废气全部用于发电，整个车间，电是平衡的。他们做得已经非常优秀了，但我们仍提出了4点改进建议：一是回转窑的热能利用不好；二是提钒率不够高；三是钛渣没有利用；四是白灰的消耗还可以再降低一半。参观后受到很大的启发，以前我们想象的东西是完全可以实现的，今天他们做得很好了，明天我们会做得更好。看到了我们马上就去行动。

2.安全隐患建立奖励机制，每年10万元奖励要发出去。设立技改建议挖潜奖励基金，上不封顶，下是20万元也必须发出去。对大家是一种鼓励，是一种认可。

3.每吨钢产生3吨二氧化碳，每吨二氧化碳排放需要支付35欧元治理费，每吨钢需要支付1200元治理费用。新西兰36万平方千米、300万人口，这么小的一个国家，为地球、为人类环保做出这么高的承诺。中国是发展中国家，还未加入碳减排计划，未来五年、十年，很快这一天会来临。否则，海平面上升，气候变化，环境的破坏需用巨大的投入来治理。人类的觉醒会很早，我们国家领导人一再强调环保，节能降耗，循环经济，地球是人类共同的母亲，这是我们中华民族的责任。

4.你可以不懂，但不能不学习，不能不醒悟。

5.天津荣程，我们的底吹设备是世界上最先进的顶底复吹转炉装置，我们把原来设计的底吹6支枪改成了12支枪，有很好的脱磷效果。转炉留渣操作，这一改进每年就可降低4万吨的白灰消耗，每年有上万吨钢的回收。唐荣也要进行留渣操作，每年能节约1万吨白灰，每年能回收2000吨钢，把钢渣给天荣拉来再吃掉。下一步，我们马上在炼钢进行铁水脱硫脱硅，进一步降低白灰消耗到吨钢30千克是完全能实现的。炼铁的浪费，我们挖掘一下，一周的改变就能挖出每年3个亿，抓住细节盯下去。天荣炼铁的风温调整，高炉热风炉改进操作，多回收一氧化碳，一氧化碳是能源，回收来发电。

6.我们的人均利润达到20万美金，我有希望，我有信心！将来，我们的装备，我们的目标，是要成为世界上最具竞争力的工厂，是世界性的钢铁示范标兵企业。荣程实现了什么，我们团队共同实现了什么。我们不怕出问题，出了问题我们解决，那是我们的进步。怕的是掩盖问题、姑息问题。各位领导不要有顾虑，不要为指标好看而掩盖问题，要带领团队一起往前走。

7.我们一起高高兴兴、快快乐乐地做我们的事业。一种氛围、一种力量、一种汇集，我们同大家像兄弟、像亲人一样，在这个企业、这个平台上创造价值。互相尊重、互相帮助，愉快地工作，这是我们人生价值的体现。感激大家加入这个团队，大家共同来走，我从心里感激每个人，关心着每个人。

8.根据目前发展速度，每年最少需要1000多人，什么样的人？文化素质水平的提高，掌握的知识和将来的装备都在提升，需要高素质的人才就招聘大学生，并培养我们的师资队伍和管理团队。

注：张祥青于2008年7月9日在天津荣程钢铁集团综合办公楼四楼会议室讲话。

在2008年大学生入职见面会上的讲话（摘录）

1.不图回报，是一种责任和爱心，帮助别人、奉献爱心是快乐的。不求回报的付出，你会得到10倍的回报，在企业里面也是一样，具备人品、人格，是金子总会发光。

2.没有人格魅力的领导带不出有核心凝聚力的好团队，没有人格魅力的团队是没有真正核心竞争力的。

3.把你的敌人都变成朋友，你就没有了敌人。没有团队的进步，就没有企业的进步。

4.我们有严谨的管理制度，制度让想犯错的人不能犯，让有文化的人有犯错的机会也不去犯。我们有情谊，有人情。我们是一个大家庭，对社会有我们的责任，对我们的成员同样也是有情有义的。看到我们的员工，虽然不认识彼此，但看到穿着我们荣程服装的时候，都有一种发自内心的亲切，很亲近的感觉。

5.颠覆钢铁传统高炉冶炼工艺，研究新的冶炼工艺。

6.荣钢未来是要建造世界最具竞争力的钢铁企业，荣钢的定位是中国钢铁冶金的示范性科技企业。这个工作很难，身先士卒，我来承担这个重任，这个工作是世界前沿的。今天你拥有这个设备，明天别人也可以去上。今天你拥有这个技术，明天别人也同样会学到，但我们永远先进，我们往前走，让别人去追。为行业、为世界做出我们领先的、改革性的贡献。

7.新西兰的钒钛铁矿价格是普通铁矿价格的66%，钒钛是有色金属、稀有金属，我把这个矿山买来，未来我们荣钢用新的炼铁技术，更低的炼铁成本炼这种特殊的矿。

8.在新西兰和澳大利亚我们圈定好了资源，这是我们荣程的生产基地。我们要以资源为基础，以科技为先导，以我们精益求精的管理为标准，打造别人无法复制的核心竞争力。

9.我们要有使命感，为应对未来的挑战而求知。

注：张祥青于2008年7月在天津市津南区荣程学院讲话。

在2008年年终总结会上的讲话（摘录）

1.2008年8月以来，受全球金融危机影响，钢铁行业进入严冬。在危机面前，我们企业生产订单仍然是供不应求，仍然是在满负荷生产，这在国内和世界钢铁企业中都是罕见的。钢铁企业包括世界最著名、最大的企业都有不同程度的限产，但我们荣程应产尽销，而且有半个月以上的预收款，靠的是什么？是荣程的诚信，荣程的质量。面对长协矿的压力，国内大部分企业采取撕毁合同，而我们采用对话的方式全力履行合同。诚信和利益哪个重要？诚信重要。诚信和生存哪个重要？很多人会说生存重要，没有生存就没有未来。但是我对大家说，有诚信才会有人脉。什么叫人脉？人脉是人之间的信任，没有脉搏就没有生命，所以诚信跟生命一样重要，诚信和生存同样重要，它俩是相互的。

2.未来竞争会更加残酷，进入微利时代、过剩时代，我们怎么去面对？企业发展靠一种理念，一个信心，一个精神。这种理念就是要打造最具竞争力的百年荣钢。我们怎么打造，我们用什么样的模式去打造？这个目标我们永不放弃。一个信心就是必胜，坚定必胜的信心和勇气，没有过不去的坎，没有过不去的难。一个精神就是我们常讲的永不言败的荣钢精神。有了这种精神，再大的困难、再大的危机我们都会度过。任何困难都是暂时的，胜利必定属于我们荣钢。

3.适应微利的市场，重新审视发展战略，围绕现有工艺，下一步走稳产低耗，优化指标，多创效益的思路，开展技术创新和项目建设。优化原料组织结构，降低焦比，不用新建烧结机，让我们企业走一条世界先进型发展道路，使我们的前后工序配套，挖掘现有设备的潜力，大大降低我们的各项费用和生产成本。困难是每时每刻都会有的，干企业不会一帆风顺，生活也是一样。没有了风险，也就丧失了一切潜能和机遇，机遇和潜力总是与风险成正比的。面对困难，我们不能怨天尤人，更不能盲目悲观。我们既要发扬精神，还要更好地找准问题、制定措施、挖掘潜力。问题和潜力就是今后的效益，制定出奖励方案。

4.成功怎么理解？我认为任何成功都是暂时的，因为随时随地都隐藏着风险，隐藏着危机。我们大家一起行动起来，保持优点，改正缺点，大家真正负起应负的责任，一定能战胜困难，一定能够成功！

注：张祥青于2009年1月1日在天津荣程钢铁集团综合大礼堂讲话。

在2009年天荣8周年厂庆上的讲话（摘录）

1.我始终认为荣程不是哪一个人的荣程，而是全体荣程人的荣程，是社会的荣程。我们全体荣程人没有理由不把它建设好、经营好、发展好。

2.刚才播放的8周年纪录片，大家看到了荣程的历史和现在，今天，我要告诉大家的是：荣程有更美好的未来！回顾这8年，应该说是"八年抗战"，在这之前是一个二万五千里长征，从一个家庭、一个小作坊，从两个人、几十人、几百人到一千人、两千人的企业，这个跋涉的过程，我们找到了一个新的根据地——天津荣程，我们又经过了一个"八年抗战"。今天，我们面临着"八年抗战"的胜利，荣程在全国奠定了知名度非常高的地位，得到了天津市、国家、国内外朋友们的认可。

3.在这场危机中，我们仍然做到了没有限产、没有停产，每月都有半个月以上的预收款，这是所有钢铁企业中任何一家企业做不到的，这是我们值得自豪的。在执行所有合同中，为我们的诚信多付出了2~3个亿的成本，也造成了严重的亏损（所指执行长协，金融危机继续履约）。10年奠定了长协的原料，5年发生了巨大的变化，去年价格的回落，长协矿的价格高于市场价40%。铁矿石价格谈判的破裂，破坏了常规的机制，新的格局开始了。

4.后面是一个"三年内战"，中国钢铁产能6.5亿吨以上，国内表观消费量4.3亿~4.5亿吨，直接或间接出口消耗一部分，产能过剩1.6亿吨。

过剩产能的销售不是以成本和技术的高低来定价的，是以供需平衡来决定价格的，要经过残酷的淘汰。我们荣程把合法经营、诚信经营放在首位，靠我们自己真正的竞争力和我们的实力把企业发展好、干好，这一点我是有信心的。在过剩1.6亿产能的情况下，想想我们肩上担子的沉重，别人能做到的我们也能做到，别人不能做到的我们照样也能做到。后面，我们会有更低成本冶炼的高炉技术，高炉炉料结构的改良，到这个目标后，下一步又是一个更新技术的突破，用更低的成本，比传统成本低20%~30%的成本冶炼炼铁的技术。我们有好的炼钢，最佳的冶炼技术，又有低成本的炼铁技术，在矿石选择上又有很大的余地，别人用不了的、用得很少的我们能够多用，用整个的低成本打造我们的产品线。我们的轧钢，我们的产品有生产尖端产品的技术。这样一步步走下去，未来我们会走得更好，会走到最前面。我们的体制、我们的团队是最有竞争力的，是最有创新性的、最有执行力的团队。我们付出的心血，永远会有收获来补偿的。在这场危机中我们压力很大，同时也得到了很大的提升。

5.大家共渡难关，企业好了会给大家补上，以前的承诺永远不会变。未来有我的钢铁梦想，用更低的成本、最低的消耗，生产出优质产品，这是大家要实现的目标，也是肯定能实现的目标。我的心中规划着一个充满希望的未来！

6.像兄弟姐妹一样，像家里人一样，我们共同想办法。

注：张祥青于2009年4月28日在天津荣程钢铁集团综合大礼堂讲话。

在2009年上半年总结会上的讲话（全文）

刚才，荣华总经理代表公司的总经理室对上半年生产计划完成情况、公司目前存在的问题和不足，以及对下半年的经营目标、工作思路、解决问题的措施都发表了很好的意见，希望大家结合各自的实际，认真加以贯彻落实。

全球性的金融危机爆发以来，不仅对世界经济造成了巨大的打击，而且对我们的国家、对我们的企业都产生了重大的影响。与力拓等主要原材料供应商在价格问题上的谈判陷入极为被动的局面，加上下半年我国的钢材需求、价格等方面，还可能出现较大的波动等等，形势确实是很不明朗。虽然近期钢材市场情况有所好转，但是下半年可能出现的变数还很多，这一点大家务必要有充分的思想准备，时刻保持清醒的头脑。要经常研究市场的动向，及时掌握市场的信息，应形势的变化，调整我们的工作思路和措施，这样才能减少负面因素对企业的冲击，才能较好地掌握生产、经营的主动权。

在逆境中更能锻炼和考验一个企业，也更能锻炼经营管理团队。例如，在顺境中，企业盈利大，但在经营管理中存在的问题也往往比较容易被忽视。而今，我们必须切实加强管理，练好内功，让生产和经营上水平，向管理要效益。

在逆境中，我们还必须抓住机遇，化危为机。在资金比较紧缺的情况下，我们上了几个大的项目，目的是要进一步提高荣程的装备水平，从配套、平衡、工艺水平以及技术改造等方面挖掘荣程的生产潜能，降低生产成本，这样不仅能提高我们的竞争优势，而且在金融危机结束，经济复苏时，企业能更好、更快的发展。

在逆境中，我们必须更加重视安全生产和环境保护。我们不能片面追求企业的效益而忽视员工的生命安全，忽视环境污染。因此，安全和环保措施必须坚决有力，任何时候都不可有丝毫的松懈，这是企业健康、可持续发展的前提。

在逆境中，我们必须更加关心各级管理人员和员工的工作和生活，要为他们的锻炼成才提供一个良好的氛围，要倾听他们的诉求，解决他们的实际困难。通过绩效挂钩、激励机制提高他们的奖金待遇，分享企业的成果，调动和保护他们的积极性和创造性，培育"以人为本"的企业文化。

我们集团有7000多名职工，加上他们的家属有几万人，企业的命运与他们息息相关。我们必须有高度的责任感和使命感，把我们的企业办好，只有这样，员工才会有归属感。

我希望在座的各位领导加强团结、协调和沟通，加强全局观念，努力拼搏，为广大员工做出表率，以自己的实际行动为实现我们的战略目标做出新的贡献！

注：张祥青于2009年7月在天津荣程钢铁集团综合大礼堂讲话。

在2011年天荣10周年厂庆上的讲话（摘录）

1.增添勇气、坚定信念，只有把荣程做大、做强、做优，才不辜负各级领导和全体荣程人的期望。

2.10年来，广大的合作伙伴与荣程肩并肩、手牵手，风雨同程，一路走过，荣程的发展历史也是我们真诚合作、互帮互助的历程，我们的友情比金子还金贵。10年来，我们相互间唇齿相依。10年来，得益于合作伙伴的大力支持，没有你们，就没有今天的荣程，感谢你们！

3.10年前，我们来到天津创业，条件艰苦，大家靠着一种精神、一种执着，再难、再苦也不怕。10年里，我们经历风风雨雨、坎坎坷坷，但是我们靠着拼搏的精神，克服了一个又一个困难。10年来，我最感到高兴的不是积累了物质财富，更欣慰的是留下了宝贵的精神财富和我们这支艰苦奋斗、团结务实的优秀团队，打造了诚信经营、渠道营销的市场网络，造就了一支任劳任怨、不断拼搏的员工队伍，培养了一批有后劲的年轻力量。正是许多员工的不离不弃，以高度的主人翁意识与企业同命运、共患难，使公司成功地闯过一个个险滩。在荣程发展历程中，广大职工家属默默支持我们，成为荣程人身后最坚强的力量，你们是荣程最大的功臣！

4.今年是"十二五"的开局之年，集团确定了"十二五"的发展工作目标，以围绕钢铁主业为中心实现多元产业，根据国家和地方"十二五"发展定位荣程的发展战略，做到精一、强一、兴二，做精钢铁主业，做强科技产业，发展教育和医疗健康养生产业。

5.在中国的现实生活中，我们实现了温饱，实现了小康，实现了梦寐以求的太平盛世的幸福生活，但仍摆脱不了因病致贫、因病败家的现状，所以，荣程这个大家庭，我们不会抛弃每一位我们的成员、家属，财富是我们创下的，成就是我们取得的，我们要享受这一份成果！

6."十二五"期间，荣程规划建成"3211工程"，这些项目既围绕主业，又转型延伸，属于新兴产业，为我们将来再次腾飞描绘了宏伟的蓝图。展望未来，我们将跨入第二个十年。将在新起点里对全体荣程人提出新的要求、新的挑战、新的考验。我们有信心、有决心，继往开来，再次创业，把荣程建设得更好！

注：张祥青于2011年4月28日在天津荣程钢铁集团综合大礼堂讲话。

在2011年上半年总结会上的讲话（全文）

上半年在大家的共同努力下，取得时间过半、任务过半的好成绩，感谢大家！这也反映出我们的这个团队是过硬的，希望大家继续努力，争取下半年取得更大的成绩！

下半年经济形势分析及措施：

根据我们的观察与了解，今年下半年国际经济形势虽然复苏，但不确定性因素很多，输入性通货膨胀依然存在，主要是大宗商品价格高涨的压力和美元贬值的冲击。我们国家经济虽然保持快速增长，但国家今年以来调控房地产，降低通胀，控制物价上涨和防范地方政府债务风险压缩基础设施建设等等，已经成为经济继续高位增长的制约因素。在经济持续发展和货币紧缩政策的双重压力下，企业将面临更加严峻的局面。事实上，现在很多企业已经撑不下去了。

我们所面临的主要困难和问题是如何降低成本、解决资金短缺和抑制经营效益下滑。近期，铁矿石市场呈现"外强内弱、低多高少"的局面，同品位的外矿价格平均高于内矿价格95元/吨左右。港口的外矿库存增加，国产矿的产量单月已经超过亿吨。因此，铁矿石价格将有可能面临下跌。目前钢材价格也不稳定，跌幅在200～250元/吨。

据了解，上半年全国钢铁企业的利润水平还算可以，但是销售利润还是在3%左右，和去年差不太多。我们上半年虽然取得了较好成绩，但下半年如何？可能要比上半年严峻得多。甚至上半年赚钱，下半年赔钱，这就是当前的严峻形势。

面对下半年的宏观经济形势和我们企业自身存在的问题，需要采取以下应对措施：

一、向管理提升要效益

练内功、抓管理，是当前"认清形势、感觉压力、采取措施、积极应对"的必要措施。今年，集团开展了"管理提升年"，这项工作很好。企业管理混乱，不会有好的业绩。

下一步，不仅钢铁主业要搞管理提升，其他产业也要搞。不仅要搞生产经营管理提升，而且要搞资产经营管理提升。钢铁主业要从上往下延伸，直到车间、班组和岗位。其他产业管理要提升、要组建队伍，建立制度、打好基础、推进业务、早见收益。各级管理者始终是管理提升的重点，不仅要提升自己的管理能力，同时要提升团队、下属以及单位的管理素质。搞管理提升也要讲政治，警惕"四个危险"，接受"四个考验"，同样适用于公司管理层。下半年在各单位各部门自我提升的同时，集团公司还要组织实施提高经济运行质量十项重点计划，务必取得实效。要建立管理提升奖励基金，对优秀的部门、优秀的岗位、优秀的员工给予重奖。

二、确保实现年度预算目标和技术改造计划任务

务必强化年度预算目标的约束力，确保实现年初制定的利润目标。我们今年开展了大规模的技术改造，改造项目需要自有资金的支撑。净

利润加本期累计折旧必须达到10亿元以上，所以净利润"保五争六"，绝不动摇。市场形势可以变，预算目标不能变。管理提升的效果和年度预算目标的约束力必须体现在减少减利因素，增加增利因素，以增利因素消化减利因素，务必强化分期预算指标的执行力。按月编制的生产经营计划必须保证经营预算效益指标的实现。产量、成本、品种、结构等具体管理指标均可调整，但利润预算指标必须保证，要算细账、搞测算、负责任。预算编制和执行预算要往前赶，不搞"前松后紧"，对遇到的困难和问题不能"留给上级"，要"留给自己"。

三、抓好"三个调整、一个加强"，提升企业盈利能力

"三个调整"即调整铁矿资源结构、调整炼铁原料结构、调整产品销售结构，以便适应企业外部环境和内部条件的变化。"一个加强"即加强生产经营运行管理，必须确立"低投入、高产出，低消耗、高品质，低能耗，高技术，低成本、高效益"的经济增长方式。

从今年下半年开始，生产运行系统就要适应400万吨产能的要求，生产组织，包括职工培训等各方面都要早做准备。财务部门要进一步提高核算、预算、预测、分析能力，为生产经营决策提供科学依据，又要进行有效的服务、指导和管控。在关注提高生产经营盈利能力的同时，还要注意资本运作和投资收益管理。要干着今年，想着明年；干着预算，想着决算。营销贸易要进一步增强市场竞争意识，调整原料结构和产品销售结构任务艰巨，必须坚定不移地执行"以销定产、以产定购、严密计划、购销确认"原则，多与其他企业对标，定期检查分析购销合同执行情况，关注市场价格。

四、深化企业文化建设，增强企业凝聚力

深化企业文化建设要抓"五个推进"，达到"一个增强"的目的。各级领导要齐抓共管。推进企业精神、方针策略、价值观念等宣传教育，倡导包容性管理、包容性发展。

推进企业物质文化建设，下大力兴办集团福利事业，为职工办好事、办实事、办福利；千方百计提高改善职工生活，想方设法增加职工收入。推进建立和谐关系，领导要把员工当亲人，员工要把领导当亲人。职业经理像家人，家人都要职业化。对外讲合作共赢，对内讲团结和谐。推进企业战略管理，不断完善战略发展规划，要特别注意战略配称管理，根本目的是提升企业核心竞争力。

总之，不管前面的困难有多大，只要我们荣程团队齐心协力，共同努力，再多的困难我们也会战胜的。我们今年一定能取得好成绩，谢谢大家。

注：张祥青于2011年7月在天津荣程钢铁集团综合大礼堂讲话。

在2013年融宝发布会上的讲话（摘录）

今天融宝正式上线，同样是荣程科技转型的开始，荣程做精钢铁主业，才有融宝的诞生。荣程在科技领域是个新兵，今天在这里播下一粒种子，希望未来长成参天大树，为天津、全国的企业和百姓多带来一些科技的实惠和便利。今天，网络支付只是荣程转型的第一步，为未来的荣程发展积蓄力量，未来的荣程不仅仅要打造现代化花园式的钢铁工厂，最终目标是发展健康养生产业，实现人类健康百岁的梦想。打造绿色产业、健康产业华丽转型，是荣程一个新起点。

注：张祥青于2013年1月12日在天津市滨海新区开发区万丽酒店讲话。

在2013年《荣程一家亲》
春节联欢会上的讲话（摘录）

1.我不喜欢过生日，但我很爱我们这个家，把我的生日和春节联欢放在一起，和荣程大家庭一起共同过年。

2.家中的每个成员都是我们家中的天，每个人都非常重要，必不可少！如果我们是旅行者，我们不希望中途出现任何意外，活着不是为了自己，是为亲人们、身边的人们。我们要珍惜生命，为了你的亲人、为了社会，我们一定要注意安全，出行系好安全带，缓慢行车，保护好自己的安全。为了家、为了你最爱的人，珍爱自己。

3.遇到荣华，我的人生开始了转变，改变了身上很多的陋习，变得自己知道怎样去生活，怎样上下。有了责任，有了担子，知道做怎么样的人。满足了自己的家庭、满足了家族，为社会、为人类不断地树立我们人生的目标，走到每个阶段时会定下一个目标，未来，我们的生命去怎么度过，为什么去燃烧。

4.两年前，我得了病，腰以下没有知觉，手没有知觉，我自己开始学习中医，找到病因把自己治疗好，现在虽没有完全康复，但这个治疗过程期间，理解到中医的真谛。药王菩萨用一副菩萨心肠去医治人间疾病，这也是我的愿望。我们要做这样的人，因为上天把使命传给了我。荣程是钢铁起步，健康是1，其他是0，我们的最终目标是实现健康百年，快乐人生。荣程为社会、为人类的贡献将永远那么炫目。荣程要做药王，每一个医治伤痛者都是活菩萨。

5.大家去公共场合尽量戴口罩，预防病毒，从日常点滴开始，会给我们一个健康的人生！

注：张祥青于2013年2月6日在天津市津南区八里台镇京基皇冠假日酒店讲话。

在2013年国庆文艺汇演上的讲话（摘录）

1.昨天与泸州市合江县签订了第一个10万吨基酒的协议，为我们在中国白酒"金三角"奠定了最大的基础。这是在泸州的酒业，我们还要在东北建泰来酒业，在西北建鄂尔多斯酒业，整体规划100万吨的产量，接近中国10%的产量。现在急功近利下，一些酒企用香精、酒精勾兑，喝完后会导致胃疼，而我在西双版纳喝到了一种苞谷酒，喝完胃很舒适。我来西双版纳是来打造健康基地的，这里有许多有机苞谷、有机粮食，基础很好。

2.2012年12月12日，我开始学习酿酒技术，不断尝试、做试验，发现主流酒不适合人类，对健康没有好处。酒跟酒精的区别就是有机醇、有机酯、氨基酸，在发酵的过程中，各种有机酶，还有酵母碳化成酒精乙醇，化学反应化成有机醇，就是一个生理制药的过程。我们研制出了让人体舒适的好酒，我们酒中大量有益的物质能够弥补酒精对人体的伤害。一定是你认可的东西，你喜欢的东西才推给大家，推给你的顾客，我们能做多大就做多大，客户需要多少就供给多少。酒业是我们工业的转型，我们找到了这种技术方法，经过100多次的试验，今天又安排做了12种酿制试验，才知什么样的是好的，什么样的才能做。我们做了许多种，最终形成了我们自己独立的风格，12种酒型之外的一种酒型，对健康好的酒型，让每个喝酒的或不喝酒的人接受、喜欢，改变人们的生活水平，提高生活质量，每个喝过我的酒的人都深有体会。

3.我们酒厂地处合江。合江是赤水河、习水河和长江交汇，我们在长江边。把合江打造成中国皇冠上的明珠，因为金三角茅台镇的怀来、宜宾、泸州号称"中国金三角上的皇冠"，我们就是明珠。因为荣程的加入，这里会成为明珠。机遇抓到了，我们就要为人类做贡献，人们需要，我们就要去做。

4.我的中医资格证也下来了，下个月祥青堂也要开业。诊所会配上我的药物，医务室常备。另外，医院和健康疗养院要尽快开展，由一个点去起航，几万名员工和家属会享受到。要有一颗真诚给人医治的心，尽情地去学习，将来祥青堂让我们的每个医务工作者，通过我们荣程的融宝支付。治疗好了以后，根据满意度，有什么意见和要求，没治好或有什么情况，将来做成这样，让大家满意。

5.我们自己要保持真诚、奋进的心，一点点去做。到最后，我们要留下真正的精神，这是荣程，为人类做什么事情。

注：张祥青于2013年9月29日在天津荣程钢铁集团综合大礼堂讲话。

在2013年中国食品发酵工业研究院
战略合作签约仪式上的讲话（摘录）

1.中国的白酒有很大的提升空间，我认为我能做得更好，比别人好，才有存在的价值，才是进入这个行业存在的价值和理由。

2.我们进入酒的行业，这么快掌握，要感谢王永健大师。他是泸州老窖1573的老车间主任，也是泸州老窖酒厂研究室主任、研究所所长。当时追到了湖南，浓香型、酱香型、清香型、小催型酒走了很多家，又走了绍兴的黄酒、汾酒，我们都做了酿酒试验。经过几百次试验、摸索、探索，一点点过来的。真正做好一件事情，都是一个很窄的区间范围。酒业被视为百药之首，能够驱寒散瘀。因为人老经络的衰老，经络的不通，这个很重要，定为我们文化健康产业的核心业务，因为家家都需要喝酒。技术工业化提高后，为我们的同胞提供更多健康的好酒，喝得起的好酒。将来，我们的酒不会加一滴的香精和酒精，不会加水去勾调，酒里的丰富的专项物质直接调完，尽量减少无益东西的添加。酒确实可以养胃，因为未来之路是我要的，各位只是见证者。

3.社会在创新中进步，企业在创新中发展，荣程20年的发展都是伴随着创新在成长、在进步。秉承"联合、联盟"发展，创新推动共同、共生、共赢、共荣，实现伟大复兴的中国梦。

注：张祥青于2013年12月12日在中国食品发酵工业研究院讲话。

在2013年祥青堂开业仪式上的讲话（摘录）

1.我40岁左右时身体极差，出不了门了，西医没有办法了，开始中医调理。一个很好的中医给我看病，后来他把上学时的书籍全都给了我，叫我学中医，他看不好我的病，我不想这样活着，太痛苦了，我一定要拼搏一下，把所有书都买回来学习中医，不断学习、不断买书、不断练习看病。

2.60岁是中年人，许多人都是60岁二次创业。

3.我们要做养生健康产业，酒也是我们的健康产业。现在的酒还有缺陷，我能解决，而且还没有使出我全部的力量。等我们的酒出来时，一定是人类的琼浆玉液。阴阳，阳是推动生命的动力，万物生长靠太阳。水是肾阴，水是万物之本，没有水就没有生命。

4.今天祥青堂开业了。我们没有那么多医师，我们叫保健师。我们抱着关爱的心去做事的时候，老天会把一扇门打开，会把智慧赋予我们。

5.今天我们建立了祥青堂，将来要打造更好的疗养的养生模式，会在全国最好的养生地点建立我们的养生会馆，大家一起快乐生活，我们创造了一辈子，享受老年幸福。快乐不是一个人享受，而是亲人、朋友一起分享，我一直是这样的愿望。祥青堂今天开业了，我们从今天开始创立祥青堂，做让人类敬仰的企业，做世界上最伟大的企业。从今天开始，大家一起去见证。

　　注：张祥青于 2013 年 12 月 13 日在唐山市丰南区祥青中医堂讲话。

在2013年时代记忆纪念馆开馆仪式上的讲话（摘录）

1.这项工程创造了很多的第一，也是个奇迹，给我们很大的震撼。创业20年，我们经历了风风雨雨、坎坎坷坷，经历了辉煌，也经历了低谷。我们自己感觉到自己的内心，还有身心，包括团队，这一次给我们很大的振奋，人的潜力、人的能力、人的身心蕴含着巨大的能量。

2.现在仍然还有不如意的地方，像医疗、食品安全等，我们将来往健康方向发展。我们有一个新的转型，以老一辈革命者的精神，在那么艰苦的时代推翻了旧社会，我们集团能做得很多，我们作为晚辈，每个人去体会。今天留下时代的记忆看到我们的生命，回顾我们小时候，前辈们是怎么过来的，更加记忆犹新。我们应该怎样，不应该去懈怠、不应该去破坏。现在我们的压力、所担负的重担，包括身心，所有的不亚于我们当年创业，岌岌可危，如履薄冰，很多企业倒闭、破产，这是社会进步的必然，唯有这样人类才能进步，才能壮大，我们才能屹立于世界强国之林，不断地淘汰自己，去进步、去创新。

3.感谢我们一起奋战在荣程，让我们以老一辈革命者大无畏的革命精神为榜样，他们为人类奠定了基础，在他们面前作为中华人民共和国一员的自己，发出我们的呐喊，我们用荣程最大的力量为人类做出最大的贡献。

4.基础不重要，最终胜利取决于我们的态度，取决于我们的奋斗。

注：张祥青于2013年12月26日在天津荣程时代记忆馆讲话。

在2013年工作总结
表彰大会上的讲话（摘录）

1.亲爱的荣程家人，首先，向我们风雨与共、站在各条战线的全体荣程家人们表示衷心的感谢，你们辛苦了！铁水成本我们继续保持了先进的指标，265平方米烧结机竣工，联调试车即将投产，我们采购价格更低的原材料，正在做试验，用煤代替焦粉、无烟煤、焦炭，所有我们的生产，克服这样那样的困难，摸索出一套低成本之路，265平方米烧结机投产后，我们会更加从容、大气。

2.我们的干部队伍要拓变、蜕化，今天我们要奋起，保持昂扬的斗志，负责任地去做事。

3.我们在西双版纳经过数百次的试验，一级级地提升，提升出了我满意的酒，这是我们不断创新、摸索出来的。

4."巧妇难为无米之炊"，我们在"北方江南""鱼米之乡"——泰来开始种植优质高粱，满足我们酒原料的需求。我们的酒，做出中国的餐桌美味，做出真正健康的酒。

5.荣程将成为世界上最伟大的公司，5年内，我们进入世界500强。

6.荣程钢铁公司标识就是合，合作的合，合聚变、合能量，延伸出来我们未来更加伟大的事业。

7.我们要用最少的资源生产出更好的产品，这是企业的使命，以此推动社会进步。

8.向环保、二次能源要效益。关注炼钢、轧钢的后道工序，开发高端产品，提高产品质量，发挥我们炼钢、轧钢的装备优势，实现我们普碳钢的成本、精品钢的质量，针尖削铁，把最艰难的转折期度过去。

9.我们的各级干部要起表率作用，荣程需要真正干事的好干部，靠正气、靠本领带领全体职工，而不是靠权利。干部要正，一身浩然正气，带领大家，不怒自威，像张济洲老爷子、张增述总监那样。什么都可以商量，只有这一点不容商量：在企业拉帮结派、吃吃喝喝是绝对不允许的，这样的干部必须拿下，否则正气、高效的队伍是建立不起来的。荣程是大家的荣程，靠大家同心同德，爱护企业、关心企业、爱岗敬业，在大家共同努力下，荣程的未来会更好，会走向辉煌！

注：张祥青于2014年1月8日在天津荣程钢铁集团综合大礼堂讲话。

在"四位一体"联盟2014年迎新春表彰联谊会上的讲话（摘录）

1.今年把特钢生产线的销售做上去，不断升级、不断扩容，主要是品种不断地升级。我们建成了世界上最先进的一条大棒生产线，这是1997年我做的一个梦。普碳钢的成本、精品钢的质量，一条特钢生产线荣程建成了，用直径450毫米圆坯最小轧到直径45毫米圆钢，压缩比几百倍了。1997年，轴承钢售价5000元/吨，螺纹钢才1900元/吨，现在螺纹钢售价3300元/吨，轴承钢3800元/吨，差价只有500元/吨了。当年如此之价格，科技、成本、技术先进，最终把差价缩小，质量今非昔比，这就是人的进步。短短十几年，当年的梦今天做出来了。我们在提升、在进步，我们行业在提升，我们企业用最低的成本、最少的能源，生产出更好的钢材，这是我们的使命。

2.在钢铁基础上，我们转型，酒是百药之首。从小我就不喝酒，2012年12月12日，我在西双版纳尝过一款当地农民酿的苞谷酒后感到很舒适，后来我当作扶贫项目开始研究，最终把酒研究出来。今天带过来一款更加芬芳的美酒，大家已经非常满意了，但是更好的酒已经做了200多款，又一款酒也试验出来。我们要为人类提高生活水平，提高健康。做这样的工作，它只是我们健康产业的一支排头兵而已，既丰富了生活，又让大家心情愉悦。

3.祥青堂，为什么用我的名字命名？不是我要扬名天下，因为我久病成医，我研究出了治病理论，包括诊脉、治疗，它会给世人留下宝贵的财富，真正解决问题。

4.我们在做什么？我们要做健康，为人类需要去做，所有东西为便捷人类发展使用。

注：张祥青于2014年1月24日在天津市津南区葛沽镇海西酒店（即福海大酒店）讲话。

在2014年新春茶话会上的讲话（摘录）

1.我们是一个团队，人人为我，我为人人，因为我们合成一股劲，拧成一股绳，为了一个家——荣程。

2.2013年，荣程的钢铁很艰辛，曲曲折折，但最终我们有了很大提升。2014年，提升的地方还很多，最终会立于强手之林。现在强，是因为我们的采购各方面原材料综合配比，高炉精心操作，但很多潜力还没有挖掘出来，包括能源、工序匹配、市场需求等综合众多因素。2014年是提升的一年，也是奋进的一年，过去的器不如人、技不如人可以去学，但现在我们装备都配套了，该做的都抓紧去完善了，我们一帮门外汉摸索着跟跟跄跄过来，走到今天，看到自己的进步，看到社会的进步、世界的改变。基础行业我们要做好，那是我们的大本营，是我们的发源地，做得最好，就能生存下来，但是转型也迫在眉睫。

3.我们的核心是大家有病快捷地治好病，提升健康，没病也年轻。现在，我重新焕发出18岁的雄心、魄力和斗志。想做事，必须有强壮的身体，健康的体魄，未来人类能做起来的是健康产业。

> 注：张祥青于2014年1月26日在原天津市津南区葛沽镇荣祥园利来酒店讲话。

在2014年荣程成立20周年暨天荣建厂13周年庆典上的讲话（摘录）

1. 从1994年奠定顺达冶金原料厂第一家企业到今天20年了，白驹过隙好像昨天，自己仍然感觉自己还像一个孩子，仍然充满着蓬勃的朝气，为什么？一切已脱胎换骨。荣程发展到今天，相当的艰辛，两代人的心血，奠定了今天这个基础，是我们大家共同的积累，打造一个新的起点。

2. 钢铁行业已经饱和，但是也正是我们自己要精益求精，因为这些产品永远会被社会需要，是取代不了的，我们所在位置综合条件又是最佳的。铁的成本在国际业务部精湛的业务和配合下，在我们一线员工大家共同努力下，共同搭配，冶炼出最低成本，在北方，我们炼铁的成本是最低的。钢有差距是很多方面的原因，自己的基础薄弱，这些年坎坎坷坷，但是我们痛定思痛，有了巨大的飞跃，超越自我，对照先进还有差距，我们有信心去完成它，别人能做到的我们能做到，别人做不到的我们也做到了，这就是要生存、要胜利、要发展，我们活下来的理由。

3. 现在是钢铁主业，将来要多元。所谓多元，并不是盲目自己说，而是用自身的知识、自身的才能、自己所能做到的去转型。我们活在祖先梦寐以求的一个盛世，我们谁能想到今天能有这样的幸福生活，现在只是个开始，未来会更好。健康百年的生活理念，我们怎么去给大家做保证？我们攻克一个个疾病难关，抗衰老。我今天朝气蓬勃地站在这里，充满了激情，感觉自己像个孩子一样，我身体得到恢复，虽未完全康复，但已经给了我生命力、朝气。我看到前面我的录像，今天的我，感觉自己还没有老，我现在比那时候要好，我现在的状态、我的心情完全是25岁。我能给自己这种健康，我也能给大家这种健康，我也能够开创我们新的一个健康的领域，将来有我们健康保障医疗体系，还有生命谷来颐养天年，健康百年这种地方。我们荣程，我们财富的缔造者、创造者将享用这些成果。今天给老员工们金卡、银卡，还有会员卡，给大家储值，我非常高兴，大家共享这份健康的成果。

4.我们利用普碳钢的成本、精品钢的质量来为社会服务，这些年我们做到了，但是与先进比我们还有差距。世界在进步，科技在进步，与先进比我们的速度慢了，我们并不快。认识到自己的不足，自己的差距，要把差距弥补上，完成它，我们有信心做到，我相信你们一定也能！

5.20年，是一个新的起点，一个新的征程，我们华丽转身，离"十三五"还有4年时间，把荣程打造成世界500强，这个目标很高，但是我有信心，我们一起努力！

　　注：张祥青于2014年4月28日在天津荣程钢铁集团综合大礼堂讲话。

在2014年上半年总结会上的讲话（摘录）

1.把钢铁、制氧、烧结各个工种，LF炉、精炼、浇铸、连铸等每个岗位需要的书籍都买来，中国冶金出版社都有，每种至少买10本，让大家都去学，都有学习的机会，这是我们最好的老师。像沙钢的技术，社会主义国家技术没有保密的，技师、总工把好多东西提取出来，跟他们学习，然后自己逐渐认识。我们的员工很勤奋，有好学的，把指标改一改，对优秀员工、对做出贡献的员工给予一定奖励。

2.2012年12月12日，我开始想学习做酒的时候，我把所有的书籍都买来。没有书籍怎么请教？请教师傅哪些是真的，好多学术的东西里面是有问题的，我们做了180多次的试验，最终形成我们自己的酿酒技术，有学习才能提高认识，用思维、用试验做到。

3.荣程未来要往健康产业上发展，健康是我们荣程人最大的福利。

注：张祥青于2014年7月11日在天津荣程钢铁集团综合大礼堂讲话。

祥青其行

ROCKCHECK

我的父亲

张君婷

张君婷与父亲张祥青合影

中华人民共和国的一代民营创业者，是在改革开放的大背景下成就的一群敢闯敢干、勤劳勇拼的企业家。就因为如此，这些企业家的"企业"与"家"可以说是一个单位——家就是企业，企业就是家。那个年代，他们在生活驱使和政策的激励下创业，在创业中把自己连同家庭全都融进了企业。

　　在我和弟弟的成长中，经常见不到父母，即便是每一年的春节，爸妈都要在工厂跟员工一起包饺子，一起看春晚，我和弟弟留在家里陪老人过年。爸爸说："工厂里每一个员工都是我们的家人，他们为了荣程这个大家庭放弃了与各自小家的团聚，所以我们必须与一线员工共度除夕。"就是这种家人文化的熏陶，凝聚了大家。荣程是大家的荣程，是社会的荣程，我们一起共同创造财富，汇聚成强大的力量回报社会。

　　也正因为与爸爸妈妈的聚少离多，我和弟弟都比较独立，从小就在外读书，很多来自父亲的爱和教诲直到我们长大了才顿悟其中滋味。这种感知和理解竟迟了多年，让我们既有无法反馈和回报父亲的遗憾，又觉得他好像一直都在，他的精神、他的脚步、他的身影一直都在……

　　对于国家和社会来说，他是创业者、奉献者、企业家、慈善家。而对于儿女来说，父亲永远是一片天、一座山，他是我力量的源头，精神的圣殿。

思念

　　最后一次见到爸爸是他飞到万里之遥的国外参加我的婚礼。记得婚礼前一天，爸爸的身体状况不太好，我们很担心他，他很坚定地告诉我没事。那天爸爸一晚没睡，早上我到院子里坐在他身边，心里有种说不出的酸楚，那是一种莫名的不舍，舍不得离开父母，也不忍心看着爸爸的身体每况愈下。在婚礼的仪式上，我挽着爸爸的手臂慢慢地走着，感觉时间过得很慢很慢。回忆着父母陪伴我们走过的童年与青春，直到他把我送到我先生面前时，握着他的手，拍拍他的肩膀，爸爸露出了欣慰的笑容。第二天爸爸就要返程回国，我一早赶回家，看他正在厨房忙碌着，他说一定要做一顿我平时最爱吃的菜。爸爸的手艺特别好，虽然下厨的机会不多，但每每能吃到爸爸亲手做的美味，都是一件特别幸福的事情。

我的母亲是一位坚强伟大的女性，在爸爸离开后挑起了全部重担。她时常跟我们讲起他们的创业，讲起他们两个人对荣程大家庭的这份责任。10年前在父亲带领下，我们成为中国500强企业，10年后如何肩负起这份时代赋予的责任，则是爸爸留给我们的课题。每当面对艰难，我都会想，如果爸爸在，他会怎么做？一个个夜晚的思念与思考，有时候从入睡到天明，仿佛一直都在跟爸爸对话，他教导我如何去更加坚强地面对每一次挑战。我相信爸爸就在我们身边，他的精神、他的价值观，以至于他的思想方法、行为特征、语言风格都无时无刻不印在我们心里，活在我们心里。他不仅是一位值得尊敬的企业家、慈善家，更是一位伟大的父亲！

利他

爸爸教我的人生第一课就是"利他"。"利他"的原则也是为什么到今天人们说起荣程都是非常认可的原因。

1996年盛夏，我上小学的第一个暑假，一年级的我跟着爸爸来到当时就读的丰南第一实验小学，这里也是他的母校，他带着我为母校重新修缮教学楼。我记得捐款金额是25.9万元。25万元是爸爸创业的第一桶利润，9000元是父母给我从出生起存的压岁钱。爸爸当时跟我说，人生的意义就在于为别人创造价值，为他人提供力所能及的帮助，捐款重建教学楼为的是让更多孩子享受更好的教育。12年后，汶川发生强烈地震，他和母亲第一时间捐款1亿元，发誓给孩子们重建震不垮的学校。

我想，父亲的"利他"，跟他小时候的经历有着很大关系。1976年，他7岁，唐山大地震让他瞬间失去了父母，他一边做零工一边上学，没有接受过完整的学校教育，所以他不遗余力地扶危济困助学，让我们这一代和未来的孩子们都能有更好的读书条件。他对别人的疾苦总是怀着强烈共情，这成了伴他一生的禀赋。他拼命地干着，憨憨地笑着，不管赚多少钱赔多少钱，他内心里那份朴素的责任感从未沉睡，从未麻木。

热心公益事业，承担社会责任，父母的影响犹如一颗茁壮的种子深植在我心里，从上学时做义工，到大学毕业后的公益事业，再到今天的荣程普济基金会，这都是父亲精神的接力。虽然父亲不在身边，但他的精神一直都陪伴着我们。为抗击新冠肺炎疫情，荣程捐款1亿元，这是在母亲的带领下，全体荣程人的实力和真情。"感恩社会，传递爱心"的理念一直在每个荣程人心中，我们以一颗感恩的心回报社会，把我们的爱传递给更多需要帮助的人。我想，如果一个人的一生能够在创造自身价值的同时，也能让更多人的价值有所体现并由此过得更好，或许这就是"利他"最根本的意义所在。

笃学

虽然爸爸并没有经历过系统的学校教育，但是他非常好学。在我的印象中，爸爸在二十几岁刚刚创业的时候，有一次生病挂吊瓶，左臂输着液，右手拿着书，一本一本地看，他读书的速度非常快，很快就能把所有的重点标记出来。他曾经把一家书店所有冶金类的书籍全都搬到家里自学。他非常爱研究，对一件事情的钻研可以达到极致，高炉改造他读书，炼钢升级他读书，引进设备他读书，中医也读书，酿酒也读书，读了书还要实践，还要进行各种讨论和调研。他能跟国际合作伙伴聊，能跟炉前师傅和轧线上的操作员们聊，能跟实验室里的工程师们聊……几十年下来，他成了实实在在的生产专家、管理专家、谈判专家、创新发明专家。

智慧

好像父母从来就没把我当女孩养。我从七八岁就被送进了寄宿学校，和同龄孩子相比，我的叛逆期好像更强烈一些，这给爸妈带来不少困扰。因为常年不在父母身边，我十一二岁的时候叛逆期就凸显出来。上小学时，我每年都是三好生，学习成绩稳居前三名，后来接连转了几次学校，到了陌生的学习环境，几乎没有中国学生，每天跟老师说话都要比手势，这样的时光至少过了半年。

由于感受不到父母的关爱，我对很多事物都怀有抵触心理，大概有一年半时间，我和爸爸的关系基本达到冰点。我的性格跟爸爸一样倔强，他从7岁起就没有父母的陪伴和进行系统的教育，对我的管教简单粗暴，甚至有两次直接动手，结果越打越叛逆，他越让往东我就越是必须往西，甚至把头发染成蓝色的。为化解平衡好我和爸爸的关系，妈妈在中间做了好多工作。

有一次，我故意在一科百分考试中得了9分，如此的个位数考分当然要请家长，于是爸爸被叫到了学校，这令我非常开心——终于被重视了。也就是这一次，爸爸好像很"认真"地跟我谈了一次话，这次谈话竟也直接把我从叛逆中"激"回来了。他说："你这学习不好可能就是天生脑子不够用，因为你出生的时候爸妈还在卖早点，卖早点只能算小买卖，所以那时候的基因还不够成熟。你弟就不一样，生你弟的时候我们已经经营工厂了，所以他的基因应该比你好。"这番"心平气和"的谈话可把我气到了——你们天天忙，都顾不上管我们，我考9分那是故意的，怎么还扯上"卖早点时期"与"经营工厂时期"的基因差异问题呢？从那时起，我就开始快速、高效地学习，半年时间，英文从完全不会，一口气追到90多分，我一定要证明我可以的！当我拿到一大摞各个国际一流大学的录取通知书的时候，爸爸憨憨地看着我笑了。

现在，我自己也做了母亲，回想那时候与父母的相处，可以说爸爸的教育方式确实也是一种智慧。

勇毅

从十几岁一直到上大学，每年暑假都跟爸爸去坝上草原，他带队团建，也带我骑马。第一次跨上马背，完全不会骑马的我还来不及反应，抬头一看爸爸已经策马扬鞭领着其他人跑远了，身体一晃，我的马儿就跟着跑了起来，好在有惊无险地赶上了他们。我说先学马术，爸爸却说骑上马能跑起来，能飞奔快跑才算真本事，后来他还专门找了匹草原上的赛马让我骑，不知不觉中我没有了任何畏惧感，胆子就大了起来。

驰骋的感觉终生难忘——带着干粮跟老爸纵马飞奔，一座山，几座山，"关山度若飞"，最后也不知道跑到了哪里，反正连手机信号都没有了。有一次我们又跑到很远的地方，气候无常的草原忽然下起大雨，雨雾迷蒙无处躲避，还要路过一条坡很大的河。雨水泡软了土地，马蹄直接滑到水里，爸爸回头问我："有没有问题？"我回答得斩钉截铁："没事！"爸爸说："我们必须快点回到大本营，没别的选择！"狂风暴雨中我紧跟着爸爸快马加鞭，闪电勾勒出他驰骋天地的伟岸背影。

我悟出了，不管遇到什么样的天气和环境，脚下的路只能靠自己闯，只要勇往直前，总能在风雨之后见到彩虹。在爸爸身上，我看到了勇敢无畏和坚韧不拔，这种精神将鼓励我穿越险阻，迎接挑战。

传承

传承是一种力量，只有把父亲的精神与力量传承下去，才是我们真正的责任所在。我记得爸爸说过一句话："比财富更重要的是生命，是对社会的贡献，只有这样，你的存在对世界才是一种祝福。"

十年一转眼。我想说："爸爸，请您放心，未来的路我们一定坚定不移地走下去，为您圆梦，为世界，为国家，为社会，为企业，不断努力，让生命更有意义！"

相信未来，一定越来越好……

他没走，他一直在教我

张锡尧

张锡尧与父亲张祥青合影

父亲已经离开10年。这10年，他倾尽毕生创造的荣程事业在母亲的带领下，伴随国家前进的轰鸣高质量发展，这10年，我由一个懵懂、单纯的"荣程家属"成长为一个肩负责任的荣程员工，伴随我成长的是对父亲越来越深的理解和思念。

记忆中的父亲一直很忙，不知为什么我总觉得自己有些怕他，却也真的想不起来他对我有过什么特别严厉的管教。父亲很宽厚、很随意，一点也没有严肃刻板的感觉，至少对我是这样。我是个安静听话的孩子，在小时候惹他生气方面，我姐的事迹确实比我突出，记得父亲对我稍示颜色的情形只有两次，但印象都比较深刻。

　　第一次是游泳。说好了带我去游泳，临到跟前才告诉我是让我自己游泳，他在泳池边不远处跟客户谈话，这种"公私兼顾"让盼了很久的我大失所望，于是我决定以装睡不起床的方式表达不满。怎么叫也不醒，眼看与客户约定时间临近，父亲真有点着急了，然而俗话说得好——"装睡的人永远叫不醒"，看出了这一点，父亲那锁定目标说一不二的脾气瞬间就被我点燃了——直接把我从床上薅下来，不去也得去！5岁的我心里不服，上了电梯仍然别别扭扭，结果导致事态升级，屁股上迎来了亲爹的一脚"亲切问候"。父亲是个严谨的人，力量控制精准到位，这一脚挨得虽然一点不疼，却极具震慑力，结果是我一个人在泳池里扑腾了一个多小时，而父亲一直在不远处跟客户十分认真地交谈。长大了我才明白，谁不愿享天伦之乐？但职责在肩的父亲实在是分身无术，他也有自己的泳道，他的第一责任是领导企业在市场经济的激流里踏浪击水。

　　又过了几年，在我十三四岁的时候，发生了"奏乐插曲"。那时我们住公寓楼，父亲的房间正好在我楼上，那天不知因为什么高兴事我大声说笑喧哗，十几岁的孩子疯一点也属正常，玩得正酣，突然桌上电话铃声骤响，是父亲打来的，他说累了好几天刚回来想休息一会儿，让我别吵了。我当时也有些逆反，心想你总忙总不回家，凭什么一回来就不让别人出声了！那好，我就让我的乐器替我出声！于是我打开琴箱，取出父亲安排我学习的萨克斯风开始努力吹奏。那时刚学，吹的都是单调的练习曲，我当时的水平不仅东一句西一句不成调子，而且还撒气漏风难以控制，赶上气足的时候更能让乐声划破长空一鸣惊人，少年逆反的乐趣让我心花怒放，无比欢愉！很快电话铃又响了，传来了父亲更加严厉的警告："需要我下楼跟你说吗！" 嘘，完了，到此谢幕。我深知，父亲的"两次黄牌"已经是严重警告，审时度势的我绝不能真的把"红牌"招来。于是偃旗息鼓，立即安静下来。劳累的父亲沉沉睡去，我的本次叛逆也就此宣告结束。

时至今天，我还为自己儿时的不懂事深深自责——或许当时父亲带领他的团队为解决一个技术难题连轴加班了几十个小时，或许是为了完善什么方案而绞尽脑汁已经把自己弄得身心俱疲，又或许遇到生产上、资金上、销售上的什么瓶颈……千斤重担没法撂给别人，关键环节不管是决策还是攻关，都需要他披挂上阵担当尽责，这个道理是逐渐长大的我在父亲去世之后从接过重担的母亲身上读到的，而当时我只是个不懂事的半大孩子，想那生涩、刺耳、不成调子的萨克斯风练习曲，一定让当时的父亲特别烦躁，从而更感疲惫。抱歉父亲！

十几年之后的我，常想为父亲吹奏一曲安宁而舒缓的乐章，哪怕他能用电话听上几个小节，让他身心松弛，让他好好休息——此刻我耳边回荡着那首萨克斯名曲——《回家》。

回家！今天他要是真能回家该有多好！想当初我只有几岁，父亲还是个英俊帅气的年轻小伙，手不释卷的他躺在床上不无得意地吆喝着"儿子，过来给老爹压压腿"，然后我就像只小狗一样跑过来安静地趴在他腿上，想必用40斤左右体重的小孩压腿一定很舒服，他的手中是一本接一本的大部头专著：《冶金学概论》《世界冶金史》《粉末冶金烧结工艺》《轧制工程学》……他读书的速度极快，据说书中的重点他都能过目不忘，高兴了还给我念两句，当然我什么也听不懂，只觉得时间难熬，倘若此时母亲进门，我便像遇到救星一般，"嗖"的一声趁机溜走。那是多美好的时光啊！父亲的一生起伏跌宕，短暂而充实，充实而辉煌。今天在我看来，我宁愿回到那个无忧无虑的童年，陪他读书，替他压腿。

感谢父亲为我提供了宽阔的眼界和平台，他跟很多人打交道，他的人生舞台丰富而宽阔。大概在我很小的时候，也就是五六岁的样子，他就带我一起接触各种各样的客户，有来自不同地方的中国人，也有来自不同国家的外国人。因为有的客户有时也带孩子，所以我们这些小孩在一起吃饭，大人们说什么我们听不懂，也坐不住，但能跟小朋友一起玩总是令人开心的。然而更多时候则是一种忍受孤独的训练。

现在我感悟到企业家并不是哪哪都好，因为做好企业是要有付出的，父亲母亲很大的遗憾表现为需要经常忍受与子女的分别之苦，他们领导日渐强大的企业却没有时间陪伴子女成长。我是13岁开始出国学习的，去加拿大温哥华找早几年出国上学的姐姐。在家时，更多的亲情感受是由母亲给予的，父亲则一直在忙。我知道他是在为我们，也为更多的人创造更好的人生平台，这个平台会帮助很多人更好地实现人生价值。我想，他们这么努力地工作，给我们创造了这么好的学习和生活环境，已经很辛苦了，不能奢望父母陪我们玩，更不能给他们闯祸。也正是基于这样的想法，小时候的我很安静也很听话，有时候甚至显得有些孤僻。一方面这是我的性格使然，另一方面是因为确实没有经常而广泛的交流条件。每一个除夕都是跟老人一起过年，多年来爸妈都要在厂里陪着荣程大家庭的员工们包饺子、看春晚，辞旧迎新，还要到连续生产的车间里和各种值班岗位上慰问看望职工。我6岁就开始上国际学校，刚去的时候不会说英文，普通话也说不好，只会说唐山话，学校里除了教中文的老师和做卫生的阿姨，周围全都是外国老师和外国小朋友，能跟我说话的人很少。记得当时有几位非英语国家的同学家长，他们也听不出我那一口流利的唐山话说的是中文，甚至觉得我的"英语"说得真好。我那时小，不明白为什么别的孩子都有爸妈来接，而接我的却只有司机叔叔。小孩子的内心有时是很悲伤的，因为更深的道理他并不理解，这一点我有切身体会。童年就这样过去了，记得小时候妈妈说过"人生不会有永远的陪伴"，我现在明白了母亲教诲的深意。我想，忍受孤独是一种素质，在孤独中坚强起来更是一种能力，这种感悟应该算是父母对我们实施教育中的又一个收获吧！我对此同样心怀感激。

感谢父亲给予我谦逊平和的宝贵身教。回想起来，父亲跟我谈话偏少，可能是他觉得我那时还小吧，所以并没有给我讲很多的大道理。他从来没有向儿女吹嘘自己，也从来没有把自己当成多么了不起的人物。直到2008年北京奥运会，11岁的我才第一次为有这样的父亲感到自豪——那是在电视上看到奥运火炬接力的新闻报道，一位中年火炬手高擎着祥云书卷造型的北京奥运火炬在万众欢腾中奋力奔跑——他怎么这么像我爸呀，他就是我爸，就是我爸！只知道他平时很忙，只记得每天只有司机叔叔接我，此时他怎么会出现在电视上？他肯定是取得了很高的成绩，做出了很大的贡献！霎时间，我被激动和自豪之情包围着，我后悔自己一个人在家看电视，要是身边有很多人多好，我要高声告诉大家，这是我爸！那天晚上，父亲把奥运火炬拿回家来给我看，我触摸着火炬的质感，也感受着父亲的体温。父母的奋斗改变了他们自己的命运，也改变了更多人的命运；父母的拼搏成就了自己的梦想，也成就了更多人的梦想。

我看到了后来的央视汶川赈灾晚会，看到了后来的很多社会公益和经济成就报道，看到了爸妈带回家越来越多的奖章证书和重大节日观礼邀请，那是国家和社会对充溢爱心和责任的企业家的首肯，那是祖国和人民对在改革开放中成长起来的奋斗者和奉献者的褒扬。

我很尊敬、很感激父亲身边的那些叔叔们，因为很多珍贵的东西都是他们教我的，都说有钱的大老板身边什么人都有，拍马屁的也不少，可是我由衷感觉父亲身边的叔叔们绝没有那种虚伪的人，他们真心实意地教育我分辨是非，明晰好坏，我知道家里有够用的钱，但家教绝不允许我张扬浪费，为所欲为。

我见过父亲跟他的高管兄弟们钢铁般的坦诚，那场面激烈得如炽热的钢水，跟他争论一要拿数据，二要拿事实，否则就算撞了南墙他也要把南墙撞倒。我见过父亲对他的普通员工们亲人般的关爱，无论是保安门卫还是一线工人，父亲那份礼貌和尊重让常人印象中的"老板"二字无处寻踪，他把每个人都当成平等的合作伙伴，认为大家聚到荣程是天赐的缘分，荣程大家庭的每一位成员不仅要就业、吃饭、养家，而且要获得尊严，实现个人价值。

跟父亲一起创业的叔叔们都说我很像父亲，不仅长得像，那种平和厚道的气质更像！我把这些评价当作荣程长辈们对我的希望，一定要将父亲的优秀品质好好继承下来，在新的历史条件下发展荣程，报效家国。我跟姐姐有一种一模一样的感觉，那就是父亲永远活在我们心里，无时不在、无处不在，那么生动、那么热烈地爱着我们、教着我们。

爸妈的血液在我周身流淌，母亲总结出的祥青精神是我心灵的故乡。我深深知道，远去天国的父亲已经与璀璨星辰为伴，再也无法回到我们身边，对他最好的纪念就是高举他精神的火炬，让祥青精神光耀荣程，为荣程的创新发展，为社会的文明进步，做出更大贡献！

追寻记忆、传承精神

张增述

张祥青与家人合影

总觉得祥青还活着！

有臧克家的诗句为证："有的人活着，他已经死了；有的人死了，他还活着。"

日月如梭，虽然祥青的身体已经离开我们，虽然他的离开已经转眼10年，但他好似一直都在与我们并肩奋斗。

曾经的记忆，不会因时光流逝而淡去；记忆中的过往，不会因岁月更迭而消弭。记忆如同烛光，照亮我们的道路，让我们在未来的日子里更加坚定前行。

特殊的姻缘，青春的磨炼

追忆从1988年12月13日开启，那是祥青和荣华的结婚之日，那一天，我与祥青之间建立了翁婿关系。我属于在改革开放第一个十年就行动起来的人，开过油坊，做过冷饮，也经营过服装店。当时，我给家人提供的生活，可以算是小康了。是我尊重荣华的意愿，同意把女儿嫁给一个跟我家的家庭条件反差特别大的男孩。当时人们头脑中还有些传统偏见，觉得门不当，户不对，有的亲人对这桩婚事有不同看法，担心荣华跟着祥青会一辈子受苦。

张祥青做废钢生意时的照片

　　唐山大地震使祥青幼年失去双亲，是他的哥姐在政府的帮助下把他拉扯大，结婚的时候，没有什么积蓄，他和荣华这对20多岁的小夫妻确实经受了生活的历练。他俩通过卖早点和尝试废钢贸易，砥砺了勇气意志，锻炼了经商之道，也奠定了他们抓住机遇奋力拓展的基础。

　　记忆告诉我们：每一种创伤，都是成长的磨炼。虽然这种青春历练并非每个年轻人都能接受，但这是帮助他们日后破土而出的最佳方式。祥青和荣华，从苦难中收获了成长。

超人的谋略，惊人的奇迹

　　1993—1994年，全国钢铁市场疲软，造成大批钢厂严重亏损以及倒闭。祥青的天性就是在危机中寻找生机——1995—2001年，6年时间，他相继改造养殖场成立顺达冶金原料厂、整合镇办企业德丰钢铁厂成立丰南冀发特钢厂、整合县办企业滦粤钢铁厂成立唐山合利钢铁厂、整合国有企业天津渤海冶金公司成立天津荣程钢铁公司……他负重前行，以小马拉大车的胆量和能力，以超人的智慧和果断一往无前地拼搏，他发展生产，扩大就业，成就员工，实现理想，创造了惊人的奇迹。截至2023年底，累计向国家纳税200亿元。

大胆尝试，勇于创新

　　祥青的求新意识超出常人，记得在经营顺达冶金原料厂时他就坚持土烧结的工艺，机烧矿的质量，还有丰南冀发电炉铁水热装、天津荣程预应力钢绞线钢材研发、果断引进世界先进水平轧钢生产线……一系列技术攻关项目的实施落地，都是创新求变的大胆尝试。他经常说："创新的难点不是条件，而是人的思维和态度；不是天赋，而是一种意识和决心的体现。要敢闯、敢创、敢试、敢干，大胆创新，大胆试错，做到人无我有、人有我优。"

祥青这种笑迎风浪、敢为人先的胆识气魄，这种不惧风雨、不畏艰险的决心斗志，这种锐意创新、持之以恒的胆识勇气，是激励我们在创新路上永不迷失的航标，他的精神已经成为所有荣程人的宝贵财富。

在逆境中成长，风浪中前行

中流击水，逆风扶摇。祥青总能在前进中主动适应不断变化的现实，总能通过验证和改变在危机环境下找到解决问题的方案，从而把危机转化为发展因素而非制约因素。他那种敢于冒险、敢于担责、敢于决策的担当，他那种以高效行动力想办法解决问题的作风，增强了团队的凝聚力和向心力，提升了战斗力和执行力，在危机中给予团队信心，并一起战胜危机，取得一次又一次胜利。

顺达烧结矿滞销，他就采取以矿换坯再销售；冀发模铸坯滞销，他就采取外加工开坯成材销售；天荣高炉生铁销售遇阻，他就采取铁水外运方式解决，车辆往返路程相当于绕地球3周！

他提出"在创新中求实效、面对危机出实招"；他提出"要以普碳钢的成本，打造精品钢的质量"；他提出"品牌是荣程的生命，成本是荣程生存之本，资源是荣程发展的基础"。

追梦之路见证祥青箴言——"企业不前进，就等于后退；企业不增长，就等于衰亡！"

感恩社会，回报国家是企业的责任

祥青常说："公益事业是企业义不容辞的社会责任。"2008年5月12日，四川省汶川等地发生8.0级地震，央视赈灾大会一声呐喊，让全世界都认识了荣程和祥青——"捐款1亿元，给孩子们重建震不垮的学校！"建厂以来，荣程奉献社会的公益投入总金额超过10亿元。

祥青经常在公司例会上强调，"企业是社会的细胞，社会是企业利益的源泉，企业有追求自身经济利益最大化的权利，同时也承担着积德扬善、助困扶弱的社会责任。企业因慈善行为得到更多的社会认同，产生更好的社会影响，就是在增强竞争力。企业既要做好在行业中的商业品牌，也要树立在社会上的公民品牌"。

记忆所传承的是一种精神，这种精神是我们自信和底气的源头，传承并不是个人记忆的延续，而是将制度、体系、方法和企业特有的活力倍加珍惜地承接下来，与时俱进地发扬光大。

传承是连接过去和未来的纽带，它唤醒怀旧的记忆，激发创新的勇气，让我们在历史长河中找准前行的目标，拥有不竭的动力，使我们历经沧桑仍能百折不挠，锤炼自我，照亮征途。

不传承就没有未来。我们用心传承着这份记忆、这份文化、这份情感、这份精神，并以此坚信荣程家人再创新辉煌、再谱新华章！

荣程创始人张祥青——我们全家永远的自豪、追忆与思念，祈愿他英名不朽，事迹永传，精神不灭，风范长存！

六弟祥青

张祥玲

张祥青幼时全家福（母亲手抱的是张祥青）

幼年

祥青乳名"铁六"。我家兄弟姊妹一共九人，其中兄弟六人，姊妹三人，祥青在兄弟中排行老六，父母便顺着兄长乳名，叫他"铁六"。平素里，我们都唤他"六儿"，家乡话听起来格外亲昵。

六儿是家中老幺。那时生活虽清苦，但父母兄姐都对他疼爱有加，虎头虎脑的小孩整日无忧无虑，直到1976年那场地震。

母亲在地震中当场去世，家中兄弟"铁五"也没能救过来，二姐精神受创，身体不好的父亲腿也受了伤。原本幸福的一家子被这场天灾砸得支离破碎。3个月后，父亲因地震砸伤了腿感染而去世，我们兄弟姐妹几人彻底成了孤儿。

经历了这次惨绝人寰的灾难，年仅7岁（虚岁）的六儿一夜之间就长大了。他放学回来再没有热乎的饭菜，也没有悉心的照料。在同龄人跑着撒欢的年纪，他去打猪草喂猪，光着膀子沿街卖冰棍，帮家里分担生活的重担。

那时，我们兄妹几人饱尝人情冷暖，我每每受了委屈就躺在炕上和六儿抱怨。他小小年纪反倒劝我，说："姐，咱们应该感谢这群人。如果没有他们这样对待咱们，咱们哪儿会分辨眉眼高低，哪儿能学会做事做人呢？"他声音还略带稚嫩，但说出的话却像是个历经沧桑的大人，让我心疼不已。

现在想想，确实如他所说，这些经历让他更善于观察生活中的点滴细节，对周围的人和事都有着敏锐的洞察力，这些都在无形中为他未来的成功做了铺垫。

六儿上二年级的时候，有一天突然失踪了。那天晚上他迟迟未归，我心急如焚，兄弟姐妹几个漫无目的地找了两天一夜也没有半点消息。就在我们焦急万分、不知所措的时候，那小子跟跟跄跄地跑回来了。他两天一夜水米未进，饿坏了。进屋后，狼吞虎咽地连吃了三个大馇馇。

原来这小子自己跑到防空洞里玩耍迷路了。那时的防空洞位于现在丰南招待所的位置，无人看守，里面也没有照明设施，而且通道交错，极易迷路。他发现自己迷路后，没有慌乱哭闹，一路摸索着墙壁，走走歇歇，寻找出路，就这么不知道走了多久，终于看到了不远处的微光，等出来后，才发现是离家3千米外的小翟庄出口。得知后，我们几个又气又急，后悔不已，因为不是六儿有智慧，慌而不乱，恐怕早已经死在里面了。即使死在里面，也永远不会被发现，因为谁也不会想到去防空洞找人，但也非常庆幸他平安无事。

我后来问他："你当时自己在里面怕不怕？"六儿憨憨一笑："咋不怕啊，也没人知道我在里面，我再走不出来，就死在里面了。可我哭闹别人也听不到，我只能靠自己。"

我们家六儿从小就遇事不慌，有勇有谋。

六儿就这样艰难地长大了，长成了人高马大的壮小伙。

成长

十四五岁的时候，他被安排到村里的轧钢厂上班。他这孩子独具慧眼，总能发现别人看不到的"财富"。

那时轧钢厂不要的废墟都拉去垫煤河边上的河坑，六儿发现了这个从未有人注意过的废墟。他心里很快便有了打算。下班后，他准备好盆、小刀、铁锹、筛子等工具，去河边挖铁溜子、废钢渣，用筛子筛出后，再用牛皮纸袋装着拿去卖钱。反复探索了几次，发现此举真的能赚钱后，他马上组织了一帮小孩一起去挖，把卖的钱全部都给大伙买猪头肉、买点心分着吃。而那时吃猪头肉、点心已经是天堂般的生活了，因为绝大多数人饭都吃不饱，更不用说吃猪头肉、点心了。

我当时还有些不解，问他："卖了钱，自己拿着多好，你都给大伙花了干啥？"

可六儿却不这么认为，他说："姐，好处不能自己都占了，要让大家伙都能沾光，这样大家明儿还会来，才能一直跟着我干。"

果然如他所说，由六儿牵头的小团队很快就组织建好，他不仅带领着大家都有猪头肉吃，自己也从中赚到了一些小钱。

现在想来，六儿的经商天赋那时就已显露。他有眼光、有智谋，不仅懂得笼络人心，还有舍得的格局胸怀。

我印象中还有一事记忆深刻。那时轧钢厂收来的废钢都在一个院里堆着，众人眼里平平无奇的废钢在六儿眼里却藏着宝贝，他在废钢里面找轴承、找铜，一点点用铁锤砸出来，之后变废为宝，卖个好价钱。厂里领导也是通过六儿才知道了厂里那堆废钢原来还藏着这些"宝贝"。

成家

一心想把日子过好的六儿时时刻刻都在想着赚钱的法子，转眼也到了谈婚论嫁的年纪。

六儿能在事业上取得这么大的成就，离不开他妻子张荣华的鼎力支持，离不开他岳父母张增述夫妇的关怀、指导，离不开家庭温暖的爱意。

六儿7岁失去双亲，与荣华结婚后，岳父母待他比亲生儿子还要好，好吃好喝都先紧着他吃。六儿曾不止一次对我说，在岳父母身上，他感受到了父母的爱，

张祥青与张荣华的结婚照

他一辈子感谢荣华给了他一个温暖、幸福的家。

六儿与荣华结婚时，荣华还是个柔柔弱弱的小姑娘，但荣华知书达理、吃苦耐劳、勤俭持家。我那时也未曾想到如此单薄、瘦弱的小姑娘竟然能吃得了这般的苦。

小两口为了生计起早贪黑地经营着早餐摊，家里养的猪下小猪崽了，两口子就把小猪崽放在热乎的炕头，他俩睡在冰凉的炕角。荣华妈妈每次来看闺女，都和我一边说一边心疼地落泪。但荣华无怨无悔，就这么默默付出着。

两口子的勤劳付出让小日子慢慢有了起色，而六儿却不满足于现状，他觉得炸炸饼、做豆腐脑挣的都是辛苦钱、小钱，只解决了温饱问题，离发家致富还差得远。他看好废钢行业市场与前景，准备放手一搏。

这次，倒腾废钢是他做生意栽的第一个大跟头。别看六儿他头脑灵活，心眼却实在得很。这一趟被坑，他赔了个精光，还欠了债。

大家都劝他老老实实经营早餐摊，别再折腾了。六儿却不甘心，凭借这股子不服输的韧劲，他打开了废钢买卖这条路，后来又创办了烧结厂。事业慢慢从丰南到滦南，一直开疆拓土到天津。

相守

六儿事业虽然取得了如此成就，他却依然勤劳朴实，对家人更是关怀备至。

每次来丰南看我，六儿和荣华都会给我带各式各样的礼物，吃穿用度样样齐全。荣华也都是把我当作长辈照顾。六儿曾说，在他心里，我这个姐姐就如同他母亲一般。

小时候他就说过这样的话，那年我 15 岁，他才 7 岁。那是我们失去母亲的第一个冬天，凛冽的寒风吹得猎猎作响。六儿一进门，小脸冻得通红，手冻得和石头一样硬，浑身瑟瑟发抖。我赶忙把快冻成冰块的六儿拉到怀里，将自己脖子上的一条黄色毛围巾围到了他身上，带着体温的围巾不仅温暖了孩子的身体，也温暖了孩子的心。六儿一下子就钻进了我的怀里，抱着我说："我想妈妈了，我想喊三姐一声'妈'……"

此后多少个夜里，我们俩想妈妈的时候就抱在一起哭……

后来六儿长大了，成了顶天立地的男子汉，所有的苦楚都自己咬碎了牙扛下，我也就没再见他哭过。直到有一次，这个男子汉因为我的缘故又落泪了。那是 1998 年夏天，我腿摔伤了，膝盖缝了 10 多针，因夏天炎热伤口感染，难以愈合。后来我去了医院，医生说必须把我膝盖上感染的烂肉剜掉。六儿得到消息赶到医院的时候，医生正在给我剜烂肉。当时六儿紧紧地抱着我，大泪小泪地流了满面，一边哭一边说："姐姐遭罪了，姐姐遭罪了，没事儿的，没事儿的，三姐别怕，三姐别怕，有六儿呢……"

我被兄弟的亲情和力量包裹着，心里感动极了。我的六儿就是我的靠山，有他在，我真的什么都不怕！

大爱

长大后的六儿很忙，他有他的事业、家庭，有他的责任、担当。可他也总愿意回来和我这个姐姐待着聊会儿天，说说话。

2008 年，汶川地震后，他对我说："三姐，下午我就去北京，参加汶川地震捐款的晚会，我和荣华我俩去，我想多捐点。咱们经历过地震，

知道有多难。地震灾害这
么严重，得需要社会各界
的帮助。"他还说："当时
咱们唐山地震以后，是解
放军给咱们建的房子。我
到时候去看看，再捐钱建
个学校。"央视赈灾晚会直
播节目牵动了所有国人的
心，六儿和荣华是所有捐

2008年，汶川地震赈灾晚会上，张祥青追
加7000万元捐款，累计捐款1亿元人民币

款者中唯一当场把捐款额
从3000万拉升3倍的企业家，他们举着3000万的牌子，实际上捐赠了1
个亿，六儿回来跟我说："我不是头脑发热，也不是想出名，而是发自内
心想多捐一点儿，帮助他们渡过难关。企业资金紧张一阵儿不要紧，咱
们咬咬牙闯出来。咱小时候，唐山地震时解放军是怎么帮助咱们的？回
报国家是应该的。"

六儿是有大爱之人，却也不乏有细腻的心思与小爱。

二姐的病始终是横在他心头的一道结，他每每见到有精神疾病的人，
都会忍不住上前关心，并将兜里装着的千八百块钱都给人家。六儿曾说，
都是心地善良之人才会得这种病。

因长期出差在外，六儿的后备箱里经常备着几只烧鸡和几箱点心，
走到哪里都张罗着给大家伙分分尝尝。

他从不会嫌弃乞讨之人，每每见到老弱乞讨者，他都会停车驻足，
上前去询问情况，或给钱，或给吃食。而看到年轻力壮、四肢健全的年

轻人乞讨，他不仅一分钱不给，还会义正词严地批评他们几句。我为此总说他："不给就行了，干吗还要教训人家呢。"他却说："姐，我说他们是为了让他们知道，他们有能力去自食其力，而不是选择乞讨这种方式来生活。"

六儿走后，我总在回想他说过的每句话，当然不是句句真理，却都是发自内心，其中有很多独到见解。他虽小我6岁，却总能悟出各种人生道理。在我看来，与其说他有非凡的智慧，不如说他是有情、有义，更有心。

血浓于水的亲骨肉，我与六儿经历了相依为命的艰难，聚少离多的想念，还有对他英年早逝的遗憾，哪怕是点滴回忆，也总会让我流泪哽咽，虽然再也触不到他的体温，但他仿佛一直在我眼前……

祥青，我的六儿，你是三姐最亲爱的弟弟，也是三姐心中永远的牵挂，永远的痛，永远的骄傲，永远的念……

忘年知音去　弦断浩歌行

张济洲

冀发建厂，始成知音

祥青董事长和我儿子张震因缘分相识，哥俩关系特别好。

那时张震在国丰钢厂工作，祥青董事长经营土烧结厂，他俩经常商量工厂的事情。1998年，祥青董事长有意租赁老德丰钢厂，当时租赁费20万，价格非常合适，祥青董事长与张震商量后下定决心承包，立志要把钢厂建起来。1998年4月，祥青董事长正式租赁老德丰钢厂（后改为冀发特钢）。租赁成功后，祥青董事长急需招聘经验丰富的厂长管理工厂，他来到我家，希望张震帮忙找个厂长。张震说："现在钢厂都停产了，厂长、主任等很多人赋闲在家，你直接去找就可以啊。"其实，祥青董事长已有心仪人选，于是他非常敞亮地说："除了叔，我谁也看不中！"

那一年我60岁，刚刚退休。虽然我在国企工作39年，但是到民营钢厂当厂长我真没干过。我觉得祥青董事长创业挣钱不容易，若是因为自己管理不当把钢厂干垮了，那真是太对不起人，于心不安啊！于是我直接拒绝了。可任凭我怎样推辞，祥青董事长都始终坚持。他每天都来我家劝我："叔啊，您无论如何也得当这个厂长。"

我对祥青董事长说："不光是我觉得不行，我二弟张济国也不同意。年纪大了，管理方式也都是国营模式，真担心弄不好耽误你的事业。"祥

105

青董事长一听，马上又去找我二弟，整整劝了他7天，最终二弟被祥青董事长的诚意所感动，答应在我身体状况允许的前提下，可以去厂里干两年。从4月租下钢厂到5月正式任职，祥青董事长足足劝了我一个多月，就连揭牌仪式也一定要等我到任后举行。

初到冀发任职的时候，钢厂正在检修设备，祥青董事长交给我的首要任务就是一个月内把土烧结项目建起来，在满足钢厂烧结矿自身需求的同时开展对外销售，保证资金正常运转。经过大家的努力奋战，既定时间内土烧结项目建好了，同时炼钢厂的检修也基本结束。7月末烧结厂投产，8月开始筹备钢厂项目，10月开始生产以钢锭为主的钢材产品。

建厂初期，受全国钢材市场爆冷影响，冀发销售渠道受阻，库存积压着几千吨钢锭，钢厂资金链面临断裂风险，祥青董事长顶着巨大压力。他这个人意志坚强，没日没夜和大家一起想办法、跑市场、销库存、渡难关。天无绝人之路，一个看似偶然的机会正藏在不远处，我们的困境将由此发生彻底转折！

那件事发生在春节放假前夕，来自河北青县的一行人来到厂里考察钢坯，我亲自带领他们看产品。客人对钢坯外表整体评价很高，只是不知钢坯内在质量如何。我当时答复："产品一定保质量，如果质量出问题，我一分钱都不要。" 商谈价格的时候，我提出每吨1700元。由于当时钢材市场特别冷清，他们觉得价格太高，说罢就要离开。当时我果断拦住三位客人："我找老板问问，你们再谈谈。"随后，我把祥青董事长请来与他们继续商谈，最终以每吨1620元的微利价格做成了这笔生意。客户说："我们先要1000吨，如果质量能保证，我们全包。"祥青董事长说："我们就敢保证质量，你们可以先把货拉走，我们先不要钱，自己生产的产品自己心里有底气，如果质量不合格，货就白送给你们！"就这样，1000吨钢坯顺利成交了。春节期间，大概正月初六前后，河北青县的那三位客户再次来到我们冀发钢厂，他们一见到祥青董事长就说："你们库里的钢坯我们全包了，今后你们厂生产多少，我就要多少！"正是祥青董事长的诚信为人，赢得了客户的信任。后来我们双方互惠合作多年，冀发钢厂逐步发展壮大起来。

挥师滦南，谱就新曲

1999年，祥青董事长开始转战滦南，租赁了滦南县滦粤钢铁厂，成立了唐山市合利钢铁厂（后简称"唐荣"）。当时，祥青董事长跟我详细讲述了承包滦南钢铁厂的事情经过，说无论如何让我再战滦南，帮他把新厂建起来。起初，我只答应在冀发工作两年，如今又要我去滦南，打心眼儿里不想去啊。我儿子张震做我的思想工作，我再次答应，在身体允许的前提下去滦南再干两年！在祥青董事长的统一安排下，冀发钢铁厂交由他岳父管理，我跟着他转战去了滦南。

最初的滦粤钢铁厂，实际情况比当年的老德丰钢厂更糟糕——设备糟蹋了，厂房也荒废了，工人们无事可做待业在家。为了尽快恢复生产，祥青董事长当机立断，决定挨家挨户走访滦粤钢厂工人。他把炼钢厂、炼铁厂在册的各班组员工，以及有意回厂继续工作的老员工全都重新返聘回厂。紧接着召开了员工动员大会，明确职责，细化分工，鼓舞士气。改革让人情绪高涨啊，大家齐心协力抓紧检修设备，争取最快速度恢复生产。

当时的滦粤老钢铁厂拥有两座高炉、两台转炉和一个氧气站。在祥青董事长的带领下，仅仅一个月我们就检修了一座高炉和一台转炉，随后立即使用现有设备开始炼铁、炼钢。与此同时，加紧对另一座高炉的检修工作。当时，对另一台转炉，祥青董事长另有独特想法。他找技术人员探讨，是否可以把转炉在3吨炉容基础上加以扩容？北京一家资深机构研究了这个想法，并制定出一套可行方案，最终3吨转炉扩容到6吨。同时，另一座高炉仅用一个月时间也完成了检修并投入生产。

企业搞起来后，发展中的问题也随之出现。转炉扩容，直接导致铁水吃不饱，不能满足扩容后的生产需求。怎么办？祥青董事长脑海中萌生出再建一座高炉的想法。然而，因为场地是租赁关系，他的想法始终未能得到县政府同意。祥青董事长无奈，只好回师丰南，在冀发钢厂现有场地的基础上新建一座高炉。当时真是困难啊，厂子使用汽车运送铁水于丰南、滦南两地，不仅成本高，而且非常危险。而偏偏此时，新建高炉的投产又直接导致铁水供应过多。怎么办？迎上去！祥青董事长当机立断，决定再建一台转炉。就这样，在原来两台3吨转炉的基础上，一台6吨转炉拔地而起。

事物总是相互矛盾的，左腿一长，右腿就短，铁水供需始终难以平衡。祥青董事长再三坚持，在滦南建高炉的想法终于实现。受场地限制，决定把滦南料场缩小50%，又建了一座高炉，同时把原来的3吨转炉又都扩容到6吨，最终形成4台6吨转炉的规模，设备最终得到相互匹配，生产也逐渐趋于稳定。

记得滦粤老钢厂的生产能力是3万吨/月。1999年10月27日，祥青董事长租赁后，12月完成第一座高炉的检修并投产，同时开始检修第二座高炉和第二台转炉。2000年1月，两座高炉和两台转炉同时投入生产，加之转炉扩容及丰南一座高炉，第一年的产量就远超老滦粤钢厂，实现月产8万多吨！

当时，连铸坯在滦南市场非常盛行。祥青董事长果断决策投入连铸坯项目。因为厂库积压着几万吨钢坯，钢坯市场不景气，卖货非常艰难，当时祥青董事长顶着压力亲自跑广东市场卖钢坯。同时把钢坯运到丰南，再用650轧机加工成带钢，然后再运往广东销售。2000年3月，连铸机项目正式启动。2000年12月31日，连铸机投产试验一次性成功，开始生产连铸坯。2001年完成20万吨，2003年完成30万吨，2004年完成40万吨，产量逐年提升。直到2012年，高炉、转炉、烧结等都被国家列入淘汰范围，被迫全部停产。

我跟祥青董事长说："响应国家政策的要求，钢厂不得不停产。另外，目前厂房74万吨的生产能力已远超当初的设计能力，现在厂房超负荷运转，已无法再继续承受，这些年经营效益也不错，咱们正好借助国家政策停产，歇了吧！"其实，那时的祥青董事长心里早有了新的想法。他语气坚定地说："叔，为了回报社会，我无论如何都得继续干下去，否则1000多名员工怎么办？1000多个家庭，上万人的生活，咱们还得继续干！"于是，祥青董事长又建了一座1080立方米高炉，还有两台80吨转炉，2013年末正式投产。

我记得当时祥青董事长压力非常大，按照国家政策及要求，原老厂房全都得废除，必须按照新标准重新建设。当时设计院的项目投资核算总额为5亿，到项目完工，总投资花费将近20亿。祥青董事长宽容大度设计较太多，他独自承受了。渐渐地，滦南钢厂的产能发展到100万吨。

海河筑梦，开笔华章

新世纪到来了。2001年前后，冀发钢厂和滦南钢厂经营效益都比较好，产品供不应求。祥青董事长跟我说："叔，我准备在滦南好好地大干一场。我要把这块地全部买下来，对钢厂进行扩建升级。"结果，县政府那边按政策规定不允许卖地，这条路根本行不通。

忽然有一天，不知从什么路径传来了一则天津渤海冶金钢铁厂停产转让的消息，祥青董事长毫不犹豫地立即组织他岳父和我前往天津实地考察。当时，天津厂区周围用砖墙围着，共计1800亩，只有一座315立方米高炉和一台铸铁机，整个厂区长满了芦苇。"如果想长远发展，这块地确实不错，无论在丰南还是滦南，有钱也找不到这样的好地。"祥青董事长思索着，带领我们直奔镇政府了解详细情况。

天津市津南区葛沽镇的书记和镇长非常热情地接待了我们。祥青董事长开门见山地把扎根天津谋发展的想法及当时丰南和滦南钢厂的情况向领导们如实汇报。镇政府没有立即答复，而是立即组成考察团，由津南区常务副区长亲自带队，到丰南和滦南对祥青董事长的钢厂进行考察。在滦南，对天津的钢厂项目进行了现场磋商，最终以2.8亿元价格成功收购天津渤海冶金钢厂，于2001年4月28日，天津荣程正式成立。

天津荣钢建厂后，祥青董事长仍打算派我去天津的钢厂，这一次我真的难以从命了，他依旧不同意，我依旧坚决推辞。后经总监劝说，反复权衡利弊后，祥青董事长同意了，但让我推荐一个人去天津负责钢厂，我推荐了张廷生，祥青董事长也合心意，于是就任命张廷生为天津荣钢第一任厂长。

忘年遥祝，两心相知

2014年前后，我患了心脏病，家人带我去301医院检查确诊心肌梗死。当时病情紧急，血管堵塞99%，医生建议立刻手术，否则会有生命危险。幸亏及时做了心脏支架，才有幸挽回生命。我跟祥青董事长提出了辞职："我今年70岁了，心脏又是这样，不适合再继续干了，万一出点事，对事业不好，对你我都不好。"祥青董事长态度也非常坚决，无论怎么说也不同意我离职，他说："叔，您80岁再退吧，不让您受累。"他理解我，我是创业功臣，他虽然不想累着我，但更不想看我离开岗位的落寞和冷清。我理解他，老了病了，就要退下来。他的事业奔腾向前，让年富力强的人干更好。最终，在我再三坚持下，2014年病愈后，我就从钢厂退休了。同年8月，传来了祥青董事长突然病逝的消息，我心里难过极了，悲痛难以承受，脑海中都是与他并肩奋斗的情景……

张祥青夫妇与张济洲合影

耄耋致敬不惑英雄

祥青董事长是我的晚辈，他是一个特别能吃苦，做事亲力亲为，为人心地善良，待人亲和，不摆架子，思想觉悟高，社会责任感很强的人。在最困难的时候，他昼夜不停地盯在钢厂现场；产品销售困难，他积极想办法，转变思路，让产品升级成热销产品。看他不分昼夜，又忙又累，我经常感到非常不忍、非常心疼。我由衷感佩他骨子里的那种真诚，那种高尚，那种干劲儿，我觉得每一位员工都没理由不跟着他为理想而奋斗。

现在国家对环保的要求越来越严格，在这种情况下，我们的钢厂不仅仍能正常经营，而且还能在新标准、新要求下不断发展，为天津、为国家发展做出巨大的贡献。祥青董事长的基础打得好，这十分值得企业家们钦佩与赞赏，学习与效仿！希望荣程人能够继承祥青董事长的遗愿，致力于让荣钢更加美好，为打造绿色百年荣程继续奋斗！

【作者简介】

张济洲，荣程集团总监。1998年入职丰南冀发特种钢材有限公司，2014年光荣退休。

怀念钢铁巨擘　共筑辉煌未来

丁立国

10年前的今天，我们失去了一位优秀的企业家、一位亲密无间的朋友——天津荣程集团的创始人张祥青。他的离世不仅让我们痛失了一位钟爱的同行者，也让整个行业失去了一位具有远见卓识的钢铁战士。

我和祥青结识于1994年。他白手起家，从开始做废钢生意，最终创建起自己的钢铁王国。回忆30年前的共事经历，他总是充满激情和活力，经历磨难总能表现出非凡的坚强意志和乐观精神。他对钢铁事业的热爱溢于言表，他常说："钢铁是国家的脊梁，是我们的命脉。"在他的带领下，荣程集团不断创新突破，由一个小型钢铁企业发展成为国内外享有盛誉的多元化企业集团。

在祥青身上，我能深切感受到一个成功企业家的担当和智慧。他总是能够洞察市场变化，把握行业趋势，制定出具有前瞻性的企业发展战略。荣程集团每一次关键时刻的变革和战略创新，在河北、天津的跨越式发展，无不展现出他超前的战略眼光和不断追求超越的战略格局。

祥青不满足于现状，始终保持着对未来的敏锐洞察和深刻思考。他深知，随着科技进步和市场的不断变化，钢铁行业面临着前所未有的挑战。因此，他提出了许多具有前瞻性的发展思路和建议，包括加强技术创新和产品研发，提高产品质量和服务水平，积极推动绿色发展和可持续发展，保护环境和节约资源，深化国际合作与交流等。这些建议不仅为荣程集团的发展指明了方向，也为整个行业的发展提供了宝贵借鉴。

祥青具有强烈的企业家精神，他勇于挑战传统思维，积极探索创新模式。注重培养团队的创新意识和能力，鼓励员工发挥自己的聪明才智，正是这种勇于创新的氛围，使得荣程集团始终在市场竞争中保持稳健发展。祥青对钢铁行业有着深刻的理解和独到的见解。他认为，钢铁产业是国家经济发展的重要支柱，必须紧跟时代步伐，不断推进产业升级，坚持高质量发展，实现经济效益和社会效益的双赢。正是这些理念，指引着荣程集团不断取得新的突破和成就。

祥青不仅是一位优秀的企业家，更是一位具有家国情怀的人。他常说："企业的成功，不仅仅在于经济效益，更在于对社会的责任和贡献。"2008年汶川地震，他和荣程集团的义举至今让人难忘。这种大爱精神不仅赢得了社会各界的广泛赞誉，也为荣程集团树立了良好的企业形象。

回顾过去，荣程集团取得了辉煌的成绩；面向未来，相信荣程集团乃至行业中的我们会永远怀念他、铭记他、传承他的精神。我相信，在祥青奠定的坚实基础上，在荣华主席的带领下，君婷传承父志，将继续推动荣程集团高端化、智能化、绿色化发展，并不断攀登新的高峰。同时，我也衷心希望荣程集团能够在未来的发展中不断创新、不断进步、不断壮大，为中华民族伟大复兴贡献更大的力量。

祝愿荣程集团蒸蒸日上，成为行业的佼佼者！

【作者简介】

丁立国，全联冶金商会轮值会长，中国钢铁工业协会副会长，德龙钢铁集团董事长。

缅怀祥青　共创未来

张志祥

在中国钢铁行业的历史长河中，有一位优秀的企业家——他就是荣程集团的创始人张祥青。一晃，他离开我们已经10年了。

我和祥青是20多年的老朋友，也是一起从钢铁重镇唐山走出来的老战友。

祥青对钢铁行业的"嗅觉"非常敏锐。他深谙市场动态，总能洞察行业趋势，精准把握机遇。在他的领导下，荣程集团从无到有，从小到大，从唐山到天津，一步一个脚印，实现了从单一钢铁生产到多元化产业布局的巨变。他积极推动国际合作，早在2004年，就与澳大利亚罗泊河签订长协矿合同，为民营企业使用外矿降本增效做出表率。他的远见卓识和果敢决策，为企业的可持续发展奠定了坚实基础。

诚信是祥青的处世之道，也是他做企业的一贯准则。他坚信，诚信是企业的生命之源，他始终坚持以质量求生存，以信誉求发展。无论是对待客户还是合作伙伴，他都以诚相待，赢得了广泛的尊重和信任。

生活中的祥青也很有钻研精神。生病以后，他潜心钻研起了博大精深的中医学。有一次，他来北京看我，先是嘱咐我要吸取他的教训，关注身体，继而又热情地讲起了自己研究中医的心得。他说，久病成医，已经可以自己给自己开药了。讲到兴起时，他还兴致勃勃地给我号脉开方并抓药——因为他的车里随时备着各种各样的中药材。后来，每次与旁人聊起祥青，他神情严肃、认真为我切脉的样子总会映入脑海。

祥青还培养了一双非常优秀的子女。特别是长女君婷，谦和有礼，虚心好学，很有其父之风。自祥青离去后，她小小年纪继承父业，和她母亲张荣华女士一起扛起了荣程的重担。有一次，我在某个行业会议上碰到了她，她一直抓着我虚心请教一些行业问题直到分开。2021年，她协助荣华女士和荣程团队一起，漂亮地完成了对天津物产集团贸易板块的战略重组，展现出了相当专业的风险判断和机遇掌控能力。我想，正是因为继承了祥青这种虚心学习、潜心钻研的精神，君婷才能在短时间内迅速成长为一个合格的企业管理者。

10年转瞬即逝。这10年，荣华女士带领君婷和荣程集团沿着祥青的脚步勇毅前行，推动企业稳步健康发展，积极履行社会责任，得到了行业各界的普遍赞誉。

传承是最好的怀念。相信荣华女士、君婷以及全体荣程人会将祥青的精神一直传承下去，并将他的事业继续发扬光大，为钢铁行业的发展贡献自己的力量，为国家和社会创造更大的价值！

祝愿荣程集团的明天会更好！

【作者简介】

张志祥，第十四届全国人大代表，中国钢铁工业协会副会长，北京建龙重工集团有限公司董事长、总裁。

兄弟情缘

张 震

兄弟情缘"土烧结"

我与祥青于 1996 年 10 月开始交往，但交往之前，我俩早已"只闻其名，未见其人"！记得当时祥青趁着接待客户的时机主动跟我打招呼，并互留了联系方式。过了两天，祥青就电话约我，考虑到我俩并无

张祥青与张震出席活动

往来交集，此举着实令我惊讶！当时我担任国丰炼铁厂副厂长，经常在厂里住，出于工作考虑，我便答应祥青在办公室见面。

祥青初到我办公室便开门见山，主动介绍自己和经营废钢生意的情况，期间并无过多寒暄的客套话，言行举止间便能看到他为人直爽及真实的一面，那一幕至今记忆犹新！"土烧结矿和机烧结矿相比，烧结矿的质量差异有哪些？怎样做土烧结才能比机烧结矿质量更好？"这是祥青跟我咨询的主要话题。那时我很诧异，心想：一位废钢贸易商探讨烧结技术环节要干什么呢？我带着疑虑询问祥青。"大哥，我正在研究土法烧结，我也没资本，但我就是不服气，为什么土烧生产不出机烧的质

量呢?"祥青说道。我简单答复了一句:"从工艺上,就像人先天不足一样。"但是,祥青不认同我的回答。那晚,我俩首次见面,聊天并未深入探讨技术环节。两个多小时的时间,我能看出祥青内心坚定的信念,给我留下深刻印象。其实他并不像社会传言那样,只是靠废钢贸易赚钱,相反,他更关注技术与工艺,甚至更加注重在未来发展方向上做深入探讨。

20世纪90年代,受全国高炉和生产规模的影响,烧结矿市场供应严重不足,土烧结矿曾一度深受钢厂青睐,而且土烧结也被当时国家环保政策所允许。祥青凭借对行业嗅觉的灵敏,发掘到烧结矿潜在的市场机会。只不过,他精心研究的土法烧结矿却因产品质量不合格被银丰等钢厂拒之门外,于是,祥青便着手研究土烧结与机烧结的质量差异。当时,我对烧结矿的机烧工艺原理、成像机理、结晶机理,包括烧结矿的性能、冶金性能、物理指标等还算了解,但土法烧结尚未接触,我也需要做功课弥补。

又过了三四天,祥青便带我来到土烧现场,详细跟我讲述土烧结的工艺流程。我清晰记得当时的情景:生产现场十分简陋,有十几个土包,旁边摆放着一堆堆的稻草、煤粉、铁精粉及钢厂的废料污泥等。通过对土烧工艺流程的了解及对土烧结矿样品化验发现,土烧结矿的亚铁含量特别高。由于土烧法透气性不好,温度也不能实时控制,因此怎么可能生产出合格的烧结矿呢?我心里画了个深深的问号。当时我就叮嘱祥青:"亚铁含量太高,成分波动太大,这将严重影响高炉生产顺行。即使钢厂有需求,也是小比例、小范围使用,不可能发展长久。"祥青拿着随身携带的记事本,认真记下了我的建议和想法。大概又过了一个多月时间,祥青再次拿着土烧结矿找我化验，亚铁含量居然直降20%左右，粒度均匀性也有了较大提升。原来祥青一直在不断地钻研创新，他亲自配比、亲自拌料，迫于技术条件限制，虽然成分化验存在不及时，但凭借人工手法和他的突发奇想，最终使得土烧结矿质量有了大幅改善！

虽然祥青开办烧结厂的时间不是很长，但他总能以长远的眼光和发展的视角看问题。他的目标远不如此，而且他从不盲目决策，否则也不会发展到今天！其实，从祥青办厂做土烧结这段经历，我就发现祥青考虑问题的思路和方法具有前瞻性，而且他能够俯下身段，针对产品质量及产品成本发生的要素问题亲力亲为。所以，无论是他的职业精神——对技术、对质量的执着追求，还是祥青的远见卓识，都让我对祥青产生了无比尊重之情！

"铁六"的低成本扩张之路

20世纪90年代后期，受国家宏观调控影响，钢材需求增长放缓，价格回落，供大于求，矛盾逐渐显现。钢铁行业由钢材数量短缺，逐步向阶段性、结构性过剩发展。市场竞争加剧，行业效益持续下滑，钢铁市场严重低迷，烧结矿市场受其影响也逐渐萎缩，市场很难继续拓展，企业经营压力很大。当时祥青就提出："一个企业没有自己可控的市场产品，是不行的。"当时位于胥各庄的集体企业老德丰钢厂拥有一座3吨电炉，停产很久，祥青凭借多年废钢贸易资源积累，得知德丰改制消息后，他立刻找我商量。其实我对电炉不太了解，只是觉得肯定强于烧结，于是祥青下定决心承包德丰钢厂。在这种大环境下，无人敢轻易涉足钢铁行业，30岁不到的祥青以为下岗员工谋好事、为地方政府分忧解难的一腔热情，投入所有积蓄，于1998年4月毅然捡起了德丰这个包袱，重组了冀发特钢。

当时唐山地区真正搞高炉配套转炉连铸的极少，模铸钢也有一定市场，但老德丰设备破烂不堪，亟须改造升级。那时电炉钢非常盛行，而且祥青是废钢贸易出身，他熟知电炉原料——废钢的来源渠道。那个年代，祥青就着手考虑电炉生产高效化问题，并果敢提出要在电炉上搞富氧，这一举动让我由衷钦佩！祥青为降成本、提效率，潜心研究富氧工艺，缩短电炉冶炼周期。接连3~4天，他邀我晚上9点去观摩指导试验，可惜未能成功。究其原因，主要是仅靠人工无法操作，安全性无法保证，氧气利用率太低。通过此事可以看出，祥青虽然文化水平不高，但是他对钢铁行业、对电炉生产工艺的研究及他超前的思维意识非同一般。通过冀发特钢生产的经验积累，让祥青一步步对钢铁行业及企业未来发展道路更加清晰。可以说，冀发特钢使祥青形成了"低成本扩张"的战略思路，为后续发展奠定了坚实基础。

1998年，钢铁市场寒冬凛冽。经历跌宕起伏、市场变化，祥青面临因库存积压濒临破产的困境。1999年初，得益于钢铁市场逐步复苏，祥青通过市场销售加速去库存，资金压力逐步缓解。危机刚过，还没等大家喘口气，祥青便又找到我，他有意承包位于滦南停产已久的滦粤钢厂，想听听我的意见。刚刚经历资金危机，祥青对收购滦粤钢厂比较谨慎，但从当时冀发规模来看，发展空间确实有限。当时滦粤钢厂有一座62立方米高炉和一座3吨转炉，而且地理位置、厂区规模、交通运输等因素都相对较好。当时我也明确态度，单纯靠电炉钢行不通，从当时国丰"炼铁—炼钢—连铸"模式及效益来看，我也看好这个项目。说干就干，经过几轮商谈，祥青成功收购滦粤，组建了合利钢铁厂。但好景不长，钢铁市场再次波动，经营又面临巨大困难，甚至买焦炭的资金都没有，连铸生产也不顺利，加之高炉、转炉接连扩容，改造升级，转炉从8吨到30吨规模，就在资金不足的情况下，那种艰难着实让人不可想象，但是祥青硬是"挺"了过来。

时间来到2001年，祥青得知天津老渤冶停产招标收购的消息后，我俩第一时间来到天津考察。现场仅有一座300立方米高炉，杂草丛生，设备破烂不堪，但祥青态度坚定，毫不犹豫，因为他已经看到这里濒临港口、交通便利、市场区位优势明显等有利因素。对他来讲，这是非常好的机会！从谈判到正式签订收购协议，仅仅14天的时间，创造了天津最短收购奇迹，从此，奠定了天荣发展的基础。

从唐山转战天津，随着企业规模不断扩大，祥青对产品结构调整有着独特的思考，我俩经常探讨产品结构问题，祥青在为天荣产品定位时征求我的意见，我用国丰利润指标跟祥青对比，建议建设带钢生产线，给祥青提供思路。那时全国带钢基本是145mm~300mm小规格，但祥青表示："我要做中宽带。"凭借对市场敏锐的判断，祥青果断投入两条当时国内非常领先的中宽带生产线。同时，祥青也非常注重资源的合理匹配。随着企业逐渐步入正轨，加之当时铁矿资源的紧缺，祥青开始意识到资源保障对企业发展的重要性。于是，祥青开始与罗泊河进行铁矿谈判。经过数轮谈判，他一举拿下罗泊河铁矿10年的长协资源。虽然企业经历了一波三折，但铁矿10年长协的签订对荣程未来的经营发展具有重大意义。

张祥青前往澳大利亚考察铁矿资源

可以说，几乎所有的大型民营企业都是从艰难时期走过来的，与国内大型钢铁企业的发展思路相比，祥青的理念和思维意识总是那么超前！从土烧—电炉—模铸，从丰南转战滦南再战天津，延伸到电炉、高炉和转炉，到后来的带、线、棒生产线。祥青作为一名民营企业家，以他当时的文化水平和对钢铁行业的了解程度，他确实开创了行业先河！归根结底，还是祥青能够沉下心，深入企业，深入市场，冷静理性地看待市场，以超前的意识和对行业趋势的精准把握，促使他一步步地走向成功，这也正是他的过人之处！荣程发展至今，始终离不开祥青超前的思维以及他对钢铁行业的精准认知和判断，他那着眼未来的远见卓识非同寻常！此外，祥青并不看重眼前利益，而是看重长远发展利益。他考虑问题不是单纯的一个企业的生产和简单的管理环节，都是战略要素的匹配，并且他对企业生存发展所需的各种要素考虑得非常清晰，而且在如何做好要素匹配，更好地助力企业发展上他总是亲自谋划、亲自参与，稳扎稳打走好脚下每一步，牢固企业发展根基。

追忆祥青董事长的创业经历，重温祥青的创业精神，对我们荣程人是一种激励，更是一种正能量的传递！我们要把祥青精神与企业发展进行融合，永远铭记祥青的同时，更要传承好祥青精神。在工作中不断强化对行业的思考与认知，充分发挥自己的聪明才智，脚踏实地，攻坚克难，为打造百年绿色荣程而奋勇前行！

【作者简介】

张震，曾任唐山国丰钢铁有限公司董事长、总经理，港中旅华贸国际物流股份有限公司董事长等职务。

祥青轶事

张肇麟

2008年6月29日，张肇麟与张祥青在华西村合影

伴随着年岁增长，身边的旧熟慢慢都会远去，而有些挚友虽然走了很久，却好似还在身边。祥青就是这样的兄弟，就像长在心里一样不曾远离。

人的一生能活出真正个性的不多，很多人出生就开始表演，注意力总在外边。祥青则是极少活得真诚的人物！

真诚，对大多数人来讲是艰难修炼的成就，当然也有些人是天生的，而祥青的率真既是天生的，也是后来修炼的。天生率真不失童心是他的特质，而在巨大成就和荣誉面前不改诚色，却是他修炼的结果。

一天突然接到他的电话，说他在北京，让我过去一趟，似有急事。我也是仗义之人，立即买了从上海飞往北京的机票一路狂奔飞抵京城。他早早安排了新疆风味的饭菜，让一队服务员端到一家街边小店我们囫囵一顿，当时场景非常喜剧。我俩聊了很多并不具体的"天理道义"，他告诉我请我来就是因为想我了。

还有一次他来上海拜访客户，说不能专程看我，就请我过去会面。我立即起身前去，谁知一见面，祥青就说经他面诊我需要马上针灸！于是就让我躺在客户的会议桌上给我针灸，那可真是有模有样，谁知一会儿烟雾报警器响了，保安们冲进来要灭火。保安走后，我们一众掩面大笑。

还有一次我父亲诊断出癌症，祥青立即飞来家中探视问候。他跪在床前，紧握着老父的手致以祝福。我站立在他的身后，心中早已将他当作成同胞兄弟。

如果说祥青的珍贵就在童心，也不能忽略他的天赋和做事的专注；如果上苍不妒英才，他还能做出很多令人惊赞的大事。

祥青是一位睿智的领袖级人物。他对钢铁行业低谷的预断，也让他投入巨资钻研工艺和装备的世界级突破，通过突破性技术改造让荣程在最艰难的时刻以最低成本渡过难关。

缅怀祥青，不得不提一件重要的事，就是他的亲情观。他始终把一同患难成长的夫人放在心头，把儿女放在心头，还照顾着亲人，包括乡亲。这里边有趣、感人的事非常多，我不一一细讲。

说起祥青，就仿佛昨天还在一起吃饭，记忆特别崭新。

这次写他的书要出版，我就加入说几句旧事。不多说了！过些日子，去他墓前当面跟他絮叨！

【作者简介】

张肇麟，翰澜企业管理咨询（上海）有限公司董事长。

基因决定成功，成功当属祥青

张继国

祥青，这位外人眼中顶天立地的汉子，这位铁血柔情的大爱企业家，这位成就卓绝的钢铁界传奇大佬，除去这层层光环，他依旧是我记忆中的那个孩子，那个我看着长大的孩子。俗话说："三岁看小，七岁看老。"这个我看着长大的孩子，从小就显露出超于常人的天赋，他所展示的超前思维、格局与气魄，注定他将创造辉煌。

20世纪70年代，丰南区胥各庄修造站筹资29万元改建了丰南第一个轧钢厂，成为全镇第一家规模企业，我出任第一任厂长。那时厂子坐落在胥各庄镇三街，与祥青家紧隔一条街。

祥青是地震遗孤，本是懵懂天真的年纪却失去了父母，跟着哥哥姐姐过日子。可以想象，在那个本就艰苦的年代，这个小孩过得很苦，他几乎是靠着拾荒、捡破烂度日。祥青虽然受尽苦难，性格却乐观豁达。他从小长得胖胖乎乎的，像年画中的小福娃，特别带人缘，别人看到都忍不住想摸摸头，稀罕一番。

那时修造站会有很多废料堆放在门口，有人偷拿被发现，我免不了对他们一顿呵斥教训。但祥青这个小娃，即使被发现偷偷摸摸捡点东西，我也是一笑置之，不去追究。一来，觉着这娃身世着实可怜；二来，这娃确实可爱，不忍开口。

就这样，祥青转眼就从调皮捣蛋的小孩变成了十五六岁人高马大的少年，也进了轧钢厂工作。作为厂里年纪最小的学徒工，他勤勤恳恳，兢兢业业，一干就是5年。有一天他兴致勃勃地找到我，说要辞去这份那时人人羡慕的好饭碗。

祥青的三哥在石家庄一部队做司务长，所做的豆腐在石家庄地区备受欢迎。他听说后便萌生了学习制作豆腐技术的想法，学成回来自己做小买卖。

他青涩的面容写满坚定，他告诉我不想一辈子就这么按部就班地活着，过着一眼就能望到头的生活，他要去外面闯荡一番。

虽然已经过了四十多年，但他目光中盛满炙热与向往，我依旧历历在目。那时，我便觉得这个笑起来带着酒窝的憨憨厚厚的孩子绝非"池中之物"，他有超前的想法和意识，有果决的行动力，将来定有一番作为！所以，我当时没有阻拦，只说全力以赴支持他去闯荡一番，若想回来，这里也随时为他敞开。就这样，祥青第一次踏出自己的家乡，远赴石家庄。

半年时间，他学成归来，不承想被市场上了第一课。

由于唐山地区的老百姓受传统饮食习惯的影响，豆制品只接受鲜豆腐和冻豆腐，所以对豆腐这一新生事物接受度不高，因此祥青的豆腐生意十分惨淡。

"脱离市场的生意将无路可走。"这也是年轻的祥青第一次对市场这只"无形"的手有了具体的概念。

之后，他与荣华喜结连理。虽然第一次创业并未成功，但这次远行，也打开了祥青的视野，也更加坚定了走自己做生意的这条路。没有本钱，那就从小本买卖做起。就这样，新婚燕尔的小夫妻在老家桥头支起了早餐摊，摆摊卖炸饼。起早贪黑一分分攒着筑梦的钱。

20世纪90年代，尤其是邓小平南巡之后，固定资产投资迅猛增长，促进了重型基础产业的较快发展，同时也带来了工业生产资料价格的大幅上涨，使建材行业，尤其是钢铁企业效益剧增。中国第一次钢铁热潮来袭，全国民营钢铁企业成立数量集中爆发。

靠着早餐生意攒了点钱的祥青敏锐嗅到了商机，立即办起一家烧结厂——顺达冶金原料厂，生产土烧结球。

烧结是将各种粉状含铁原料配入适量的燃料和熔剂，再加入适量的水，经混合和造球后在烧结设备上使物料发生一系列物理化学变化，将矿粉颗粒黏结成块的过程。土烧结，顾名思义就是用简陋的设备进行烧结。那时市面上大多数的土烧结技术都是有经验的技术人员在多年探索中摸索出的原料配比和反应时间，所以市场上的土烧结球品质不一。

我所在的轧钢厂也陆续上了炼铁项目，彼时，我在四处寻找高品质的烧结球。有人告诉我祥青的小厂子生产烧结球，而且品质很高。说实话，我当时将信将疑，虽然我觉得祥青这孩子从小就不同寻常，但烧结球毕竟是靠经验与技术积累探索的技术性行业，这位前些日子还在桥头卖豆腐脑和炸饼的孩子，怎么就跨了差十万八千里的两个不相干的行业，说去烧结球就去烧结球了呢？但想想这是祥青，一切又不是不可能。

最后，抱着将信将疑的态度，我去办事时，特意绕到他的小厂子实地探访了一番，等见到成品的时候，我才晓得所传非虚。祥青烧出的烧结球不仅颗粒均匀，而且强度高。这个二十出头的小伙子虽没有一丁点技术基础，却靠着勇于探索、四处学习，将所见所学融会贯通后加以提炼总结，创造出自己的一套技术体系。

是个人才！

我当时深有感悟："人能不能有造就，基因很重要。"祥青如此聪慧，与张家的基因密不可分。这里要提一下祥青的父亲——张凤山。这个看似普通的做着卖牛羊肉下水小买卖的老百姓没上过一天学，却能在听完匣子（收音机）里播出的说书后，几乎一字不差地复述出来，着实令人惊叹。而且，张家做生意的天赋也早早体现在他身上。

张凤山有一项绝技，那便是去市场上买羊。当他抓住羊腿把羊拎起来一掂，其所值价格就能脱口而出。这只羊重多少，能出多少肉，羊皮卖给采购站会奖励多少布票，布票能换多少钱，羊肉合多少钱一斤大家伙分，即使身边有个拿着算盘噼里啪啦一顿拨弄的会计都没他脑子算得快！

张家一门，都是如此神奇之人！

就这样，烧结球厂让祥青赚到了真正意义上的第一桶金。

那时，祥青事业已经小有成就，顺达冶金原料厂每年可盈利几十万元。然而胸怀大志的祥青怎么会安于现状，他深思熟虑后决定打通下游环节，将产业链延伸下去。此时停产的丰南德丰钢厂走进了他的视野。

丰南德丰钢厂之前是丰南县委办公室操办的，从北京空军军区、承德军区引资建设的。值得一提的是，费用中还有中央党史和文献研究院的毛主席稿费，可谓缘分深厚。但受市场大环境影响，德丰钢厂发展受限，此后交于胥各庄镇政府管理。

为了帮丰南德丰钢厂寻一条出路，当时胥各庄镇的主要领导与县委办领导多次商议，想将丰南德丰钢厂租赁出去。

1998年4月，祥青和荣华租赁了丰南德丰钢厂，正式组建了丰南冀发特种钢材有限公司。

丰南冀发特种钢材有限公司虽然成立了，但也面临着缺少贤才的困境，于是祥青将目光放在了我的大哥张继洲身上。

我大哥张继洲的人生经历也颇具传奇色彩。20世纪60年代，18～55岁的青壮劳动力都去了东北闯关东。1960年，我大哥跟随大部队辗转到东北，在东北煤炭站一干就是35年，直到1995年从生产经营公司总经理位置上退休。他工作期间担任采掘队长，多次死里逃生，由于表现突出，获得表彰嘉奖无数，成为全国煤炭系统掘进队全国劳模，受到中央领导接见。

退休回到家乡丰南后，时任联强轧辊厂厂长的薄庆本非常赏识我大哥，聘请他到厂里任后勤部主任。

祥青听闻我大哥名声，求贤若渴，也想请他到德丰去主持生产工作。

我与大哥之子张震侄儿都不赞同，一来觉得镇办轧辊厂要比个人企业稳定，二来觉得大哥退休后不宜过度操劳。大哥再三考虑后，拒绝了祥青的一番好意。

但祥青怎会轻易死心？他认准的事，不达目的誓不罢休！

被拒绝后，他多次登门拜访，与大哥交谈至深夜。在交谈期间，他也不只是单纯聊天，而是话里话外试探对方到底可不可用，越是深入交谈，越是更加了解，祥青也更是坚定，此人非用不可！

最后，凭借着这份锲而不舍的坚持，薄庆本也开始帮着祥青说话，劝解道："看着祥青这么执着，就让大哥去吧。"

就这么着，祥青如愿以偿"挖"走了大哥。

事实证明，祥青就是独具慧眼，冀发的发展因为大哥的加入蒸蒸日上。

后来大哥 65 岁时，觉得自己的任务已经完成，便有了退休的想法。祥青察觉后，没有直接表态，而是在唐山最好的饭店给大哥操办了充满温情的生日宴会，不仅请了厂子里的骨干，还有他的亲朋好友。

他还特意准备了一份惊喜——购买了烟花、鞭炮在饭店外燃放（那时允许放鞭炮）。所有人都仰头惊叹于这漫天烟花时，祥青借着微醺的酒劲，红着脸提起酒杯对我大哥真情切切地说道："大爷，你不能再提走的事了啊。"

如此一来，大哥一直到 2014 年 4 月才退休，此时大哥已经 76 岁高龄。退休后，祥青和荣华不仅每年给大哥发放丰厚的退休金，还配备了专车及专职司机照顾老爷子。

放眼世界，又能找到几个这样爱才、惜才、重情重义的老板呢？屈指可数。

2001 年初，祥青得到消息，天津老渤冶挂牌出让。他带人到天津，看到这家工厂已经废弃，厂院内到处是水坑，坑里长满芦苇，厂房里的设备锈迹斑斑，一些村民在厂里放羊。曾经兴盛一时的厂子缘何没落至此，还要归结于市场大环境。

20 世纪初，亚洲金融危机波及全球，钢材需求锐减，价格低走，日韩低价出口钢材冲击国际市场，进一步加剧我国钢材价格下行趋势，供求矛盾进一步激化，全行业处于亏损边缘。

就是在这种大环境下，祥青依旧坚持要把天津老渤冶买下。祥青认为，虽然这个厂条件差，但天津是港口城市，运输便利，而且天津有天钢和大无缝厂，需要大量的铁，天津铁厂远在涉县，这也提供了潜在市场。所以他很坚定地说："纵观世界发展，现在钢铁市场虽然萧条，但我坚信，不会一直这样。"

由于老渤冶方圆十几千米都是盐碱地和芦苇坑，交通不便，而且厂内设备只有一座300立方米高炉，所以这个厂子在旁人看来根本没有收购价值。这也让祥青在收购过程中无形少了很多对手，在谈判桌上处于上风。

收购费用总额2.8亿，祥青以冲天气魄拿下了天津老渤冶，这就是现在天津荣程钢铁的前身。

四周被芦苇包围，水、电等基础设施都需要重新恢复，购买配件和原材料、恢复生产等各个过程都需要资金，面临着资金短缺等诸多现实问题，祥青只有铿锵有力地一句话："争分夺秒，迅速投产！"

他与所有工人吃住在厂子，黑天白日地埋头苦干。终于在2001年5月28日，一碧如洗的蓝天下，位于津南区葛沽镇被芦苇荡包围的一座不起眼的钢铁厂里，随着一声口令响起，炉升口开，钢花四溅，滚烫的铁水形成一条条红龙奔腾着。在钢铁人眼中，世上最美的花莫过于这迸发的铁花了。铁花映红了工人们脸上的笑容，祥青那标志性的笑容也深

2001年4月28日，天津荣钢签约仪式

2001年5月28日，第一炉铁水出炉

深印刻在每个人的心里。

　　策驽砺钝，祥青于艰苦中跋行千里，终在荒芜中踏出了一条金光大道！

　　后来，厂子周边那人人嫌弃的盐碱地和芦苇坑，在天津荣程钢铁版图一步步壮大扩张下焕发出新的生机，这些不毛之地变成了充满价值的"金土地"。这也是祥青令所有人都拍手称赞的地方！他总能高瞻远瞩，以其卓越的远见和决策能力创造出一个又一个让人叹为观止的奇迹！

　　铁厂刚刚恢复生产，所生产的产品以铁水为主。铁水要运输出去，必须先铸成铁块。将铁块运输到钢厂，熔化后再进行下一步的生产加工。但单单就是铁水铸成铁块这一项，每吨增加的费用就在一百七八十元。最有效节约成本的方式便是直接运输铁水。那个年代铁水输送还依靠于铁路运输，不仅需要配置大量的机车，而且占地面积大、投资高、运转周期长、铁水温降大、灵活性差、线路限制条件多。很显然，铁路运输对于祥青的厂子而言，很不现实，所以祥青找到了我。

那时，我任唐山国丰钢铁有限公司副董事长、总经理，国丰发展势如破竹，需要从周边铁厂大量收购铁水。为节省成本，我发明了用鱼雷罐车运输铁水的方法，实现了炼铁与炼钢之间距离最短、铁水运送方式最直接、最便利的衔接，中间无任何多余的运输工具，最简洁的"一包到底"，工艺布局紧凑、合理，节省大量建设成本及运行费用，堪称当时行业的一个创举。此方法一经问世，便震惊了整个钢铁业，全国各地的大型钢厂都专门过来学习此技术。祥青也特意从天津赶回唐山，虚心求教。

时隔多年，我们爷俩面对面地亲切交谈。看着当年那个初出茅庐的毛头小伙变成了气宇轩昂的企业家，滔滔不绝地描绘着他的事业蓝图时，我欣慰于他的成长。

就这样，祥青带着汽车运输铁水的方案回到了天津，周密制定了从天津老渤冶到天津钢厂的铁水运输方案，并交了上去。正满心欢喜地等待回应，准备马上实施时，却遇到了管理部门的质疑，因为从铁厂到钢厂，有一段路需要经过市区，一旦运输铁水的车辆发生意外，那造成的后果不堪设想。

祥青接到通知，反复思量，完善方案。经过多次优化，祥青认为万无一失后，他恳请各方领导带领管理部门亲自到沿途看一看。

祥青电话告知我后，我毫不犹豫地表示支持，陪同相关部门逐个考察运输现场、路线和节点。经过这次的周密调研，祥青的运输方案直接通过了。他的创新再一次获得成功。

就这样，祥青铁厂的铁水畅通无阻地运送到了天津钢厂，由于成本低，很快便占领了天津市场。企业实力日渐壮大，此后建高炉、建炼钢厂、建轧钢厂，发展劲头势如破竹。祥青架海擎天，业峻鸿绩，带领荣程实现了跨越式发展，终于在天津闯出了一片天地。

此后，关于祥青的丰功伟业和鼎鼎大名，我大多是在别人口中听到，而后欣慰一笑。我们各自奋斗在事业上，爷俩单独促膝长谈的机会也越来越少，直至最后都成了未了的遗憾。

祥青走的时候，年仅45岁，风华正茂的年纪，白发人送黑发人，我闻此噩耗，捶胸痛哭，泪洒满襟。一骂天道不公，二怨世事无常，最悲还是诸多遗憾再不可弥补。好在荣华不负所托，继承祥青之豪情与宏图壮志，继续带领荣程屹立于世界版图，也可告慰祥青的在天之灵。

十年弹指，恍然若梦。聊以此文纪念我记忆中的那个孩子，别人不曾见过的孩子。

【作者简介】

张继国，曾任丰南市人大常委会副主任，唐山国丰钢铁有限公司副董事长、总经理。

"铁人"兄弟

董印长

忘不了与祥青一起走过的日子。整整20年了，他那豪爽仗义的性格，诚信实在的态度，和蔼可亲的为人，有很多值得回忆的故事，让我铭记一生。

"烧结"在一起

1994年，经人介绍，我结识了正在谋划创业的祥青夫妇，当时他们正在四处寻找会烧结操作的技术人员。听别人说董庄子村有人干过土烧结，便专程赶到我们村找到了我和我大哥董印忠。初次见面，身材高大的祥青一边亲切地称呼我的小名儿，一边用一只胳膊搂住我转了一圈，我很快便被这个憨厚、豪爽的年轻人深深吸引。这对年轻夫妇的真诚态度使我们无法拒绝，于是我们兄弟就抱着帮忙的心态同意了。

在祥青两口子的带领下，我们很快就成立了顺达冶金原料厂。尽管当时设备落后、条件艰苦，但我们觉得祥青做人憨厚、做事认真、待人真诚，值得信任，所以下定决心追随祥青夫妇创业。

记得在烧结生产开始前，国丰钢铁公司的人找到祥青，说有一大池铁泥必须清理，估计有好几万吨吧。由于挖取过程又脏又累，前后找了几批人员，没有人愿意再干。国丰钢铁公司一直把这些越积越多的铁泥当作废料对待，愿意低价出售。

祥青的眼光敏锐呀！他看到了商机，果断将数万吨铁泥全都买下来，买它干吗？用作烧结原料啊。这世界上没有垃圾，只有放错了地方的资源！于是祥青安排我们10个人到国丰挖铁泥。

挖铁泥这活儿，不仅仅要有力气，还得吃得了苦，受得了脏。我们大伙呢，就是不怕苦、不怕累、不嫌脏，每天下工啊，所有人都浑身是泥，但所有人都是笑容满面、心气十足，干活特别实诚、特别卖力。看到这个情景，祥青真诚地对我们说："你们才是真正的铁人啊，我是铁六，你们是铁人，咱们是亲兄弟！"祥青体谅大家挖铁泥的辛苦，就按照每吨8元的价格给大伙开工资。第一个月，我们每个人都拿到了1500多元的工资。那是1994年，1500多元对于普通工人来讲是非常可观的收入，以前我们从未奢望过。我们拿着钱心里很忐忑，这个钱拿得心里不安哪！大家一起商量，要求降薪，别按8元一吨了，就5元一吨吧，加起来也不少。老板对待员工仁义、诚信，很多人慕名到厂里来找工作，我们企业的名气越来越大。

心里有人，一诺千金

20世纪90年代中期，企业间的"三角债"很普遍，很多工厂长期拖欠工资，工人就不愿意来了，恶性循环造成用工紧缺，影响正常生产。一次，有个收货单位经营发生变故，造成我们的产品滞销，祥青四处奔波寻找新客户，部分员工看到这种情况，就担心自己工资不能正常发放，于是出现了消极怠工现象，生产也因此受到了影响。祥青回到厂里详细了解情况，知道了"症结"所在，他和老总监商量后果断决定：每个月将工资发放时间提前一天。消息一出，大家彻底消除了顾虑，都说"祥青对大伙够意思，我们就得好好干"，积极性得到空前提高。大约一年后，企业慢慢步入正轨，工资发放时间也由最初的提前一天到每月15日左右发放，这个规定一直沿用至今。这么多年，祥青一诺千金，不管自己有多难，工人工资不拖不欠，保证到日开支。

为了实现节能降耗，祥青总是认真钻研生产工艺。那一年，祥青请了几个有烧结经验的师傅讨论烧结方法。由于各人经验不同，观点一直统一不起来。祥青爱动脑筋，更注重实干，他想出了个"比拼"的方法——把我们分成4组，用同一种配料，各自采取自己认为最好的方法进行烧结作业，最终对比成本和质量。经过24小时的实践论证，我们小组采用的"低温烧结法"成本最低、质量最优。于是，祥青当场拍板，今后统一用"低温烧结法"工艺操作，祥青的决策降低了生产成本，促进了企业发展。

还有一次，祥青跟我们谈起了成品质量，有人无意说了一句："反正收咱们产品的厂子和咱关系不错，质量差点儿也没事。"祥青听到后严肃地说："可不行，可不行！我们办企业搞生产，必须靠产品质量说话。靠拉关系、走后门求生存，绝对不可能长久。就像我之前做豆腐一样，为啥老乡们愿意买我做的豆腐，不等出村就能卖完，靠的就是诚信和质量。"这番话让大家心服口服，我们觉得跟着他干心里踏实。

聚在一起是缘分

祥青是一个从来不向员工发脾气的老板。在工作中，我们难免有这样和那样的错误，但祥青对我们一直是宽容有加。他常说："哥几个、爷几个都是为混口饭吃，聚在一起就是缘分，一起干事业就应该平等，大家应该像一家人一样，一起为了厂子努力工作。"他不仅说到了，更是做到了。每年的寒假，南方工人的亲属来厂里探亲，一边体验北方生活，一边帮着干厂里的活。每次来，祥青都给他们买新衣服、新鞋，他对前来探亲的员工家属说："你们是我们厂工人的亲人，也就是我的亲人。到这儿就算是到家了。"他的话听得人心里暖和。

天津荣程成立后，企业在祥青夫妇带领下不断壮大，越干越红火，还干到了天津民营企业百强第一名。祥青越来越忙，我见他的次数也越来越少，只能等到公司召开大会时才有机会见一面。每次看到我，他都像久别重逢的亲人一样嘘寒问暖聊家常："家里人都还好吗？身体还硬朗吗？你们过得还好吗？有啥困难就说！"短暂的相遇，简短的问候，每次都让我十分激动。

祥青夫妇俩是懂得感恩的人，每次厂庆都安排我们这些当年创业的老员工坐在前排接受表彰和奖励。他多次饱含深情地说："正是因为有你们的辛勤付出，才有了我们荣程今天的辉煌。"每次听到这些话，总会让我们感动得热泪盈眶。因为这话，让我们回想到30年创业过程的点点滴滴，历历在目，恍如昨天……

【作者简介】

董印长，荣程"老红军"。1994年入职丰南顺达冶金原料厂，现任文健集团工程项目部顾问。

腾腾烟火忆烧结

董印香

拉队伍创业，真难啊

祥青打算开办顺达冶金原料厂的时候，我正赋闲在家，他找到我讲明了招工来意，我就痛快地答应了。当时条件很艰苦，工作又脏又累，招工很难。祥青通过各种关系和渠道招兵买马，我还跟他一起贴过招工小广

张祥青与董印香在烧结生产现场

告。渐渐地，厂里工人就多起来了，最多时有100多人。

记得有一次刚开过工资，山东工人的领头拿着集中发的钱私自跑路，和他一起来的工人见状也都走了，留下的很少。祥青知道后很气愤，甚至想报警抓那个领头跑路的，后来冷静下来也没再追究。老板忍气吞声地说："咱们重新招人吧。"就在这时，何明强他们找来了很多四川人，加上少量留下的山东人，活儿也就能干了。从此以后，祥青吸取了上次开工资的教训，改为按月开支，按劳分配，工资直接发给每一位工人。

烧结起家，创新添翼

当时的土烧结工艺是这样的：挖一个地沟，也就是风道，再用钢筋焊一个"锅儿"，上边搁点儿稻草，然后用铁锹攘些焦粉、铁精粉，一头有风管，一头有鼓风，大致上就是这样。烧结矿在试产阶段，由于师傅们有工作经验，都是内行，第一次就基本成功了。起初，每个"锅儿"从晚上点火，大约7个小时就可以烧7~8吨烧结矿。

祥青是怎么想到用铁泥当原料的呢？铁泥是炼钢的下脚料，在当时是没有人要的东西，用今天的话说就是工业垃圾。但是铁泥的含铁量可以达到50%，里面钙、镁等化学元素都有。当时同行对烧结矿的需求较大，祥青经过多方研究、反复思考，看到了藏在里面的商机。他敢为人先，即刻组织人到首钢、唐钢、国丰去拉铁泥。当时祥青用火车从北京首钢拉来铁泥，配以少量的铁粉，用这种方法冶炼烧结矿。

初期生产出来的烧结矿并未得到祥青认可，原因是我们采用的低温烧结不同于高温烧结，再加上又是人工操作，产量上不去，成品质量也不稳定。祥青就用烧结矿跟银丰换返矿，返矿含铁量能达到48%，还是烧结熟料。1996年，我们租赁了一台搅拌机和几台四轮车把返矿全拉回来了，越干越聪明。在后来的生产中我们发现，使用返矿时，如果不加焦粉，反而会让烧结矿的质量更好。起初祥青还不信，他跟我们一起反复实践，这个方法最终验证有效，这可是好事啊——因为铁泥很便宜，焦粉很贵，凭借使用返矿就可以不用焦粉，从而节省很大成本。也就是从那时起，祥青的顺达冶金原料厂开始赚钱了！

祥青抓住机遇开拓思路，继续扩大规模。为了节省人力进一步提高产量，祥青又租来了挖掘机，用机械设备代替人工操作，效率提高了一大截。

祥青从年轻的时候就勇于创新。记得在冀发，为了解决电炉一直赔钱的问题，祥青果断从朋友那里买了一台13立方米的小高炉，一炉大概能出4吨铁水，他尝试往电炉里直接加注铁水，大幅度降低了用电成本，电炉不赚钱的问题就这么解决了。

我还记得1997年前后，市场不景气，企业之间"三角债"盛行。生产出来的烧结矿堆的跟小山似的，特别不好卖，经营状况十分紧张，工人开支都很困难。后来，祥青通过各种渠道打通了滦粤钢铁厂的市场，我们用5辆大卡车往滦粤钢铁厂送烧结矿，然后从滦粤钢厂换回6寸钢锭，经过加工改造，再卖给当地的丰润工厂。就这样，机动灵活，闪展腾挪，终于度过了那段艰难时期。

祥青非常要强，对产品质量要求很高，对环保标准也很重视。那个时候，他就一心研究如何解决排烟、排气问题，确保工人生产安全。

祥青是从土烧结起步发展起来的，后来工厂越做越大，祥青笑着跟我说："以后我一定要搞一个大型钢铁企业。"当时我们都以为他在说玩笑话，谁承想真的实现了，这个工厂就是今天荣程的前身！

祥青，一个有胆量、有魄力、有想法的人。他敢为人先，是国家的政策造就了他！

今非昔比

2002年，荣程钢铁第一台36平方米步进式烧结机投产。2003年，第二台72平方米步进式烧结机生产线投产。同年10月，第一船澳粉进厂，在祥青的指导下，经过不断摸索实验，优化配料结构，荣钢逐步取代了国产矿粉，在国内第一个实现了全外矿粉烧结，给高炉提供了优质原料，产生了巨大的经济效益，有力地支持了项目建设的快速推进。2005年，第三条152平方米步进式生产线开工建设，还是在董事长的主导下，设计院和工程技术人员经过多次论证，把烧结台车栏板高度、料层厚度由700毫米增加到1000毫米，实现了厚料层烧结，在大幅提高烧结机台时产量的同时，吨矿降低燃料消耗3~5千克，这一成果被北京科技大学徐柏兴教授写进了论文，成为我国冶金行业创新案例中的经典。

2003年底，在实现全外矿粉烧结的同时，祥青指导炼铁厂尝试配加生矿炼铁，对过去全熟料配料结构进行革新。生矿比由5%、10%、25%，最高达到了28%，高炉稳定运行，产生了良好的经济效益，业界好评如潮，全国的同行们纷纷到荣钢进行学习。

当初张贴在街头巷尾的招工小广告还在吗？地沟风道旁钢筋加稻草的"大锅儿"还在吗？日夜轰鸣的"挠儿"还在吗？当年的铁泥坨子、返矿渣子要是能留下来一点儿该有多好，我想把它们做成精美的摆件，寄放在祥青天堂里的办公桌上……

【作者简介】

董印香，荣程"老红军"。1994年入职丰南顺达冶金原料厂，2014年光荣退休。

"得下功夫研究啊……"

何明强　蒲林平

　　我于1992年初到唐山，在唐钢设备处工作2年多，在那儿学的电气焊工作证，后因工资太少就辞职了，然后到唐山韩城轧钢厂工作了半年，后来我爱人也来到唐山，她在一家砖厂干活。我是怎么认识"铁六"张祥青的呢？我的一个老乡叫冯玉辰，他们夫妇养鸡，有一次来韩城赶大集，无意中听出大家都是四川口音，就互相认识了。后来聊天时得知，冯玉辰夫妇在胥各庄给"铁六"养鸡。那是我第一次听到"铁六"这个名字。后来，我就抽时间去了养鸡场看看有啥能干的。当时是孙国山在负责养鸡场，孙国山问我："你会干什么？"我说："电气焊。"于是，孙国山让我把院门口的大铁门给修一修。我立刻找来电气焊，很快大铁门就修好了。当时，孙国山要给我50元报酬，那是1994年，50元很多了。钱我没有要，于是老乡就把我送走了。

　　1995年，随着养鸡场规模的逐步扩大，需要不断招工，在我和冯玉辰的鼓励下，我（何明强）爱人跟几个四川老乡一同到"铁六"的养鸡场工作。我呢，继续在轧钢厂干活。后来，由于闹鸡瘟，养鸡场无法正常经营，就转行开始搞土烧结。又过了2个月，因为工人问题，我选择离开轧钢厂，直奔顺达冶金原料厂。

　　那时的顺达已经初步建成了少量的土烧结"锅儿"，设备简陋，工艺也简单：地下挖土槽，上面铺箅子，箅子上铺稻草，稻草上铺焦粉，然后盖上拌好的原料就开始点火，旁边的鼓风机从吸气口控制风量。当时都是小规模试产，仅有3~4吨已经试验烧好的烧结矿。当时，全厂也就10来个人。在试产之前，祥青还亲自组织工人去唐山古冶学习观摩，就这样，一点点开始生产了。

那年，不到28岁的张祥青怎么就干烧结了呢？简单回忆当时的情况：一是由于闹鸡瘟，养鸡场经营困难；二是那时候当地钢厂正在从外地购买烧结矿，有很大的原料需求。祥青凭借超前的眼光和敏锐的判断，察觉到了赚钱的机会。1994年，烧结矿从试产开始就给钢厂供货。随着市场行情的变化，价格由最初的每吨6块钱渐渐涨到每吨11块。

我刚去顺达的时候根本不懂烧结，生产的事也不会做。当时董庄子的那些工友主要负责配料、拌料，祥青就亲自带着董印长、董印香等师傅们手把手地教我们。大概过了半年，工厂规模越来越大，对工人的需求量也越来越大。于是，祥青就跟我们说："老家要是有愿意出来赚钱的亲戚朋友，可以来厂里上班。"当时还没有电话，基本靠写信和电报传递信息。慢慢地，来自山东、内蒙古、四川的工友越来越多。那时生产全靠人工，工资每月1600元左右，挣钱不少，但劳动强度大，生活很是艰苦。现在想起当时的环境，心里仍是一阵酸楚。

当时，生产基本上就是靠经验，看火候来判断烧结矿的质量。如果火发散，不凝固，那么质量就不太好。若烧结矿呈蜂窝状，就相当漂亮！记得祥青时不时就说："不中啊，成功率太低了，得下功夫研究研究啊！"祥青不会用语言打击任何人，他会给你各种鼓励，带着大家一起研究，总结经验。现如今，烧结矿亚铁含量一般控制在8.5%~9%。那个年代，如果拿去化验，亚铁含量不得达到80%。

我们把生产出来的烧结矿运到钢厂，人家说块粒度不合适。当时没有破碎机，我们就拿着锤子去现场凿，满手血泡，至今双手都是茧子。后来，我们用汽车内胎替代手套搬运烧结矿，既护手又耐用，这也算是一种创新吧。

祥青通过向钢厂学习，加上自己总结经验，终于找到了门道——亚铁含量过高会直接导致高炉冶炼燃料消耗高和焦比升高。这个问题必须解决。祥青确实有独特的思维，考虑问题有前瞻性。通过不断琢磨和反复试验，我们最终把原料由红泥改为铁泥，成本大幅度下降，质量越来越高，产量也大幅度增长。

……

后来"老红军"蒲林平回忆道："那时候人特别单纯，没有尔虞我诈，只有工作上的攀比，你今天出10吨，那我要出12吨，你要出12吨，我要出15吨……老板给我的印象就是他的睿智、仁义。特别是你们年轻人一定要写好老板的故事，写好荣程的故事，这是我们的心愿。"

30年了，那些往事仿佛就发生在昨天。如今，我们荣钢的烧结工艺排在全国钢铁行业前列，很多创新项目处于领军地位，这令我感到欣慰和自豪。进步没有止境，祥青

睿智、仁义的张祥青

的声音经常在我耳边回响——"不中啊，得下功夫研究啊……"

【作者简介】

何明强，荣程"老红军"。1995年6月1日入职顺达冶金原料厂。

蒲林平，荣程"老红军"。1996年2月12日入职顺达冶金原料厂。

我愿跟他一辈子

李合重

我心目中张祥青董事长的形象

　　董事长离开我们10年了，他的音容笑貌、伟岸身躯，不时会浮现在我眼前。

　　董事长从唐山大地震的废墟中站起来，乘着改革开放的浩荡春风，投入中国钢铁的滚滚洪流中。创业成功后，他感恩社会，扶贫救危，推行慈善，把爱撒向人间，成为不负时代的弄潮儿。

在我心里，董事长是一个心地善良、关爱员工的人。记得当时在土烧，条件非常艰苦，董事长管吃管住，人走不追究，人来依旧管吃住。有个包工头拿了钱跑了，里面还有他弟弟的工钱，董事长听说后，立马找到他弟弟，又给了他3天工钱，并跟他说："你愿意留下来干，这就是你今天的工钱；要是不想留下，这就是你的路费。"弟弟深受感动，毅然决然留了下来。后来，这位老弟回家将董事长的善举告诉了家乡人，我便慕名而来，这样的好老板，谁不愿跟他干！

还记得在一个入冬时节，董事长来到土烧现场，招呼大家放下手头的活，对我们说："大家辛苦了！告诉你们一个好消息，咱们很快要上新设备了，到时候大家再不用人工拌料了。只要努力干，挣的钱更多！明年咱们换个大点的地方，规模再大些就建自动化设备，将来还会建我们自己的钢铁厂，让大家的铁饭碗换成金饭碗！我说到做到！决不亏待大家！"董事长的话让我们脸上乐开了花，心里美滋滋的。就在这时，董事长看见一个四川小伙的布鞋破了，露出来的脚指头冻得通红，他立马对助手说："快去给他买双劳保鞋，天冷了还光脚穿单鞋干活哪儿行，咱们的劳保待遇可不能少！"不一会儿，鞋子买回来了，四川小伙哭了，流着泪，口中不停地说："谢谢老板！谢谢老板！"这一幕我们看在眼里，暖在心里。我更加坚定自己的选择，这样的好老板，我愿意跟他干一辈子！

董事长总是忙着看现场、拓业务、扩经营，不停为荣程做大做强寻方向、找出路。他把全身心奉献给了荣程，把大爱奉献给了社会，唯独忽略了他自己。10年前，他因积劳成疾倒下，永远离开了心心念念的荣程和关心厚爱的职工。听到噩耗，我们都很难过，真是心疼啊！

回顾董事长温馨的往事，追忆荣程过往的点点滴滴，这都是荣程最真实的故事。我希望年轻人一定要传承好祥青精神，在岗位上不负韶华，挥洒青春汗水，凝心聚力，奋力完成董事长遗志，为进军世界500强、打造百年绿色荣程努力奋斗！

【作者简介】
　　李合重，荣程"老红军"。1996年6月10日入职顺达冶金原料厂。

风雨十六年　弹指一挥间

张廷民

张祥青为张廷民颁奖时亲切握手

　　从1999年成立唐山合利钢铁厂，到2014年他去世，我跟祥青相识16年，先后负责制氧厂和公司的生产管理，还跟着祥青一起酿过酒。祥青目标远大，眼光超前，敢想敢干，而且平易近人，不摆架子，他像对家人一样对待员工，大家跟着他做事，心里踏实！

带我直奔而去。因为钢厂倒闭债务较多，对生人比较敏感，我俩被误认为是要账的，又被他家人拦在门外，解释半天依旧没看见人。没办法，我和祥青只好重返钢厂，功夫不负有心人，我俩终于跟钢厂方取得了联系。

祥青快马加鞭，加速商谈承包事宜，于10月26日达成初步意向，27日钢厂承包成功。当天，祥青就组织开会研究厂子的经营问题。就是在那个会上，祥青安排我分管基建，首要任务是修建百吨大地磅，而后又调我去分管土烧结工作。正值冬季，我担心混凝土受气温影响搞不成，而祥青早已胸有成竹地鼓励我大胆去做。就是在这种特殊的环境下，土烧结的风机、粉碎机等基础台座弄出来了，设备顺利安装，生产也随之恢复了。

祥青敢说敢做，善作善成，认准了就付诸行动。无论困难多大，他总是百折不挠、坚持不懈。他还善于转变思路，善于多渠道解决问题。他常说："没有困难就没有压力，没有压力就没有动力，只有迎着困难上，才能真正解决问题。"

天津 荒草中崛起

2001年，祥青到天津建厂，我在滦南搞土烧结已近两年。记得当年4月，祥青告诉我他在天津买了一座钢铁厂，准备让我去天津。而我当时只会烧结、炼铁，炼钢的事还都不懂呢！祥青说："我们要招炼铁、炼钢的技术管理人员，你跟我管理生产现场就行。"当时我以为这是句玩笑话，确实没往心里想。没想到4月25日，祥青找到我，通知明天就去天津！当时我都愣了，但我知道他这个人就是雷厉风行，说干就真干。于是马上回到家做家属工作，转天就出发。26日清晨，我俩从滦南钢厂开车去丰南，顺路接上炼铁、财务、供销、库房各路人等，然后直奔天津。

当时我们都暂住在葛万路旁边的小旅馆里。

4月28日正式进厂。厂院里杂草丛生，设备已是锈迹斑斑，一片萧条景象。当时大家心里都不理解，跑到天津接这么个烂摊子图什么呀？祥青鼓舞大家："这可是块风水宝地呀，不仅有国家的利好政策，而且属于开发区、离港口近，留守职工渴望就业，这些因素占据了天时、地利、人和。从产品销路来讲呢，天津区域内没有铁，而天铁远在涉县，咱们在这里建厂，将来会很有市场，未来发展大有前景，大家要树立信心啊！"祥青讲得有条有理，慷慨激昂，打消了大家心中的疑虑，内心充满了力量。

祥青安排我主抓全面管理，我们立即召集留守职工，明确职责分工。紧接着开始设备检修，要求务必保证1个月投产。那时的员工工资平均每月1400元，祥青决定，对天津老渤冶的留守人员一律每月1800元，而且节假日照常休息，企业的关爱让职工们的积极性一下子像高炉吹氧一样爆燃起来。

体恤工人

那时候，大部分工人都经历过因原企业破产而不能按时发工资的苦恼，所以他们对荣程能否按时开支的问题非常关心。祥青明确承诺："欠谁的钱也不能欠工人的工资！"为了调动大伙的积极性，我们组织召开了炼铁厂全体工人大会。会上，我把祥青对大家的承诺原原本本地传达给每一位员工。祥青要求，无论资金有多困难，每月15日准时发工资，雷打不动，这个规矩一直沿用至今，员工工资始终没有耽误。祥青一言九鼎，诚信践诺，他真心实意体恤工人，他的群众基础特别好。

创新 用罐车送铁水

"把炼出来的铁水直接用罐车拉走，省去铸铁环节；对钢厂来说，使用铁水省去炼钢环节大量能源的消耗，同时减少铸铁环节损失3%～5%的原料消耗。"这是个极为大胆的设想，在创新带来效益的同时，也隐藏着极大的挑战，祥青充分考虑项目利弊，再三叮嘱大家："虽然我们有唐山合利的经验，但对天津来说，这是互惠共赢的新事物，务必层层把关，注意安全，这是头等大事！"

对于安全问题，谁都不敢打包票。祥青亲自找到天津市安全生产部门，签订了承诺保证书，他回公司开动员会强调，所有运输车辆必须严格按照市里规定的每小时30千米速度行驶，绝对不准超速，且必须按规定路线行驶。起初大家都有顾虑，但祥青坚持创新，而且要求创新必须成功。是我跟车把第一车铁水送到天钢，我们与天钢领导一起，目睹了省去铸铁环节的铁水直接进入炼钢！祥青在敢于创新、敢想敢干的同时，又科学缜密、扎实严谨，他有魄力，也有定力。

当年纳税252万元

2002年春节前后，荣程在津南区完税252万元，这个成绩当时在天津各界影响很大。津南区召开2001年度总结会，祥青临时决定派我参加，没有提前准备，在发言环节我说的都是大实话，我把祥青平时跟我们经常提到的关于企业发展的想法向各位领导汇报，引起了强烈反响。从那时起，社会各界对祥青充满了敬佩，也是从那时起，荣程也渐渐进入了社会各界的视野。

哪有一帆风顺的事。有一度厂子也出现了资金紧张、原料紧缺等问题，严重的时候甚至面临停产。祥青坚强，他把唐山合利废弃的土烧矿拉回来继续使用，再艰难也要维持生产。老天眷顾，员工发现烧结厂旁边竟是原来的料场，大量的料底子还都可用，天气特别寒冷，我们在祥青的组织带领下昼夜开挖，挖出来的原料都是宝贝啊！

从做烧结、做废钢开始，直到2014年他去世，我和祥青哥俩无论谁对谁错，都没有伤过感情。2008年，我从荣程正式退休了。我非常感谢祥青给了我施展能力的平台，感谢他多年来对我的信任。

祥青善待所有人，他不仅关心各个厂子、各个部门的厂长经理，也非常关心一线工人和部门员工。大家将心比心，都以企业为家，努力做好本职工作，这种氛围让荣程发展得越来越好！

【作者简介】

张廷生，天津荣程第一任厂长。1999年10月27日入职唐山合利钢铁厂，2008年光荣退休。

我知道，他心里有梦想

赵宏伟

祥青和我都是胥各庄的老乡，从小就在一起上学。1984年，我和祥青一起进入胥各庄轧钢厂上班，成为工友。随后，我到荣程工作至今，祥青跟我一直以兄弟相称。他做人真诚，做事认真，志向专一，让我打心眼里佩服。

钢铁的起点，居然是豆腐

在胥各庄轧钢厂工作了将近3年，他辞职去石家庄学习做豆腐。回来后他又跟一位姓兰的师傅学，掌握了卤水点豆腐的手艺。他每天蹬个三轮车沿街叫卖，但叫卖的时间不长，因为他做的豆腐好，乡亲四邻都愿意买。卖了一段时间的豆腐，他们夫妻俩又开了个早点铺，卖油炸饼和豆腐脑儿。每天一大清早，就能看到他们小两口忙忙碌碌，热情地招待着吃早点的乡里乡亲们。祥青喜欢钻研，看周边村镇谁家豆腐脑做得好，他就上门请教。所以他做的豆腐脑和豆浆品质好，相当好吃。那时候，我每天早晨上班都要去他那儿吃早点，一边吃，一边逗他说："老六啊，你这豆腐脑给的少哇。"他看了看我们手中的碗，回答："这个不少啊，这个是卤水点的，出息啊。"说起他做早点的手艺，他是相当自信的。从这个时候，祥青就开始形成了诚实守信、质量第一、特色经营的理念，这都成为他后来办企业的宝贵财富。

想想也真有意思，一个全国知名的钢铁企业家，他的创业起点却并不是钢铁，而是豆腐。

钻研创造财富

祥青的文化程度只有初中学历，但他在创业之后，特别好学。在钢铁冶炼方面，他边实践边学习，最终成为行家里手。

2000年，我通过朋友推荐到冀发工作。当时祥青刚从遵化一家企业买过来一台13立方米的旧高炉。安装投产后，时常会产生些故障，影响生产进度。为了及时排除故障，我们经常夜以继日地研究解决方案。很多时候忙到凌晨一两点，甚至到后半夜。祥青经常与我们共同研究，他说深夜回家也惦记着生产，睡不踏实，所以一大清早就回到公司。常见的情景是他直接驾车到小高炉车间，第一句话："好了吗？"我们说："好了。"第二句话："咋好的？"他一定要问清楚、弄明白，我就跟他从头到尾说一遍，他听完了，哈哈一笑。然后从车上拿下来给员工买的早点，有热乎乎的大饼，有喷香喷香的猪头肉。大家伙忙了一宿也都饿了，就都过来和祥青一起有说有笑地吃起来。

不久，冀发扩大生产规模，又投资兴建了两个62立方米的小高炉，于2001年正式投产。为解决生产中的一系列难题，祥青到处找专业技术的书刻苦钻研，他每次都是买两本，给我一本，然后郑重其事地对我说："你看看，一看就明白，管事。过去咱们就属于瞎弄，好在碰巧弄在点儿上了。专家他们往往都是有理论，但没有实践。咱们是有实践，回头再看理论，就有水平了。"

由于他特别爱钻研，所以在技术创新上就经常出成果。例如，电炉炼钢加铁水就是他的一个研究成果。冀发最初炼钢是直接使用电炉，耗电量大，成本非常高。祥青通过钻研，跟几位管理人员共同探讨后，改用铁水入电炉的方法，先把铁水往电炉里一倒，再往里加点废钢，废钢铁会迅速熔化。这个大突破使冀发的生产成本大大降低，效益大大提高。

追寻梦想

1998年4月，祥青开始承包德丰公司，后更名叫丰南冀发特种钢材有限公司。1999年，他承包滦粤钢铁公司，后更名为唐山合利钢铁厂。2001年4月，他承包了渤海冶金工业公司，组建了天津荣程联合钢铁集团有限公司。

为了使这三家倒闭企业恢复生机，祥青历经千辛万苦，他千方百计地整合各方面资源，审时度势，经营战略策划，诚心聘请专业人才参与企业管理，连续投入巨资更新改造生产设备……天时，地利，人和，企业很快打开了局面，成就了辉煌。虽然一路上有不少困难，但是祥青有一股子百折不挠、永不放弃的精神，只要是他认准了的目标，什么困难也挡不住他。

祥青实在，从小到大为人处世一直都特别实在。说到企业发展方面的事，我们就跟他开玩笑，他却很认真。记得有一次，大伙忙完工作在一起闲聊，我逗他说："老六，明儿咱把唐钢也买过来吧，这样咱们上班不就离家近了吗？"祥青听了一本正经地说："中，还真是的，中。"我们已经说别的了，他还在琢磨："不对呀，人家不卖。"一句话逗得大家开怀大笑……

有的人小富即安，企业做到一定规模就止步不前了，但祥青不是这样的人。成功进军天津市百强企业后，他就惦记着进军全国百强企业，成功进军全国百强企业后，他还有进军世界百强的梦想。

说到底，祥青的志向远大啊！

【作者简介】

赵宏伟，2000年6月入职丰南冀发特种钢材有限公司，现任荣程钢铁集团营销公司经理助理。

他的形象，依然那么真实，那么生动

姜 忠

时钟的指针匆忙奔跑，日复一日，年复一年。"荣程"这个瓶子里的记忆总会慢慢溢出，那些经典的回忆，沉淀得最厚，也最浓……

1999年下半年，我所在的滦粤钢铁厂因经营困难、资不抵债，已停产一年多。祥青董事长审时度势，租赁经营成立了唐山合利钢铁厂。当时只有两座1.5吨小转炉，成品是模铸钢锭，产量低且质量没有保障，很难打开市场，积压了很多产品。祥青董事长意识到，如果不改革创新，仍走原来的老路，这个厂必将和以往一样——死路一条。于是他请来唐钢的老师傅们现场考察论证，多次带我们去国丰、银丰参观学习新的设备和生产模式，为企业升级做好准备。

2000年上半年，因场地有限，想要提高产量条件已非常困难。祥青董事长和炼钢厂的生产技术人员反复论证，提出改进方案：将原有转炉托圈变窄，将炉坑变大，把两座1.5吨的小转炉扩到了8吨，并且在1号转炉的南侧挤出了一

张祥青检查合利厂生产的钢坯

座新的8吨转炉，每炉可出10多吨钢水；下半年又把原有的化铁炉拆掉新建了一座小型连铸机，不仅简化了生产工序，提高了生产效率，还大大降低了生产成本，逐步打开了生产机械化、自动化。月产钢坯由模铸时代的300多吨提升到1000多吨，钢水、钢坯的质量合格率也稳步提升。

2002年，祥青董事长看到钢铁市场的利好前景，于是果断决定扩大场地和生产规模。奈何当时县里同意批地扩产之路没有打通，祥青董事长转而从内部挖潜，在车间东侧新增了一座连铸机，并在车间北侧增建4号转炉，月产钢坯达到2000多吨，实现了产量翻倍、效益翻番。那时，工人们无不佩服祥青董事长的睿智、果敢和高瞻远瞩，大家信心满满，干劲十足。

每每忆起二十几年前那些与董事长一起扎根滦南、艰苦奋斗的日子，他那熟悉的脸庞和魁伟的身影，总会浮现在我的脑海里，那么真实，那么生动……

【作者简介】

姜忠，1999年10月27日入职唐山合利钢铁厂，曾任唐山荣程炼钢厂厂长，2020年光荣退休。

大胆创新　勇敢决策

许志军

我们于1999年10月27日接手承包了停产企业滦粤钢铁厂，成立了新企业叫唐山合利钢铁厂。

生产现场破烂不堪，祥青董事长的第一个动作是组织大家检修高炉，仅仅1个月后，唐山合利钢铁厂的第一座62立方米高炉点火生产。

2000年，转炉生产逐步恢复。当时铁水不足，祥青董事长决定采用在铁水沟内和包内加铁屑的方法来提高铁水产量，这一招取得了不错的效果。

转炉产能不断提升，铁水供给又显不足，祥青董事长就和我讨论用料车和原料一起向炉内加高硫铁块。这个试验又获成功，产量提高了20%，焦比480千克/吨，高炉利用系数达到5吨/立方米，成为全行业成本最低、产量最高的高炉。祥青董事长的大胆创新和勇敢决策，促成了企业的快速发展。

2003年，祥青董事长与澳大利亚罗泊河公司签订了铁矿合作的长期协议，大胆进口含铁量61%～62.5%的澳矿矿粉。如此配用，在国内，我们是第一家。从15%、20%、30%，逐步提高配比，既保障了烧结质量，又降低了成本，周边钢厂都来学习。

2005年，祥青董事长提议高炉配加锰矿，既降低了高炉成本，又减少了转炉合金的加入量，起到了很好的降本效果。

2005年，张祥青出席力拓矿业在华铁矿石销售4亿吨庆典

2008年5月，市政府要求淘汰200立方米以下的高炉。我们的3台128立方米高炉面临停产。祥青董事长迅速组织、讨论解决方案。我提议，将高炉本体扩至210立方米，其他配套设备不动，这样既缩短了停产时间，还节省了资金。祥青董事长采纳了我的建议，当即拍板决定。第一座高炉用了80天就改造完成，费用不到500万元，后边两座高炉照方抓药，也陆续完成了改造。

2013年，在祥青董事长指导下，我们尝试"吃"低价矿——入炉含铁量53%左右，喷吹烟煤配比由20%提高到50%，灰发份从20%提高到25%。高炉稳定顺行，燃料成本大幅降低，两大措施成本在行业处领先地位。

多年来，我们和祥青董事长一起创业，一起成长。从他身上，我们能感受到大气磅礴的干事气势；从他身上，我们能感受到敢为人先的创新精神；从他身上，我们能感受到勤奋钻研的工作劲头；从他身上，我们能感受到求真务实的经营之道。

祥青精神，永远激励着一辈辈荣程人在奋斗的征程上不断进步。

【作者简介】
　　许志军，1999年10月27日入职唐山合利钢铁厂，现任该公司经理。

永难忘怀的两件事

于献平

大锅菜

2000年初，我在唐荣（当时叫唐山合利钢铁厂）当工程师，那时我们吃住都在厂里，工程师与厂领导在工厂小食堂就餐。小餐厅的伙食非常好，午餐通常都有七八个菜，炊事员师傅做的花椒肉很香，那味道令我至今难忘！

有一天午餐时分，董事长来了，人未进屋，声音先到，大家急忙起身，欢迎董事长一起就餐。董事长与各位打了招呼，随后拿起一个碗又走了出去，不一会儿，只见他左手端一碗菜，右手举着个大馒头，一边走着，一边嚼着馒头又进了屋，坐下就说："不错不错，合利食堂的大锅菜炒得很好吃。张厂长一定要抓好职工食堂，大伙来厂里干活不容易，咱们更应该关心职工生活，像对待家人一样关心他们，保证吃饱吃好，身体健康。"这是我最早听到的"荣程家人"理念。张济洲厂长回答："炊事员都是本厂职工，管理起来比较顺畅。董事长您也经常强调关注职工食堂，水、煤、电、气都列入生产成本，食堂虽没有任何利润，但保证职工吃到十成。"记得当时我们厂食堂的馒头做得确实好，个大，口感好，价格还便宜。许多职工都买了带回家，有时候馒头供不上卖的，只能临时限量。

董事长心里想着全体职工，经常体验一线生活。每次来到合利钢铁厂，他都要尝尝职工食堂的大锅菜，有时候还跟大伙边吃边聊，那情景又亲切又自然。我想，只有心怀大爱心怀真爱的人，才能真诚做到反哺人民，回报社会，无私奉献。

厂里的饭菜总有一种特殊的味道，同时萦绕着一段段生动的、感恩的回忆！

一双运动鞋

那是 2002 年的夏天，董事长带领我和秦建亚工程师去北京，这次出差是为了跟北京明诚公司交流合利钢铁厂炼钢转炉除尘事宜。老板兴致勃勃，一路上高谈着合利钢铁厂的发展远景，我和秦工听得热血沸腾、豪气冲天，那感觉备受鼓舞啊。

各项事宜商谈得非常顺利，我们按计划踏上返回唐山的路程。这时董事长突然问我："于工，你来北京还有要办的事情吗？"我想了想说："我爱好打乒乓球，一直想买双运动鞋，但我的脚码大，在唐山买不到。"董事长听闻后，立即让司机绕道驶向一个大商场，给我们每人买了一双牛皮面料的运动鞋，外加每人一件 T 恤衫。我和秦工高兴极了，回到车上想：嘿，北京此行，真是工作顺利，收获颇丰！刚要向董事长表示感谢，就见他一副若有所思的样子，不知又在想着什么大事。董事长突然抬起头对我俩说："你们想一想厂里所有的工程师和厂长们都穿多大码的鞋，我打算给大伙每人买双运动鞋。咱们可不能只想着工作，平时也要多运动，要注意身体。"我说："太好了董事长，谢谢您，我们回去就问。"董事长说："不用回去问，你们仔细想，现在就买。"现在就买！我和秦工在感动中一个一个估量着每个人的鞋码，然后返回商场，给每个同志都买了一双运动鞋。

从北京驾车回到合利钢铁厂已是傍晚时分，那时候厂长和工程师们都住在办公室或宿舍，董事长给大家买鞋的消息不胫而走，霎时间众人欢呼雀跃，分鞋、试鞋真忙。看着大家开心的场面，我感到有一股暖流融入心田，我们切实感受到了董事长的朴实、宽厚，他的心境明澈，对大伙是一片真心啊！

那双运动鞋冬暖夏凉，舒服轻便，随心随脚，我穿了很多年，至今珍藏着。每当看到它，我都会想起董事长真心实意为员工的一幕幕情景，确实能凝聚成巨大的力量。

我们董事长，真诚善良，敦厚明亮，心胸博大，且大爱无疆……

【作者简介】

于献平，天津荣程第二任厂长。1999年入职唐山合利钢铁厂，2007年光荣退休。

真人祥青

赵 军

祥青董事长的一大特点就是"真"，他做人真诚厚道，做事真心实意。他有一颗雄心，为了理想真学真干；他有一颗童心，说话办事全都出自真性情。他很聪明，这些聪明的基础是诚实守信；他有智慧，这些智慧的底色是求真务实。

我跟祥青董事长接触的时间比较早，因为我俩都是丰南老三街人，既是发小，又是中学的同学。我俩经常因为工作闹些分歧。祥青董事长脾气急，我有时候也着急，觉得是发小、同学关系，

率真的张祥青

所以说话也比较随便，也不会因为他是老板就"避让"他。他脾气来得快，去得也快，根本不忌讳。倒是我，为此觉得不好意思跟他说话，几次都是他主动找机会搭话跟我缓解关系。他心胸宽广，从来不斤斤计较。

祥青董事长特别谦逊，爱说实话。他说话不仅幽默、好玩，而且经

常是一语中的，耐人寻味。比如别人夸他雄才大略，说他是"不可多得的战略型老板"，他就说"我对战略的敏锐就像猎狗发现猎物一样"；别人说他胆子大，他就说"人生的价值并不是挣钱，全赔进去也无所谓，我就是要挑战"；别人佩服他敢冒险，他就说"我这人好赌，干期货、干钢铁都是赌，只不过赌的方式不一样"。我理解，祥青董事长说的赌，绝不是指牌桌上的掷骰子赌博，而是用战略思维和多谋善断把一个个扑朔迷离的"不确定"变成发展机遇，尽揽怀中。

善良 友善 不失原则

祥青董事长为人善良，对员工很尊重。说个日常细节，他每天上班乘车进大门，到老办公楼下车时，保安都给他敬礼，身为董事长的祥青每次都郑重回礼，有时候保安跑过去给他开门，总被他非常客气地谢绝。从这些小事儿就能看出，祥青董事长对待员工特别亲和、非常友善。还有一次，公司买了辆奔驰S600高级进口轿车，祥青董事长为此特意开会跟大家解释——买好车是商务需要，是为了工作，绝不是图舒服，摆架子。

身材魁梧的祥青董事长虽然人高马大，但他内心特别细腻，特别能体恤他人，经常站在基层员工的角度上换位思考，尊重人、理解人、善待人。我觉得这是我们董事长的光辉之处，这也是员工们对他特别尊重的原因。

祥青董事长真诚善良，但这并不影响他坚持原则。我反而觉得像他这样用真诚、善良支撑起的原则，更坚固，更牢靠，更让人心服口服。2003年7月，天荣用罐车往天钢运送铁水，为了防止温度散失，就在车上覆盖了一层碳化稻壳，这是一种耐火保温材料。当时，我们发现碳化稻壳有掺假现象，按照惯例，发现这种行为，第一要取消供应商资格，第二要按合同约定予以罚款。祥青董事长知道此事后没有发火，而是心平气和地向供应商了解情况，询问碳化稻壳的进价成本，分析之后，董事长说："这个价格已经背离了成本，如果不掺假那都得赔钱！这样吧，我重新给你定个合适的价格，但是以后绝对不可以掺假！"这让供应商既感动又佩服，祥青董事长的正能量影响了同行。

钻研好学 真抓实干 方能登高望远

祥青董事长纯真好学，像个好学生一样喜欢钻研。最初，我们生产的都是普碳钢，但有一段时间市场对Q235B钢坯需求很大，价格也高，祥青董事长就开始琢磨如何才能炼出Q235B钢坯。这个设想厂里尝试过，但是始终都没有成功。祥青董事长不服输，决定亲自试一试，他说大不了浪费几吨钢也得弄明白到底是怎么回事。他买了很多炼钢工艺的书籍，实践总结，敢试敢干，多试多干。功夫不负有心人，祥青董事长终于攻克难关，产品完全达到Q235B钢坯的所有要求！

真诚会吃亏吗？不，恰恰相反。老老实实做人，认认真真做事，尊重科学的真实态度，真抓实干的实践精神，能让人看得远、探得深、干得准。在这方面，祥青董事长是我们的榜样。

再说说"十年长协"的事。我们唐山本身就是铁粉、铁矿基地，工厂起步的时候并不缺原材料，外购铁粉都能达到含铁量66%。当时外矿进入中国还没得到认可，但是由于祥青董事长喜好研究，眼光独特，他发现外矿颗粒不仅透气性好，而且还含有结晶水，在燃烧过程中自身就

张祥青在翻阅书籍

会提高品质。祥青董事长判断，随着未来行业的不断发展，原材料势必紧张，一定会造成价格上涨。他看得特别远，于是就跟罗泊河公司签订了10年的长期协议，而跟澳大利亚商定外矿价格的时候，正是他们价格最低的时候。到后来，钢铁企业蜂拥上马，致使工厂林立，铁粉价格不断攀升，外矿价格也跟着水涨船高。而我们有"十年长协"的保障，大大降低了生产成本。祥青董事长的英明决策，为企业带来的是实实在在的效益。

祥青董事长最本真的一面

祥青董事长做人真实，有时候像孩子一样童心未泯。记得那些年我们在厂区住，祥青董事长觉得老是圈在厂里生活单调，没啥意思，就偶尔招呼我到他当时租的一个小别墅里聊天，晚了就住在他那里。因为我初到开发区，道路不熟，所以在一座立交桥上转了几圈也没找到正确的出口，我说："停车我问问路吧？"他说："不用，反正咱也是聊天，在车上边开边聊也挺好，肯定能走出去。"

祥青董事长实在，自然流露的真性情是装不出来的。还记得最早跟咱们合作轧钢的是中国五矿在天津的分公司，合作方的总经理跟我们第一次见面时，祥青董事长抱着一个西瓜就进来了，他说："今天天气还挺热，咱先吃西瓜。"说着，就拿刀给大伙切瓜。那瓜熟透了，咔的一声全裂开了，有一角西瓜一骨碌就掉到桌子上，祥青董事长很自然地拾起来就吃。这个细节是后来合作方的总经理跟我说的，他说祥青董事长的这个瞬间深深打动了他们，他们特别欣赏祥青董事长的真实厚道，觉得此人可深交。那时候我们刚刚起步，资金短缺，而正是因为这件小事，使五矿对荣程的风格、对祥青董事长的为人产生了巨大信任，所以大大缩短了彼此磨合的时间，给了我们1.2亿元的预付款。

真诚让人舒服，真实产生信任。初来天津的时候，我们资金比较紧张，想请天津一家大企业帮忙融资，因此特意攒了个饭局。偏巧那时候医生让祥青董事长控制体重，不让吃米面油，但可以吃点瘦肉和蔬菜，于是祥青董事长自己买了只烧鸡和一包酱牛肉就去了饭店，不想人家饭店有规定——"来此用餐谢绝自带外来食物"。祥青董事长的童心上来了，索性跟服务员开起了玩笑："不让我带进去，我就蹲在你们家门口吃！"到席的集团老总连忙出来解围："这个烧鸡和酱牛肉啊，是一位名中医专门给他开的药。"一阵欢笑后，主宾入座，坦诚交流，偶尔嚼一块烧鸡和酱牛肉，可商量的都是严肃认真的大事……

说起祥青董事长的童真，故事还真不少。他曾经亲自试针、亲自体验放血疗法，大家都笑他。先不说他的方法对与不对，单说这种敢于尝试、敢于创新、敢于拼搏的精神，都是他骨子里与生俱有的，太可贵了。记得还有一次，大伙想换换脑子，就和祥青董事长约好晚上一起玩斗地主。当时他在酒店吃饭，我们就等他，可是左等不来，右等不来，平时祥青董事长吃饭时间也没那么长啊。一打听才知道，原来是祥青董事长因为一个偶然话题想起了自己研究多年的中医知识，吃完饭就给酒店服务员号脉。据说号的还挺准，服务员也都爱听他讲中医知识，结果从晚上10点多一直号到凌晨，把我们等着斗地主的老几位都耗困了，斗地主也没玩成。大伙呢，散了呗！

祥青董事长为人简朴。即便已经很有钱了，也从来没有见他戴过名表、戒指、项链之类的东西。他平日饮食也很朴实，都是萝卜、白菜、豆腐等家常便饭。他自己做面，自己烙饼，自己去户外钓鱼、做鱼，甚至有时候跟外面的老大爷一起打扑克、蹬三轮车……

我觉得祥青董事长骨子里追求的，是一种真实的快乐。

【作者简介】

赵军，2001年入职丰南冀发特种钢材有限公司，现任天津荣程坤德教育咨询有限公司副经理。

每一个人都应该学习他的感恩之心

范业凤

初识

2003年4月下旬，唐山市第十二届人民代表大会第一次会议隆重举行。当时我是滦南代表团的市人大代表，祥青董事长是丰南区代表团的市人大代表，我们共同出席此次会议。会议期间的一次偶然机会使我认识了他。那时我和代表们乘电梯上楼，我与熟人在电梯里交谈，同在电梯中的祥青听我说话的口音，辨别出我是滦南县人，就主动说："大姐，你是滦南人啊？"我说："是啊。"他说："我叫张祥青。"我说："张祥青？不认识。"他说："我叫铁六。"听他这么一说，我忽然想起了什么，就说："你就是铁六啊！"因为他于1999年就在我们滦南县投资建厂，对滦南的经济发展有很大贡献，滦南人都知道。我们姐俩握握手，他热情地对我说："大姐，你住几楼？"我说："7楼。"然后他跟着我们一同到7楼房间，畅谈企业发展、说家庭趣事，可开心了。祥青当时说话就很诙谐幽默，性情也很豪爽，给我留下和蔼可亲的印象。能结识这样一位朋友，我觉得十分荣幸。

从此以后，我们姐俩就认识了。他每次来唐山合利的时候，都邀请我到公司坐一坐，叙叙旧。2008年，他是奥运会火炬手。我和几位荣程员工一起作为护跑手伴随他跑完全程。祥青董事长、荣华主席夫妻俩还

2008年8月1日，张祥青手握奥运火炬在天津传递

2008年8月7日，荣程集团组织厂内奥运火炬的传递活动

专门和我们合影留念。每年有荣程厂庆活动的时候，我都来参加。2009年，在合利公司厂庆活动中，我登台唱了一首歌《永远是朋友》，他也开心地在一旁合唱。在我的记忆中，他每次见着我，都叫声"大姐"。有一回他说："从你的面相上看，你很有福气啊，很向善的这种人，干实事儿。"我说："你还会相面咋着？"他不回答，就哈哈地笑。

敬佩

说到让我由衷敬佩他的事情，有许多。印象较深的是2007年，滦南县委、县政府召开发展民营经济表彰大会，对在发展民营经济中做出突出贡献的先进单位、先进个人予以表彰和奖励。唐山荣程钢铁公司当年纳税1亿多元，滦南县委、县政府决定奖励荣程一辆奥迪牌汽车。当时出席表彰会的是祥青董事长。他表态说："这辆汽车我们收下，但车款我们付。"一番话让与会的所有人都对这位企业家打心里敬佩啊！

在回报社会、传承爱心方面，祥青董事长真是我心中的楷模。2008年，四川汶川发生地震，他主动向灾区捐款1个亿的事情家喻户晓。他还有一些善举就发生在我们身边，也让我们久久难忘。我们唐山荣程有个员工患尿毒症，需要换肾，公司每年给他出医药费多达几十万元，坚持了多年。还有一段时间，公司淘汰落后产能，小高炉拆除后员工放长假。两年之中公司坚持给工人们支付社会保险等费用，加起来就有900多万元。作为一个民营企业，自愿承担这么大的财务支出，真是了不起啊！我觉得祥青董事长做了这么多好事儿，咱们不光心里永远不会忘记，而且还要把他作为最敬重的楷模向他学习。

学习

2012年11月19日，唐山荣程公司张济洲经理给我打电话，说荣华让我来荣程帮忙。当天晚上，我给荣华打电话询问此事，她在电话里对我说："大姐，知道你家也有一个企业，辛苦你了，你到荣程来吧，荣程需要你。"从她的话语中，我听出了她的心声。我没多言语，20日就来到荣程上班，从此加入荣程集团，任唐荣公司经理办公室主任，负责日常的行政管理、后勤保障、党建等工作。

在经办室工作时，我查阅以前的工作日志和各类材料，无意间发现滦南县政府2003年的一份红头文件，上面有"企业在地方投资金额达到1.5亿元时，可享受到政府1200万元奖励"的条款。我询问公司领导，了解到荣程的投资确实大于1.5亿元却没享受这份奖励。于是，我在2013年春天的一次人大会议上将此事反映给了县政府领导，后经审计局等相关部门核实确有此事，最终荣程集团获得了滦南县政府1200万元的奖励。

2014年初，在荣程集团总结表彰大会上，为表扬我的敬业精神和工作业绩，祥青董事长给我颁发了10万元"董事长奖"。我主动把这笔奖金捐给了我们滦南县坨里镇张庄村用于公路绿化。我之所以这样做，是因为我知道祥青董事长在公益慈善方面做了很多好事，我们每一个人都应该向他学习。

我想，只有把祥青董事长的这种精神发扬传承下去，才是对他最好的纪念。

【作者简介】
　　范业凤，曾任唐山荣程公司党委书记，2005年光荣退休。

科学缜密　敏锐激情

陈　丰

2003年，祥青董事长与中重科技公司首次合作，开始建设荣钢第一条750毫米热轧中宽带钢生产线，因此成立了天荣轧钢厂。一轧于2004年投产，彻底结束了荣程有铁无钢、有钢无材的被动局面；二轧650毫米热轧中宽带钢生产线也于2005年投产。

热轧带钢中加热炉需要定期检修清理氧化铁皮，两条生产线相继投产后全都面临着总要停炉检修的工艺要求，严重制约轧线设备的有效作业率，成为制约生产连贯性的瓶颈问题。祥青董事长深思熟虑后，力排众议，否决了增加步进式加热炉的方案，依然采用了推钢式加热炉方案，这个决策既保证了轧线生产的连贯性，又节省了不必要的投资。

2010年，两条高线投产。此时的祥青董事长已经开始考虑未来的荣程应该新建怎样的轧线。当时，设计院极力推荐中厚板项目，但是祥青董事长没有马上采纳，他反复带领相关技术人员现场查看，结合实际详细论证，缜密的思维让他意识到，中厚板的坯料和成品的物流环节短时间内无法打通，仓促上马必将带来一系列的后续问题，他决定中止这一项目，另寻路径。

与此同时，在参加天津市制造业相关会议时，祥青董事长敏锐发现，天津的加工制造行业对棒材品种钢的需求不仅数量可观，而且持续性强，这个重要信息促使他迅速转变思路，提出新建精品棒材轧线的设想。经

2008年7月2日，张祥青与技术人员现场勘察论证项目

过充分交流，反复论证，详细设计，最后他果断拍板上马棒材轧线项目，该项目于2012年顺利投产，为荣程产品从普钢向特钢转型，迈出了坚实的一步。

　　进入2012年，轧钢行业的先进技术迅速发展。祥青董事长得到同行准备交流论证ESP无头轧制技术的消息后，立即带领我和轧钢厂的同事前往现场交流。头脑冷静、思路清晰的董事长不跟风、不盲从，而是死死咬住看上去技术非常先进而现实存在的瓶颈问题，一个一个调查研究，故障成本是不是过高？铸轧生产组织连贯性如何保障？轧制的材质会不会较单一……最后，祥青董事长结合荣钢的自身现状，毅然否定了这个思路。

跟祥青董事长多年共事，我深刻感觉到他这个人对于钢铁行业无比热爱，对技术创新和产业进步有着特殊的敏锐性和学习、钻研的激情；面对各种项目方案，他总能从实际出发，反复推敲、详细论证，同时集思广益，激发出每个人的智慧和力量。

祥青董事长就是这样引领着荣程大步发展，稳步发展。

【作者简介】

陈丰，2004年3月6日入职天津荣程联合钢铁集团有限公司，现任荣程集团副总裁。

圆梦优特钢

蔡秀海

荣程20周年庆典上，张祥青与蔡秀海亲切握手

调整产品结构是祥青董事长一直关注的长期发展战略。2005年，两条带钢生产线投产不久，祥青董事长就开始了做长材的谋划，为的是让产品朝着优特钢发展，目标是超越日本同品牌质量。

高线工程一号生产线于2007年5月1日奠基，二号生产线于2009年10月底正式开工，这标志着荣程钢铁品种化转型进入实质性实施阶段。祥青董事长亲自参与项目设计方案讨论，坚定"一跨双线"，充分实现

"小投资、大回报"。项目采用当时最为先进的美国摩根第六代进口设备，使用圆坯作为原料轧制，产品定位为高精端优质线材。

建设初期，祥青董事长明确指示，此项目是公司新的经济增长点，在必须保证工期的同时，还要实现投资的有效控制。为此，工程管理部门、项目部和施工单位制定了严密而周详的施工组织方案，内容包括合理安排施工顺序、甲乙双方负责人深入现场第一时间解决施工当中存在的问题、密切关注设备制作进度、严格控制安装精度和相关技术要求，务必做到重视环节，关注细节，全程跟踪，检查确认，不留隐患。

高线一号生产线于2008年10月如期完工，二号生产线于2010年8月如期完工。项目投产后，一号高线最高轧制速度为每秒105米，成品盘卷最大重量达到3吨，产品压缩比达到130以上；二号高线最高轧制速度每秒120米，产品压缩比达到100以上。这在国内同类设备中实现成品卷重最大，轧速最快，压缩比最高，有力保证了产品质量。不仅如此，我们生产的预应力钢绞线B钢，还作为拳头产品掌控了华北地区的定价权，特别是后期开发的大规格B钢，填补了我国北方地区的空白，产品成功应用于港珠澳大桥等国家重点建设项目，为实现"普碳钢的成本、精品钢的质量"迈出坚实的一步。

【作者简介】
　　蔡秀海，2003年2月1日入职天荣公司，曾任天荣公司轧钢厂厂长、工程副总经理，2017年光荣退休。

篮球健儿对您说

张润起

2006年4月，荣程钢铁赞助天津男篮

我深深记得那个悲伤的时刻，作为并肩奋斗了近10年的合作人兼好友，我在听到祥青董事长突然病逝的噩耗后，难以平复悲痛的心情，连夜驱车赶到了唐山市丰南区，向他鞠躬，跟他告别。

我们是工作上的搭档，也是生活中的知心朋友。论年龄，我比他大几岁，我们待彼此如亲兄弟，即使是在又过了10年的今天，我都很难接受他已经离开的事实。我之所以如此敬重这个"兄弟"，是因为当年天津男篮在最困难的时候，是祥青董事长毅然出资2000万元慷慨相救，才让天津男篮走上正路，最终登上CBA的舞台，并成功闯进季后赛。

祥青董事长从2006年开始关注球队，荣程独家冠名赞助天津男篮，于2007年成立荣钢男子篮球队俱乐部。是他，在球队争夺CBA资格时大力支持；也是他，在球队最艰难的爬坡期不离不弃。正是有了这一切的拼搏努力和永不放弃，才有了天津男篮的今天。

我们彼此信任，精诚合作，从合作愉快到感情深笃，我从祥青董事长那里受到了很多启迪，学到了很多道理。他是天津男篮的领路人，他给了我们信心，也让我们看到了未来，天津男篮会永远记住他的恩情。

在纪念他逝世10周年的日子里，我和队员们一遍遍追思着祥青董事长的音容笑貌。天津男篮老队员、队长张骥说："在我们每月只拿800块钱工资的时候，董事长就开始关注天津男篮了，有他的帮助，我们才能打上CBA，才能圆了自己的篮球梦。"中锋徐磊说："天津男篮能够成为天津这座城市的体育名片，大家应该永远记住'张祥青'这个名字。"

现在的天津男篮，每年仍能得到来自荣程的冠名资助，感谢张荣华主席一如既往地支持着我们。祥青董事长的情怀、荣华主席的境界，钢铁的品质、荣程的精神，无疑成为天津篮球健儿的强大支撑和学习榜样。坚信我们对祥青董事长的无限思念和对荣华主席的无比感激，都能够化作赛场上的顽强拼搏，化作训练中的刻苦勤奋，化作对早日把天津建成运动之都的应有贡献，化作对体育强国、健康中国伟大目标的努力践行！

【作者简介】

张润起，曾任天津荣钢篮球俱乐部总经理，现任天津篮球管理中心主任、天津市篮协主席。

风暴袭来　创新应对

张志新

2009年，张祥青现场指导一线生产

2008—2009年，一场席卷全球的金融危机汹涌袭来，中国钢铁行业面临前所未有的考验。

钢材价格断崖式下跌，生产成本居高不下，祥青董事长审时度势，反复思量着生产经营管理中的每一个细节。他发现，在高硫高灰焦炭和二级焦之间存在着每吨300～400元的价差，于是，一个设想如电光石火般闪过——能不能用创新的方法大胆优化原燃料结构，以高硫高灰焦炭代替二级焦！

心动之后立即行动，祥青董事长立即去焦化企业，亲自监督配煤等技术操作，通过严格工艺操作确保高灰焦质量。创新需要勇气和灵气，更需要系统协同的定力和实力。经过炼铁厂生产技术人员在冶炼过程中的反复测试，确定了最高配达到40%的替换比例。与此同时，优化铁前原料配比，配加价位较低的低品矿粉，经过反复测算配比及成本，终于达到了既保证铁水质量，又能较大幅度降低成本的目的。

这一大胆尝试，让荣程在这非常时期的指标位列同行业前列。祥青董事长以他可贵的创新意识、严谨的科学态度和勇敢的实践精神，使企业在全球性危机中经受了洗礼，站稳了脚跟，这才有了我们后来的飞速发展。

【作者简介】

　　张志新，荣程"老红军"。1998年3月1日入职丰南冀发特种钢材有限公司，曾任天荣公司副经理、唐荣经理，现任荣程五洲唐山公司常务副经理兼资产管理公司副经理。

交上答卷，告慰您

杜海红

2008年，张祥青在考察汽车用钢帘线盘条

优质钢的生产，产品质量的提升，产品结构的升级，提高高附加值产品的市场占有率，祥青董事长为此倾注了大量心血。

"工欲善其事，必先利其器。"2008年，天荣炼钢厂在原有LF精炼设备基础上新建了第一套VOD精炼钢水处理设备。2011年，第二套VOD精炼钢水处理设备投产运行，彻底突破了装备水平制约产品升级的瓶颈，扭转了冶炼钢种单一，产品市场竞争力不足的局面，同时增加了冶炼齿轮钢、磨球钢、轴承钢等高附加值产品的钢种，丰富了公司产品生产链，为进军中高端市场打下坚实基础，从而唱响了高质量荣程的品牌效应。

2012年，祥青董事长在天荣炼钢厂干部会上提出"炼钢产量要快跑，低温快铸是高招"的思路，这为炼钢厂日后的产能释放与突破指明了方向。炼钢厂从工艺标准出发，严细工序组织，通过优化钢水调包温度等各种工艺设备参数的措施，提升铸机拉速，常规规格品种实现炼钢1号铸机日产能提高800吨，2号铸机日产提高600吨，月产提高4万吨，炼钢产能得到明显提升。这项举措一直在炼钢厂延续和继承，10年间炼钢厂提拉速优化生产不低于6次。2020年，炼钢年产能首次突破460万吨，为集团提高了经济效益，对扩大生产规模做出了重大贡献，完成了祥青董事长生前提出的"不上转炉也要突破460万吨"的遗愿。

祥青董事长于2014年提出炼钢除尘系统要由原来的湿法除尘改造成干法除尘，项目投资7000万元。当时，全国钢铁企业面临严峻的市场形势，祥青董事长指出："宁愿企业多投资、多增加点成本，也要打造绿水蓝天，打造与城市和谐共生的钢铁梦工厂。"仅用一年的时间，在保障安全生产的同时，我们把三座转炉的湿法除尘全部改造为干法除尘，粉尘外排量减少了90%，排放浓度甚至高于国家环保排放标准，同时解决了生产过程中的污水、污泥处理问题；在运行上，干法除尘系统较湿法除尘系统用电量少、水量消耗低、设备维护方便，工人清理作业量大幅降低，总体保障水平明显提高。不仅为提高转炉作业率打下了坚实基础，而且有效控制了二次污染，为企业树立了良好的社会形象，项目运行后得到同行的高度评价和政府的高度认可。

经常有国内多家企业来荣程对标学习，还有不少政府部门在各种发布会上经常拿我们举例，以此彰显中国在现代化进程中对保护全球生态环境的高度负责与实际行动，彰显中国式现代化的文明与美好。

我常想，要是祥青董事长能看到这一切，他该多高兴啊……

【作者简介】

　　杜海红，荣程"老红军"。1998年10月1日入职丰南冀发特种钢材有限公司，曾任天荣炼钢厂厂长、副经理，现任荣程文健集团副总经理。

您当年的要求已经全部落实

田志强

2008 年，祥青董事长深入轧钢厂高线生产现场，这是他亲自主持论证的项目，面对今天顺利投产的场景，他提出了一定要实现"普碳钢的成本、精品钢的质量"的奋斗目标。在火热的生产现场，他语重心长地嘱咐："必须高度重视安全管理。"他还当场提出了几

张祥青与田志强
在生产现场论证项目

项具体工作要求：一是挖掘潜力，缩短切头切尾损耗；二是必须坚持走品种化的道路；三是后续还要规划建设合金钢棒材项目。

面对祥青董事长提出的要求，轧钢厂立即组织相关人员进行重点攻关，深入生产一线解决瓶颈问题，优化各飞剪切头切尾的长度，实现"热检+延时"的自动控制，大幅提高了切头切尾的精准度，并且与轧机进行安全连锁，切头切尾缩短了 50% 以上。我们注重上下游工序的密切配合，炼钢厂优化铸机钢坯的切割方式，由火焰切割改为液压机械剪切，进一步缩短切头切尾长度，大幅度提高了线材成材率。在优化产品质量的同时，有效降低了生产成本，从而取得了显著的经济效益。

百万精品合金钢棒材项目投产

　　可以告慰董事长的是：合金钢棒材项目于2012年顺利投产后，到目前一直生产稳定，如今已经成为公司产品结构调整的重要环节，为公司整体利润最大化奠定了坚实的基础。10年发展的实践证明，董事长生前的预判完全正确，他提出的工作要求和对我们的殷殷嘱托，如今已经全都变成了现实。

【作者简介】

　　田志强，2004年4月入职天津荣程联合钢铁集团有限公司，现任天荣公司轧钢厂厂长。

虚怀求新　执着铸剑

陆才垠

张祥青出访日本考察新技术

祥青董事长有句话时常回响在我的耳边："也许我们目前技不如人，但我们不能器不如人。"他对新工艺、新技术、新装备有一种敏锐的判断和执着的追求。

记得那是2012年下半年，我刚刚加入荣程集团，给荣华主席当助理，主席给我的第一项工作是论证与日本新日铁公司的中间包等离子加热器技术引进的必要性和可行性，并完善商务合同和技术协议。

接到任务后，我们和原来参与项目的同事成立了一个临时工作小组，并调阅了项目的有关资料。这是一项日本新日铁自主研发的第五代，也是当时新日铁在用的最先进的中间包等离子加热技术，是当时领先的技术。与当时国内部分优特钢企业使用的中频感应加热、高频感应加热技术相比，有能耗低、安全可靠、性能优越、温差小等技术优势。商务合同和技术协议已经签订，只待付款生效执行。

当时钢铁板块内部部分中层干部，甚至高层干部对此项技术的引进持有不同的理解和看法。我们通过走访了解，大家的意见主要集中在以下几点：①公司当时的产品主要是以普钢中宽带和碳素结构钢线材为主导，因此这项技术用不上；②投资大，有一定的消耗，会增加生产成本；③担心技术的成熟性和稳定性；④该项技术操作和设备维护技术难度大，国内没有借鉴的范例，大家对技术操作和设备维护有所担忧。

通过综合调研发现，商务合同和技术协议的部分条款确实存在对我公司不利的表述，同事们的担忧可以理解，但是，该项技术的引进与公司"普转优，优转特"的产品研发方向是高度契合的，同时商务合同已经签订，如果终止，将有外贸合同违约的风险。

在项目论证和推进过程中，祥青董事长明确指示，新技术肯定有一定风险，只要是对公司发展有利的，就要大胆推进。

祥青董事长的理念和决心给了工作小组信心，关键是如何规避风险，达成目标。我公司按国际惯例，提出由于某些因素给商务合同的履行带来了不确定性，以此为由要求对技术引进项目进行重新评估。

新日铁方面十分重视中国钢铁行业巨大的市场推广前景，迫切希望尽快在中国找到合作伙伴，形成合作样板。我方则将工艺技术、设备、外贸、采购等多要素人员组成工作小组，就商务合同和技术协议逐条、逐款与新日铁代表进行重新谈判，重点是要将技术保证、设备调试、维护技术支持、支付方式及后续备件供应价格与保证等方面进行重新确定。祥青董事长不分昼夜亲自指导，最终的结果是既达成了引进先进技术设备的目标，又公平合理地规避了风险。

中间包等离子加热器的引进，使荣钢成为我国首家将等离子技术成功应用于中间包加热的钢铁企业，为连铸机恒温恒速拉钢、钢坯质量稳定提升创造了条件。不仅为公司对后续帘线钢、齿轮钢、轴承钢和耐磨钢的开发奠定了坚实基础，也为我国冶金行业在等离子中间包加热技术的引进、研发、应用领域闯出了一条新路。

祥青董事长坦诚豁达、敢为人先、胆大心细、坚定执着，他的胸怀大局和远见卓识给我留下了不可磨灭的印象，使我不断转化成学习的动力、博弈的定力和创新的勇气，激励着我们去努力、去奋斗。

【作者简介】

陆才垠，2012年10月15日入职天津荣程祥泰投资控股集团有限公司，现任荣程集团副总裁。

品味"老板"这杯酒

汪振众

记忆中的祥青董事长平时很少喝酒，后来他却认认真真地致力于酿酒。令我佩服的是他自从干了酒业之后，竟能像讲炼钢一样把酿酒阐释得引人入胜，令人激赏。酒好在泉，人好在缘，祥青酿酒，我想，其中必有原因。

白酒酿造分为固态、液态和固液三法。固态法是用粮食加曲天然发酵；液态法是用酒精加上水、香精及添加剂；固液法则是用部分粮食酿造的白酒，加上酒精、香精和添加剂混合勾兑。

祥青董事长指出："酿造酒的醇、醛、酸、酯和香味物质是自然发酵产生的，制造酒的香味物质是香精，醇、醛、酸、酯等物质是化学添加剂（化工产品），因此酒精酒要比'地沟油、三聚氰胺、苏丹红、瘦肉精'更可怕，所以有些白酒我们喝了会头痛、口干；而对身体的更大伤害则是宿醉，醒酒后全身乏力、厌食、闻到油腻的食物就倒胃口，这是因为此时咱们人体的各项机能都在遭受挑战，我们的身体正在透支。如果长期过量饮用酒精酒，一定会对身体造成不可挽回的伤害。所以呀，我们一定要酿造没有任何添加剂的、老百姓喝得起的健康酒！"

2012年12月12日，祥青董事长第一次踏上西双版纳这片神奇的土地，就被这里的自然景观和人文环境深深吸引。他发现，在祖国西南的崇山峻岭深处，不止有山清水秀的边地风光，源远流长的宗教文化，得天独厚的自然资源，更有聪明的傣家人用勤劳的双手栽种出的优质稻米，他们用圣洁的泉水酿制出一种甜美芳香的美酒。傣家的酒，穿越悠久的历史，喝的是香甜的味道，品的是悠久的文化，得到的是一种安逸、享受与保健。

独特的风味和健康的理念引起了祥青董事长的注意。经过认真研究和揣摩感悟，祥青董事长毅然决定在西双版纳设立白酒酿造实验基地，同步在黑龙江和四川选址正式进军酒业，目的很简单，就是为了让更多消费者喝上健康的放心酒。

当时正值钢铁市场不景气，行业销售业绩整体下滑，祥青董事长说："进军酒业也是为荣程未来的多元化发展寻找突破口。"

祥青董事长大胆借鉴钢铁工艺，采用烧结方法中的步进式台车形式经恒温室糖化，配合9立方米方型酒甑，用梭式布料机进行布料，大幅提升了劳产率。同时，他选用的120立方米窖池也创造了酒业之最，这一切都充分彰显了祥青董事长高瞻远瞩、敢为人先的创新精神。

祥青董事长向来是一个说了算、定了干的人。他对认准的事情有着常人难以坚持的执着和热情，事必躬亲，必须成功、绝不放弃。2013年在西双版纳做酿酒实验期间，祥青董事长每天都要去勐海的工厂动

张祥青亲自进行酿酒试验

手蒸粮、上甑、烧火、摘酒，到了下午，就灌上两瓶当天酿造的新酒回到临时租住的景洪小院，然后不知疲倦地下厨炒上几个小菜，招呼大伙吃饭品酒、饶有兴趣地畅谈未来。时至今日，荣程酒业始终秉承他"自强不息、奋斗不止、永不言败"的精神，发扬"返璞归真、以德为魂、不忘初心"的品质，追寻着他的脚步、实现着他的梦想。

"风不语，飘忽天地之间。云无言，遥看沧海桑田。"我走过许多地方的路，行过许多地方的桥，看过许多天空的云，喝过许多锅池里的酒，如今却独爱自己手中的这杯干净、纯粹、优雅的自酿，它的品牌恰如张增述总监命名、荣华主席手书的那两个苍劲有力的大字——"老板"。

老板，那是一种工作称谓，是对分工和责任的提示；那是一声亲切的呼唤，是对祥青董事长的格局与境界、浓缩的生命精华和奋斗心血的致敬……

【作者简介】

　　汪振众，荣程"老红军"。1992年开始跟随祥青董事长创业，曾任天津荣程副经理、荣程酒业有限公司经理，现任驻赤峰九联煤化有限责任公司副经理。

董事长，您做到了

吴凤玖

> 那是根植在心灵深处的一份记忆，抹不去，诉不完。曾经的那些人、那些事、那些日子，伴随我从青葱岁月走到不惑之年，而那些日子，已经成为我生命中最重要的一部分。
>
> ——题记

最近不知为何，我总喜欢在微风习习、华灯初上的傍晚，在厂区北面的小路上徜徉。抬眼望去，火红的祥云笼罩着美丽的厂区，座座高炉如巨人般昂首矗立，目视远方，守护着我们的家园。此情此景，我的脑海中就会浮现曾经的那些人、曾经的那些事和曾经的那些年——我与董事长一起走过的日子。

还记得创业之初的2001年，当时您租赁冀发、合利不久，百业待兴，需要投入大量的资金改造设备，还要维持生产。作为公司的财务人员，我深深记得，当时资金周转非常困难，尤其年关将至，为筹措资金，您和荣华主席东借西凑，想尽办法，找亲戚、朋友，甚至借高利贷，为此内心坚强的荣华主席不知哭过多少回，有好几次，我看在眼里，疼在心里。当时我就在想：我要是有钱能帮帮她该多好呀。那些年所走过的日子，其中的艰辛，恐怕只有您和荣华主席最能体会。您说过，不管资金如何困难，绝不拖欠国家的税款，绝不拖欠国家的电费，绝不拖欠工人的工资。董事长，您做到了！

可是就在那一年，您为您的母校丰南一小捐款5万元，帮助学校完成改扩建工程。您要圆一个梦，弥补儿时犯下的一个错——您曾带着惋惜和后悔跟我说过，小时候由于淘气，曾用书本打过一个教您的老教师，您始终想找到那个老师当面道歉。经多方打听，终因老师离世，未能如愿，这也成为您永久的遗憾。或许，这次捐款会成为对您当年愿望最好的告慰。如今的丰南一小已成为当地教学师资水平最好的小学，您的名字已列入《学校名人录》。孩子们刚刚入学就会知道，有个好人张祥青叔叔帮助过自己的学校，丰南的孩子们会永远记住您、永远爱您。

2006年，荣程兴建的滦县（现滦州市）杨柳庄小学竣工
（如今为"荣程希望小学"）

同年，您又出资 25 万元兴建滦县（现滦州市）杨柳庄小学，如今学校已被命名为"荣程希望小学"。每年，你们夫妇俩都会去看望那里的孩子，并带去学习用品，"张祥青叔叔"已深深烙印在孩子们的心灵中。2008 年汶川地震，您捐款 1 亿元的壮举是为了建最好的学校，建震不垮的学校！您的高亢声音久久回荡在祖国大地的上空，您让略阳荣程中学和宁强荣程中学拔地而起，校园又响起了往日的琅琅读书声。您曾说过，再苦不能苦孩子，再穷不能穷教育。大爱无疆，回报社会。董事长，您做到了！

还是那一年，7 岁因地震失去双亲的你，深深体会到失去父母的痛楚，为了弥补再不能孝敬父母的遗憾，您视长兄为父，如孝敬父母般孝敬哥嫂，左邻右舍的乡亲也都成了您牵肠挂肚的亲人，为使每个父母都有一个幸福健康的晚年，您又决定捐助丰南敬老院 10 万元、民政局 30 万元，并逢年过节带着礼物去敬老院看望老人。看着老人们慈爱沧桑的脸上露出幸福的微笑，您笑得那么甜，憨憨的脸上满是爱意与幸福。从那时起，"健康百年"一直是您的心愿。以致后来，您亲手组建祥青堂，心系乡里，祥缘万千，造福一方，健康百年。董事长，您做到了！

同样是那一年，为了回报养育您的这片土地和丰南的父老乡亲，您出资 200 万元，对丰南的母亲河煤河进行了治理改造；又出资 100 万元修建煤河上的三座桥。如今，煤河已成为咱们家乡一道亮丽的风景线，也是人们休闲娱乐的好地方。在风光如画的煤河边，老人们悠闲散步，孩子们尽情玩耍，河水清清，倒映着咱们如诗如画的家乡，小桥流水，鸟语花香，勾画出一幅和谐美丽的家园。董事长，这不正是您的心愿吗！如今，屹立在煤河上的"祥青桥"已成为您永远的象征，您会永远守护

张祥青夫妇在"祥青桥"上散步

着我们的母亲河，您是丰南人的骄傲，家乡的父老乡亲永远忘不了您。

而那一年，从事公司财务工作的我最知道，冀发、合利加起来的利润才700万元，而您投入滦南的建设资金就达3800万元。这就是您的真实写照，"老吾老以及人之老，幼吾幼以及人之幼"，这就是您人格魅力之所在。

作为公司财务，我要向您报告，随着集团的发展壮大，咱们荣程已经累计对外捐助超10亿元。您说过，我们要感恩社会，传承爱心。董事长，您做到了！

我踱步在厂区北面的小路上，思绪从创业初期的峥嵘岁月回到了眼前。远远望去，高大的厂房、巨人般的高炉，极为壮观，夕阳下如画的

三街老宅柿子树硕果累累

家园是那么美丽，董事长，您就是那高耸入云的巨人，俯瞰我们美丽的家园，期待你的梦想——百年绿色荣程！

董事长，您好！一声问候倾诉着我对您的思念之情，我多么希望您能亲耳听到我们的祝福。相信您能听到，您肯定能听到。我感觉您从未离开，您就在我们身边。您看，祥青堂门前的树是那么的郁郁葱葱。您看，当年老宅院里的柿子树又在孕育着秋天的硕果。您端坐在祥青堂里，脸上露出憨憨的笑容，您的目光注视远方，我知道，您会护佑着您的妻子、您的儿女、您的外孙，护佑着我们的荣华主席率领万名荣程人，秉承您那自强不息、奋斗不止、永不言败的企业精神，完成您的梦想，实现百年绿色荣程。

只因爱在心中，只为一路同行，

董事长，我们，也能做到……

【作者简介】

　　吴凤玖，荣程"老红军"。1998年2月入职丰南冀发特种钢材有限公司，曾任集团财务部部长、审计部副部长，2015年11月正式退休，2018年至今担任荣程集团顾问。

您的嘱托，我们记住了

么同磊

今年是荣程发展历程的第36年，36年的风雨兼程，赢得了党和各级政府的认可，将荣程作为传统产业转型升级和担当社会责任的典范。36年的携手同行，赢得了社会各界合作伙伴的认可，树立了荣程诚信经营、合作共赢的良好声誉。36年的荣辱与共，更赢得了荣程家人和家属的认可，"家的文化"像水一样润物细无声地深入人心。36年的不懈拼搏，荣程一步一个脚印，在中国民营企业高质量创新发展的道路上稳步前行。

回首荣程36年，由小到大、从弱到强，离不开您和荣华主席的引领，从两人的小家一路前行，发展到现在的万人大家庭，同心同向，一路前行。

今年，也是您离开我们的第10年，每每想起您，浮现在脑海中的总是厚重质朴的笑容，那笑容总是让人开心、让人追随，给我们力量和希望。在您身边的日子，我感受到深谋远虑、大爱无疆、敢为人先、诚信利他等优秀品质。

人才是发展的动力源泉

2006年初秋，荣程集团基于战略布局进行人才储备，第一次大规模地进行大学生招聘。那年我上大四，是第一次应聘，也是第一次见到您。当时的您给我的感受是智慧且憨厚，当时您看着我笑了一会儿，然后问我："你想说点儿什么？"我问了提前准备好的三个问题，前两个正是您在公司战略发展中很关心且一直思考的问题，同步和我做了分享，并明确表示不回答第三个问题，希望在我加入荣程后给我答案。自那时起，我成了荣程人。

也是从那一年开始，为了选拔符合荣程未来长远发展的人才，每一年的大学生招聘，您都会亲自到场，而且都是提前 1 ~ 2 个月安排时间行程。即使生病、有重要工作，也从未缺席。我们非常感谢您对大学生的培养和提拔，为了营造浓厚的学习氛围，您建立了荣程图书馆，亲自带着我们去购买书籍，看到适合我们的书还会购买很多本，让更多的人一起学习、分享。为了提高企业归属感，摸索大学生培养模式，您制定了《大学生管理办法》，每个季度至少一次大学生恳谈会，了解并解决各种现实困难，鼓励大家朝着更高目标创新发展；成立大学生协会开展大学生联谊会、集体婚礼、项目攻关小组、足球篮球联赛等各种活动。这种家一样的温暖和鼓励，令人感动和奋进。

您说过，"每年招聘100人，留住一半做人手，留住10%做人才，争取1%做人物。长年积累，荣程发展就不会缺人了"。正是源于您多年的坚持，在安全生产、技术研发、设备管理、市场营销、财务、人力资源、数智化等很多关键岗位，都是您当年亲自选拔和培养的学生。尽管在成长的路上遭遇很多曲折，大家都坚定不移和荣程一路同行，因为除了工作，更有一分对您深深的感恩。

管理是前行的稳固基石

很多人的认知中，您更多关注的是战略布局、生产制造、技术创新、

张祥青与大学生座谈

社会责任，很少关注企业管理，实则不然。

2007年，为了提升荣程集团规范化管理水平，您主导与汉彬洲战略合作，这是公司发展史上第一次聘请专业管理咨询公司为荣程进行全方位的管理诊断。优化治理结构，完善组织架构和管理流程，梳理薪酬绩效方案，直到现在，汉彬洲还一直服务于荣程，为荣程的企业管理奠定了坚实基础。

2008年，您带着我们考察陕鼓集团后，被其良好的企业文化氛围所触动，于是提出全方位总结提炼并传播荣程企业文化。通过梳理荣程发展历程，总结创业精神和成功经验，提炼荣程文化特征，完善文化管理和宣传机制，提炼出"家园文化"为基础的使命、愿景、核心价值观、企业精神等体系化的文化大纲，使得今天的荣程企业文化更加丰富多彩。

2012年，通过与钢铁行业的对标学习，您提出"提高设备自动化水平和岗位任职资格评估，提高人均吨钢达到1000吨以上，未来争取突破1500吨以上"。为了提高人均效能，您连续一周拿着天荣公司和各单位的组织架构、定岗定员表，按照工艺流程与各单位负责人逐个岗位评估，并结合现场实际情况，提出"减员不减薪"和"三班三运转变四班三运转"的政策，这些政策一直延续至今，为钢铁集团持续发展提供了激励机制的基本遵循。

传承是最好的纪念

您和荣华主席造就了荣程，时代成就了荣程，荣程家人砥砺前行共同建设荣程。生命因传承而精彩，做好祥青精神的传承人，是对您最好的纪念。

10年来，钢铁战士攻坚克难，顶住了您刚刚离开时外部环境和市场变化的多重挑战，多项生产技术指标刷新历史最好水平。主业做精，相关多元发展的战略布局逐步开花结果，物产混改重整和布局新产业，荣程做大做强，距离世界500强越来越近。君婷总勇担重任，不断为荣程发展引入新的理念，各项管理工作逐步进入良性发展。锡尧总组织您培养的年轻人，号召更多荣程优秀青年成立荣程青年联合会，激发年轻人研发创新的潜力和创建幸福荣程的活力。践行您"感恩社会，传承爱心"的奉献精神，荣程志愿团坚守抗击疫情最前线。您和荣华主席艰苦创业的丰南老街、丰荣、唐荣等地作为荣程精神文化传承培训基地，老厂长、

"老红军"讲述和您一起创业的故事。整理祥青精神和社会贡献，撰写成书籍供全体荣程人学习传承，并作为企业发展核心要素。

这些只是传承祥青精神的一部分，虽然您不在我们身边了，但您的精神一直在延续，一直激励荣程人不断向前。您的嘱托，我们一直都记得，"进入世界500强"和"实现人类健康百年"的愿望将是一代代荣程人奋斗的目标和肩负的责任！

董事长，您静坐天国守护我们！您的愿望，我们来实现。

【作者简介】

么同磊，毕业于河北理工大学。张祥青董事长招聘的第一批大学生。2007年1月20日入职荣程集团，现任浩物股份常务副总经理。

众人划桨开大船

王振杰

张祥青在划桨开船

那是10月中旬的一个早晨，秋风送爽，阳光明媚，我驾车行驶在上班路上。收音机里传来一首熟悉的歌曲——《众人划桨开大船》，听着听着，我就流下泪来。伴着铿锵有力的歌声，董事长的高大形象顿然闪现在我的脑海里……

"一加十，十加百，百加千千万，你加我，我加你，大家心相连"，我联想到荣程从无到有、由小变强的创业历程，感受着董事长的博大胸怀、非凡气度和格局境界所带来的精神力量。

2008年大学毕业后，我有幸进入荣程，刚开始，除了大学生座谈会及大学生聚餐活动，我与董事长见面的机会很少。在我心里，祥青董事长就是"平和与伟大"的完美结合体。

平和，一个大企业领导者难能可贵的品质！记得2008年，我在天荣公司上班，经常能与从生产现场回来的董事长在楼道里相遇。他魁梧的身材顿时让楼道的空间略显局促。每当迎面走来，他总是带着标志性的微笑，主动侧身，示意我们先走。起初我们都很局促，担心有失礼仪，就伫立不动，直等董事长过去后再匆匆离开。久而久之，渐渐懂得了董事长的为人和真性情的一面，大家在相互谦让中寻求到最佳的通行节奏，多数情况下礼让董事长，但如果你抱着一堆文件或者真有急事，那你就用眼神问候一下然后直接跑过去，董事长一定给你让路，文件掉了他还会帮你捡起来，你就说一声"谢谢董事长"，然后抱着文件继续跑就行，那是一种和谐的秩序、真情的默契。在大学生座谈会上，根本不用顾忌上下级之分，也不用预先准备套话、客气话，也不用写稿、念稿，董事长让大家畅所欲言，他就是想听到来自一线的真实声音。在大学生聚餐时，他谈笑风生地给大家分享走南闯北的逸闻趣事，有时候还会下厨露一手给大家添个菜，如兄如父的董事长毫无架子，像亲人一样！

完全可以用"伟大"这个词来评价他的高度社会责任感！2008年，在央视举办的汶川地震赈灾晚会上，董事长临时决定追加7000万元捐款，使荣钢的总捐款达到1亿元人民币。尤其是当他喊出那句"建震不垮的学校"时，这个从唐山大地震废墟中走出来的孩子，让电视前亿万观众顿时热泪盈眶，佩服不已！也正是在那一年，我有幸进入了荣程，集团的社会形象和董事长的口碑让我的老师和同学们都非常支持我来荣程就业。过了很多年，每当同学聚会问及我和公司时，几乎所有人还会由衷称道祥青董事长在央视汶川之夜的伟大壮举。

"感恩社会，传承爱心"是董事长的座右铭，也是荣程普济基金会的一贯坚持。在慈善事业方面，董事长不仅有像汶川捐助这样的"大手笔"，还有各类助学基金、医院基金、产研基金等项目的长期奉献。即使在商业经营方面，董事长提出的"普碳钢的成本，精品钢的质量"同样体现了对社会资源利用的责任与担当。还记得2013年在四川泸州筹划10万吨白酒项目时，董事长又提出了"要精心酿造让老百姓喝得起的放心白酒"的目标。然而，事不遂愿、英雄梦断，万万没想到四川白酒项目竟成了祥青董事长的倾情绝唱。如今白酒项目还在遵照董事长的遗愿继续发展。一尊还酹，董事长，您放心吧！

一曲终了，意犹未尽，我调到单曲循环，让《众人划桨开大船》的歌声经久萦绕："百舸争流，千帆进……波涛在后，岸在前……"几十年鲲鹏击水扶摇海天，董事长悟出了许多我们尚未感知的道理，他留下"自强不息、奋斗不止、永不言败"的企业精神，时刻提醒我们牢记社会责任不断精进，与企业一路同行！

我停好汽车走进办公楼，仿佛又看到了董事长迎面走来，还是那样亲切和蔼，还是那样侧身微笑着让我先走……窗外秋光明澈，鲜花怒放，车间厂房一片巍峨。敬爱的董事长，我知道您从未离开，您一直都在默默地护佑着我们和荣程一起成长……

【作者简介】

王振杰，毕业于华北水利水电学院。2008年7月入职荣程集团，现任荣程集团企管人力中心薪酬绩效处处长。

精神传承是最深刻的纪念

张　捷

时间过得真快，转眼间，董事长已经离开我们10年了！

2014年5月，我加入荣程。10年时间，在其他单位已算是老员工，但是相较于大部分员工工龄在10年以上的荣程，我时刻感觉自己还是一名新人。入职荣程，与董事长接触的时间不长，但还是有些记忆时常浮现在脑海中。

从政府离职之后，我也陆续面试了几家单位并达成了初步的入职意向。2014年5月下午的一天，突然接到了一个单位的面试邀请，在简单聊了一会儿之后，就以已经拿到其他公司录用信为由婉拒了。当天晚上没事的时候，想到了这次电话邀约，我又重新搜索了公司的介绍。当看到创始人的时候，张祥青的名字及汶川捐款的事迹映入眼帘，这正是我高考语文作文中引用的素材，我对这家公司充满了好感与好奇。第二天一早，我主动给这家人力资源部门回了电话并表达了意向，约定了第二天进行面试。没想到面试出奇的顺利，一天就面试了四级领导并在隔天正式入职。

因为工作的关系，我与祥青董事长仅有两面之缘，但印象颇为深刻。

第一次见面是2014年6月17日。时任天津市主要领导带领各委办局、各区县领导组织"互比互学互看"活动，荣域启程创意产业园是其中代表津南区的重要一站。这是我第一次近距离接触董事长，白色衬衣、黑色皮裤，高大的身躯，即使在众多的人群中也可以立刻感受到其强大的气场。活动结束后，祥青董事长主动招呼在场的领导和工作人员进行合影，指挥站队、安排拍照姿势，让我看到了强大的气场、严肃的外表下，董事长宽和、豁达的一面。

第二次见面也是最后一次见面，是2014年7月11日集团的半年工作会议，这也是祥青董事长最后一次出席集团的重大活动。我给董事长准备了讲话稿件，但是董事长仅仅使用了开篇及结尾，大量的讲话阐释了人类健康百年的理念以及中医药产业的发展，其中，我印象最深刻的一句话就是："我希望荣程家人们都健健康康的。"董事长在忙碌的同时，思考更多的是荣程家人的健康，让我看到了董事长温情的一面。

2014年8月9日晚，在公司的办公微信群看到了正在修订的讣告，在震惊之余，更多的是不敢相信。当时我正在家中处理父亲的后事（父亲于8月3日去世），能够真真切切感受到失去亲人的悲痛。随后，政府、协会组织的唁电纷至沓来，让人感受到了董事长在社会上的地位及社会各界对董事长的尊重与不舍。处理完父亲的后事回到单位，特意去看望了荣华主席，看到主席的那一刻是说不出话来的，同时深深理解主席的痛苦与不易。

这些年，在工作当中经常会整理到董事长的事迹材料，有两篇印象深刻，借此机会和大家分享。

2008年6月1日，在"山川同在，血脉相连"唐山南湖国际高尔夫俱乐部慈善活动上，活动主办方为参赛人拍摄了纪念照片，并请参赛人留下一句话，祥青董事长不假思索地在自己的照片写下了"感恩社会，传承爱心"。

2008年，张祥青参加唐山南湖国际高尔夫俱乐部慈善活动

　　董事长经历了唐山大地震，经历了失去双亲的苦痛，经历了独特的青少年成长过程，他深深懂得没有阳光，就没有温暖的日子；没有大地的滋养，就没有丰收的喜悦；没有父母，就没有我们自己；没有亲情、友情和爱情，世界就会是一片孤独和黑暗。

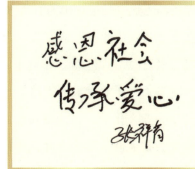

《长征万里图》被誉为"中国飞天第一图"，它的太空之旅历时115个小时32分钟，全程环绕地球飞行约80圈，飞行总里程为325万千米。这是一部记载了红军长征重大事件、传承着民族的辉煌的史诗性画卷，由李铎、沈鹏、刘大为、尼玛泽仁、苗重安等18位中国当代著名书画家精心构思创作，同时由111位中国当代书画家和著名学者及两名宇航员聂海胜、费俊龙联合签名所构成，是一幅全面展现中国工农红军在长征中重大历史事件的史诗性画卷。

作为"中国飞天第一图"，画卷一经展出，就受到了社会各界的关注，不少国外的组织或个人对画卷表达出极高的兴趣。董事长安排专人跟进拍卖，为的就是让这幅具有重大历史意义的画卷留在国内。2006年11月20日，祥青董事长用6600万元拍得国画《长征万里图》。拍卖的时候，祥青董事长甚至连画作都没看就安排人将画卷送往北京，捐赠给国家博物馆。直到"国博"邀请祥青董事长出席捐赠仪式的时候，他才第一次看到画作的全貌。

此次《长征万里图》拍卖款项的20%被用于捐建16所"长征小学"，小学的地点选在长征途中的16个关键转折点（汝城、宜章、界首、乌江、娄山关、遵义、土城、皎平渡、西昌、泸定、芦山、懋功、毛儿盖、哈达铺、六盘山、吴起镇），以此来纪念伟大的长征及长征精神。

董事长在事业发展的道路上始终铭记社会，勇担责任，将感恩文化渗透于企业文化中。在扶贫助教、希望工程、非典防治、体育事业、抗震救灾、扶老助幼等多方面开展社会公益活动，爱心慈善公益事业不止步。在他的引领下，荣程集团累计公益事业捐助额达10亿元。正如董事长所说，荣程成就客户、成就员工、成就社会的心永远不变。

2021年1月9日，钢铁集团召开年总会。早上6点审定领导讲话的时候，荣华主席突然问了我一个问题："张捷，能告诉我祥青精神是怎样的精神吗？"那一刻，我回想了很多董事长的事迹，也回忆了脑海中所有关于董事长的材料，快速总结了5点：自强不息的奋斗精神、大爱无疆的奉献精神、钻研较真的执着精神、无我利他的诚信精神、胸怀天下的远见卓识。在发出之后，陆才垠副总裁又补充了一点：敢为人先的创新精神。

荣华主席看过之后说："创新是董事长精神中排第一位的，还有胆识、魄力、担当。"这一刻，我突然明白了祥青精神的组成，于是根据荣华主席的批阅做了重新整理，概括了祥青精神的基本内涵，荣华主席在当天钢铁集团年总会上，第一次和荣程家人们阐释了祥青精神。

敢为人先的创新精神；

攻坚克难的勇气魄力；

钻研较真的执着精神；

智慧谋略的非凡胆识；

自强不息的奋斗精神；

着眼未来的远见卓识；

诚实守信的真字精神；

无我利他的责任担当；

大爱无疆的奉献精神；

家国天下的格局境界。

会后，荣华主席给我发微信："要记住并以此要求自己，方能成为真男儿。"祥青精神成了影响我人生的重要组成部分，这里面每一句话都包含着无数的故事，都是董事长成长与荣程集团发展的见证，是我们所有人学习的榜样与楷模。

祥青精神必将指引荣程走得更远、取得更大的辉煌。

【作者简介】

张捷，毕业于天津科技大学。2014年6月入职荣程集团，现任荣程钢铁集团工会主席，天荣公司综合管理部部长。

荣耀征程　终将如您所愿

皮鹏飞

2008年3月7日，怀着对象牙塔外生活的憧憬，我向学校和荣程集团同时提出申请，希望以实习生的身份提前来公司实习。当时高线车间正处于设备安装调试阶段，我被安排住在二十冶院内宿舍。当时的我特别希望7月赶快到来，特别期待与祥青董事长在荣程的第一次见面。

百般期待之际，2008年5月12日下午，四川汶川发生了8.0级大地震，全国上下都投入抗震救灾之中。5月18日那天，我打开电视机观看

2008年，汶川地震后张祥青接受记者采访

央视赈灾募捐晚会直播。突然，一个镜头让我看到了荧屏上举着牌子的祥青董事长。没想到，我竟在电视里与祥青董事长见面了。"建震不垮的学校！"他在接受央视采访时说出的那句掷地有声的诺言让我暗下决心：风里雨里，就跟你干！5月24日，我回到学校准备毕业答辩，此时祥青董事长的事迹已然成了学校的新闻热点，不断有老师、同学专程找我了解荣程和董事长，这让我的内心充满自豪。

"路旁老人忆旧事，相与感激皆涕零。"2014年8月9日，祥青董事长与世长辞，永远的离开了我们。此后不久，我下班去市场买菜，一位摆摊的老大爷看到我穿着荣程工作服，就非常惋惜地叹口气说："唉，你们老板是个大好人啊！"简单朴素的一句话，一下子就让人泪眼蒙眬，喉头哽咽。内心叩问：做人究竟做到什么程度，才能让不相干的路人为之真情怀念呢？

转眼间，荣程伴我14年。我也从刚刚毕业时的文艺青年，变成了"90后""00后"口中的中年大叔。但是，我初心未变！这些年，我追随祥青董事长曾经走过的足迹，从唐山到天津，从泰来到版纳，总在不经意间，让我觉得祥青董事长一直伴随在我们左右。不，是我们在一直跟着他的引领做人做事、工作生活，祥青董事长永远活在我们心中！

> 虽思绪万千，
> 落笔却不知所言。
> 看征途漫漫，
> 待我等携手向前。

荣耀征程，

终将如您所愿！

【作者简介】

　　皮鹏飞，毕业于内蒙古工业大学。2008年3月入职天荣公司，现任荣程钢铁集团公司经理助理。

山峦渐渐远去　铁水奔流向前

卜昭晨

2009年，我怀揣着梦想正式入职荣程，参加完入职培训以后，到炼铁厂生产一线轮岗学习，全身心投入四号高炉项目建设中。那时候，常听同事们讲述"铁六"创业的传奇经历：早点摊、豆腐坊、小土烧、顺达冶金厂、冀发特钢……耳边萦绕着祥青董事长在大学生招聘会上慷慨激昂的讲话，心中憧憬着梦想和未来。

2009年中秋，四号高炉开炉的准备工作进入最后冲刺阶段。那天我和同事们正在加班调试设备，突然接到企管处的电话通知，董事长亲自

张祥青与大学生一起包饺子

组织了大学生聚餐活动，邀请我们一起过节，那是我第一次在荣程与董事长见面。

晚餐时，初入职场的我又紧张又拘束，但董事长和蔼可亲、平易近人的风范让我不知不觉放松下来。那晚，董事长侃侃而谈，讲述着未来钢铁行业的发展，描绘着他对荣程钢铁的梦想以及他的中医理念。正是那次的聚餐活动，更加坚定了我的职业选择和对未来发展的承诺，合理规划人生目标，通过自身努力成功竞聘上四号高炉副工长、五号高炉工长等岗位，积极投入工作和学习，与企业一起进步。

2022年7月下旬，在君婷总、立华总的带领下，我们来到内蒙古，到访曾经留下董事长足迹的建元焦炭厂。一见到我们，建元焦化的樊董事长就情不自禁地讲起他和祥青董事长合作的过往。那时候建元焦炭厂刚刚投产，市场销路还没有打开，当时，祥青董事长来了站在焦炭垛旁，只是用力踩了踩焦炭，就凭借多年经验做出了判断，他说："焦炭质量没有任何问题！"说罢，便立马订货并提前支付打款。简简单单，干脆利落，一件小事彰显了祥青董事长决策果断、真诚待人、诚信经营的人格魅力，这让每个人无不心生敬畏之心啊！

2014年8月9日，祥青董事长离开了我们。我记得从万佛园归来的路上，昏黄的路灯透过黑森森的松柏，把路面变得树影婆娑，对董事长的思念如松涛起伏，激荡在我们每个人的心中。时至今日，每年8月我都要参加祭拜董事长的活动，每当大巴车穿梭在清东陵的苍松翠柏之间，遥望着窗外重重叠叠的如黛青山，我总是不禁想起当年，若没有董事长在学校礼堂那富有感染力的演讲，若没有董事长对待员工像家人一般的关怀，我可能永远没有机会成为荣程大家庭中的一员。江山无语，心绪难平，回望窗外渐渐远去的山峦，何不也是在回望自己的初心、展望未来的脚步呢！

2022年8月，老四号高炉安全停炉，新四号高炉顺利开炉，它象征着"新老更替，精神传承"。望着那炽热流淌的铁水，十三个春秋，情景如此相似，事业奔流向前！

在荣程工作十多年，祥青董事长的梦想、荣程的梦想一直在鼓舞着我不忘初心，方得始终。未来的道路既艰辛又漫长，我相信：在祥青董事长"自强不息、永不言败、奋斗不已"精神的指引下，在荣华主席的带领下，荣程家人并肩作战、团结一心，定能创造荣程史上一个个新的奇迹，新的辉煌！

【作者简介】

卜昭晨，毕业于内蒙古工业大学。2009年4月入职天荣公司，现任天荣公司炼铁厂生产技术科长。

善作善成的董事长

许亚辉

2009年10月，在庆祝中华人民共和国成立60周年之际，荣程集团举办了迎国庆合唱活动。那时，我刚到荣程仅3个月，正在焦化厂轮岗实习。因焦化厂人员规模不够，所以焦化厂就与烧结厂牵手组建了一个合唱联队。当时我们戏称"烧焦联队"，演唱的曲目是《团结就是力量》。

为了提升演出效果，我们还统一定制了红色长袖上衣，远远望去，一片红色的歌海。我们出色地完成了合唱任务。就在即将退场之际，祥青董事长站在台下，大声说道："焦化厂、烧结厂合唱队的指挥，一会儿结束后过来找我一趟，我给你把把脉！"大家都知道当时董事长正在潜心钻研中医，非常喜欢给人把脉。我们的合唱指挥叫庞洪亮，身材非常瘦小。活动前他主动请董事长给他把脉，活动一结束，董事长就主动找他来了。我举起相机，咔嚓一声，就把这珍贵的一幕拍了下来！在活动谢幕、合影留念之际，我也使着劲儿往董事长跟前凑，最终搂着董事长的肩膀，留下了一张非常宝贵的、令我终生难忘的照片。

祥青董事长虽学历不高，但他是社会公认的冶金专家。创业多年，他的经验都是在生产一线一点一滴积累出来的。更重要的是，董事长喜欢看书，喜欢钻研，从理论到实践说的形象具体，不仅解决实际问题，还能频出创新成果。

那时候董事长零基础入门中医，他饱读医书，潜心研究，经常与中

2009年，许亚辉与张祥青董事长合影

医专家、学者请教交流，还给不同的人把脉、分析。他亲自研制中药，进行理论和实践的印证，大家都佩服他的学习精神和实践能力，经常有员工自豪地说："我们董事长学什么像什么，干什么成什么！"

2011年5月，祥青董事长赶赴山东省高唐县参加地方招商投资活动，并现场达成针对高唐县电炉炼钢的项目协议。祥青董事长是社会公认的冶金专家，虽然当时整体的投资方向还是全流程炼钢，但董事长提前就谋划了电炉炼钢项目，并探讨废钢渠道来源，足以体现出董事长杰出的战略眼光。高唐活动结束后，祥青董事长又直接赶赴北京，连夜与中钢设备公司签署了《合金钢棒材项目的合作协议》，合金钢棒材是继摩根高速线材之后，集团产业结构转型升级的又一力作，是实现祥青董事长"普碳钢的成本，精品钢的质量"的重要措施和保障。2011年末，合金钢棒材项目破土动工。2013年项目投产，集团产品结构再次升级。从创业初期的土烧结矿，到小高炉冶炼铁水、钢水，到带钢、精品高速线材，再到精品合金钢棒材产品，集团产品从品质到品类一次次跃升，极大提升了市场竞争力，推动了荣程高质量发展。

2012年，董事长的眼光聚焦上了白酒，他购买大量与酿酒相关的书籍潜心研读，走访了国内多家酒厂考察交流，最终酿造出独具荣程特色的"清头酱尾"健康白酒。

祥青董事长勇于发扬斗争精神，敢于与困难做斗争，敢于正面问题、解决问题，他刻苦钻研、攻坚克难，着眼未来的战略眼光值得我们永远

2011年5月28日，荣程钢铁与中钢设备达成合金钢大棒材协议

学习。

　　虽然董事长已经离开我们整整10年了，但祥青精神一直激励着每一个荣程家人，为打造百年绿色荣程而不懈奋进！

【作者简介】

　　许亚辉，毕业于内蒙古工业大学。2009年7月入职天荣公司，现任荣程集团董事会办公室政务经理。

百年同好思故人

林在旭

> 思念
>
> 昔年皓月今更明，
>
> 圆月中秋思祥青。
>
> 六哥音容今犹在，
>
> 祥青精神永传承。

我的思绪回到了2010年的中秋节，那个中秋节的皓月下，祥青董事长、荣华主席与历届大学生代表共谋荣程蓝图。因为祥青董事长对员工一句关切的话语，诞生了荣程第一届集体婚礼，集体婚礼至今已传承了13载，完美诠释了荣程"家的文化，水的理念"。

那是在14年前的金秋，也就是2010年的中秋节，祥青董事长夫妇请荣程历届大学生代表聚餐，与大学生们共度中秋佳节。

当时，我有幸坐在祥青董事长身旁，席间祥青董事长问我："在旭成家了吗？"我说："正准备10月底办结婚酒席。"荣华主席接着对我说："让公司操持给你办吧。"我听了感觉莫大荣幸，就趁机跟祥青董事长和荣华主席提了一个合理化建议。我说："也别单独给我办了，建议公司搞一次大型集体婚礼，以后每年都组织一次，作为企业文化的亮点，这样更能促进荣程青年的干劲和对企业的认同感。"祥青董事长和荣华主席听了特别高兴，当时就安排企管人事处处长么同磊着手组织公司第一届集体婚礼，董事长充满豪情地说："我给你们做证婚人！"

婚礼定在10月26日，短短一周时间，报名多达40多对，由于当时条件所限，为了保证质量，最终选定了19对新人，这个数字寓意着"一心一意，天长地久"。很荣幸，我和爱人成为荣程集团首届集体婚礼的"男女一号"。

荣华主席一再嘱咐，一定要办得精彩纷呈，办出荣程特色。荣华主席多次检查婚礼准备情况，从聘请专业婚庆团队，到订制婚礼纪念品，还有车队、婚宴……她像母亲一样事无巨细，全都操心到位。

仪式前，荣华主席亲自为19位新娘化妆。婚礼上，身材魁梧的董事

张祥青董事长参加荣程第一届职工集体婚礼

长做证婚人，他身着西装，精神饱满，为19对新人献上亲切的祝福，提出殷切的希望，希望以大学生为主力的荣程青年能够扎根荣程，热爱工作，叮嘱新人们婚后要忠于爱情，孝敬长辈，精心培养下一代……不管经历多大风雨，都要夫妻携手，心心相印，同心筑梦，共享芳华！新人们由衷感谢祥青董事长和荣华主席，我们听说过这对伉俪牵手走过的一路风景，他们夫妻，正是我们学习的榜样啊！

荣程集团第一届集体婚礼，由祥青董事长亲自组织，张荣华主席亲自操办，各个环节精心准备，整个过程精彩热烈、深情满满，集体婚礼圆满成功，非常值得纪念，这个婚礼寄托着董事长夫妇对荣程家人的希望，也是他们厚爱员工、厚植企业文化的见证。

转眼间12年过去，我的儿子已经11岁了，每每想起董事长的热烈祝福和殷切希望，我和爱人的内心就会涌起对祥青董事长的无比敬意和万分怀念。

如今，他虽已离开荣程家人去了天堂，但他的精神永存，荣程的第二代正在成为栋梁，荣程的第三代正在苗壮成长。铁水钢流映衬着千家灯火，祥青精神将永远引领我们，为国家创造财富，为企业赢得发展，为小家编织幸福……

【作者简介】

林在旭，毕业于内蒙古科技大学。2007年7月入职天荣公司，现任天荣公司炼钢厂转炉分厂生产厂长。

豪气　义气　正气　朝气

李玉宝

心中充满豪气、义气、正气、朝气
的张祥青

2012年，钢铁企业经营压力骤增，祥青董事长亲赴山西，积极与当地焦化企业交流。根据焦化企业自身和本区域焦煤富集程度，立足当时高炉炉型、炉容和冶炼节奏，祥青董事长大胆提出了"定制焦炭供高炉使用"的理念。想法一出，即刻付诸实践，这一举措开创了荣程率先使用定制焦的先河，降低了炉料成本，一定程度上减轻了钢铁、焦化企业的经营压力。

同年，在采购山西定制焦炭的基础上，荣程还逐步加大了对内蒙古焦炭的采购。经过高炉使用验证后，最终将山西定制焦炭使用比例和内蒙古焦炭使用比例分别稳定在50%，在同行业历次的铁前成本对比中，长期保持领先优势。荣程的铁前成本控制取得突破性成功，同行企业纷纷学习效仿。荣程当初的首创已历经12年风雨，我国华北地区钢铁企业仍然普遍保持着定制焦炭采购的模式。

2012年前后，由于内蒙古焦企起步稍晚于山西焦企，而普遍焦化配套焦煤资源较山西焦企焦煤保障程度更高，但碍于当时钢铁企业普遍认为山西焦炭优于内蒙古焦炭的认知，内蒙古焦炭在华北地区认可度低，价格低廉。当时有一家叫内蒙古建元的焦企，出现了滞销、渠道不畅、赊销资金回笼困难等问题，亟须资金支持。祥青董事长了解到他们的困境后，毫不犹豫地做出决定：无条件向内蒙古建元支持5000万元用于企业发展，内蒙古建元生产的焦炭可以全部交由荣程使用。

回忆与祥青董事长共同经历的点点滴滴，我从他身上看到：每当面临经营压力，董事长总是亲临生产一线，鼓励大家将压力转化为动力，带领大家鼓足勇气，铆足干劲，攻克难关。在荣程发展的道路上，他总是能够敢为人先，勇于创新，彰显着无我利他的责任与担当，豪气、义气、正气、朝气，董事长的精神时刻感召我们为打造百年绿色荣程而不断前进！

【作者简介】

李玉宝，毕业于天津师范大学。2007年1月入职天荣公司，现任内蒙古荣程建元氢能科技有限公司经理。

钢铁的意志美酒的香

田敬伊

凌晨集结落湘江

2012年11月，经集团统一安排，我跟随祥青董事长筹备白酒项目。

有一次，我接到通知马上去湖南，而且要立即出发与祥青董事长汇合，飞抵长沙已是深夜，清晰记得到达酒店的时间是半夜两点。酒店房间暖色灯光尽显暗淡，祥青董事长没有休息一直在等着我们，只见他戴着一副金属腿的无框眼镜，身穿橘黄色T恤，脚上趿拉着酒店的拖鞋，正皱着眉头认真地读着一本厚厚的书，那本书的好多页都做了折角。

"哈哈！敬伊，你们来了。吃东西没有？"祥青董事长眉头展开，大大咧咧一句问候让我回过神来，困意也消失了大半，我赶忙回答："董事长晚上好！我们在飞机上吃过了，都这么晚了，您还没休息？"祥青董事长舒了口气，说道："吃了就好！我在看书，也顺便等等你们，想和你们聊聊这几天的安排。"这时候，我才看清楚，董事长正在读的，是一本关于酿酒工艺的书。打开话匣，祥青董事长高谈阔论，时而畅聊酿酒工艺，时而抛出自己的独特观点，我听得云里雾里，摸不着头脑，祥青董事长始终精神饱满，洪亮高昂的声音让我困意全无，完全被他的激情所感染。直到凌晨三点半，我们才回到房间。也正是从祥青董事长滔滔不绝充满激情的聊天中得知，我们此行的目的是学习酿酒。

转天，我们动身前往麻阳。祥青董事长亲自带着我认识每一种酿酒设备，了解每一道酿酒工序，关键环节重点学习，不停询问工艺师傅，理论与实践相结合。时而请教，时而讨论，直到把问题彻底搞明白，再开始讨论有关酿酒的下一个工艺环节。祥青董事长表现出来的那种"事无巨细"的细致和"钻研较真"的执着，给我在后来的酿酒工艺试验等工作中树立了榜样，这种精神一直激励着我，鼓励着我，指引着我！

荣程第一甑

2013年3月，我们在西双版纳酿酒基地组织酿酒工艺试验。由于受环境、原料、设备等诸多因素限制，工艺试验进行得比较困难。由于当时完全不可能解决的酿造微环境问题，几乎让所有的准备都失去了意义。为此，我们还咨询了酿酒专家，结论仍然是"条件所限，没有更好的办法"。由此，试验进程完全无法正常推进，大家心急如焚。当时，祥青董事长每天都要通过电话了解酿酒试验进度。当他得知酿酒试验所面临的困难时，祥青董事长没有批评我们，经祥青董事长反复思考，认真查阅相关书籍，很快找出了症结所在。他非常平和地说出解决方案，结果立竿见影。

原来，在浓香型白酒酿造中，窖池都是有窖泥的，而窖泥需要和周边环境、发酵糟醅合理共生才能保证菌群活性，这是在浓香型白酒酿造中微生物不退化的基本要求。当时呢，我们有窖泥，但没有窖池，也不具备窖池制作技术，还缺少各种物料，酿酒面临的最大困难是：虽有活性窖泥，但没有保持窖泥中微生物活性的环境，而微生物没有活性就无法酿成酒！面对这个难题，祥青董事长从容不迫地拿出了他的解决之道：

"既然没有窖池、菌群、糟醅的共生天然微环境，那我们就创造一个相似的人工微环境。为了增加糟醅和窖泥的接触面积，我们把窖泥用尼龙网做成片状，直接和具备条件的糟醅一起发酵，这样就能让菌群和糟醅充分接触，从而形成窖泥菌群和糟醅养分互相给予的稳定微环境。"天哪，醍醐灌顶！祥青董事长提出的新办法顿时让所有人茅塞顿开，瞬间思路全开！为了保证方法的可行性，我特意向酿酒专家请教，扫兴的是这个想法被人家兜头一盆凉水完全否定，专家坚持："我做了半辈子酒，这种方法肯定酿不出酒来！"后经深入研讨，大家一致同意并果断采用了祥青董事长的方案。到底行不行？实践是检验真理的唯一标准。2013年5月4日，荣程的第一甑酒成功酿出来了！虽然此方案并非后来确定的最终酿酒工艺，但祥青董事长再次用事实告诉我们：敢为人先，勇于创新，大胆实践，这是一切成功的源动力。

尽信书，则不如无书

2013年6月，酿酒试验进入到新阶段，准备确定新的研究路线。凌晨四点半，祥青董事长打来电话询问试验过程中存在的操作和理论不相符的问题，因涉及后续的试验走向，祥青董事长当即决定转天亲自来西双版纳现场了解具体情况。

次日傍晚时分，祥青董事长来到酿酒基地，下车后直奔试验车间。他一言不发，仔细了解对比试验的具体数据，还亲自品尝试验酿出的酒。祥青董事长边品边问，同时复盘推演实验过程。天黑下来，地处西双版纳的实验基地各种蚊虫铺天而至，祥青董事长决定回宿舍进行讨论。就在回去的路上，我听见祥青董事长反复念叨着："按书上的理论来讲，应该没有问题呢。问题出在哪里呢?"晚餐时分,祥青董事长要求厨师按照他的方法炒个白菜,并耐心地告诉厨师应该如何掌握火候,厨师做了两遍,均未达到祥青董事长的口味。"为什么就不能按照我的要求去做呢?"祥青董事长说着走进了厨房,不一会儿工夫,一盘热腾腾的炒白菜端了上来。别说,一样的东西不同的人炒出来的味道就是不一样,祥青董事长亲自做的炒白菜确实好吃。祥青董事长边吃边说:"敬伊,酿酒就像炒白菜,掌握好火候就会非常美味,你们一定要严格按照我的要求去做,一定是哪个环节出了问题,明天我们再到基地重新研究。"

转天,祥青董事长很早就来到基地,他亲自指挥配粮、泡粮、煮粮等各个环节,待一切都准备妥当,就坐在甑前亲自烧灶,时而紧锁眉头思考,时而不停往灶里添柴,有时还用煤钩调节灶膛里的火焰。壮硕的身体在狭小的空间里显得有些局促,但不管谁帮忙都被他拒绝了。突然,他笑出声来,说道:"我明白了!我错怪你们了,这不是你们的问题,按书中的理论,甑锅都是用锅炉提供蒸汽,而我们用的是土灶,这根本没有办法在装甑和取酒过程中调节蒸汽的大小,所以酿出的酒肯定有问题!"说罢,祥青董事长的声音又恢复了以往的高亢洪亮,说道:"尽信书,则不如无书。"而后,祥青董事长又提出了新的酿酒方法。按此方法,基地于2013年7

张祥青品鉴自己亲手酿出来的精酿

月1日正式出酒，祥青董事长认可后，最终确定了酿酒工艺的试验路线。

我再次看到了祥青董事长骨子里的那种自强不息、奋斗不止、永不言败的精神。他的执着，他的豁达，他的穷经苦求，他的调查研究，始终吸引着我、感染着我、鞭策着我，永不停息地格物致理，顽强奋进！

【作者简介】

田敬伊，毕业于辽宁科技大学。2012年7月入职天津荣程酒业有限公司，现任荣程文化健康集团健康产业版纳酒业经理助理。

亲力亲为　成就朋友

天津友发钢管集团有限公司　李茂津董事长

　　2004年，荣钢生产的第一盘带钢交付给天津友发，从那时开始至今，荣程与友发已精诚合作了整整二十个春秋，彼此建立了深厚的感情和牢固的友谊，现在两家企业已经发展成长期战略合作伙伴关系。

　　祥青董事长离开我们10年了，回想起与他共事的历程，我们大家依旧敬佩万千！祥青董事长为人处世谦虚低调，平易近人，在工作上要求严格缜密，一丝不苟。他非常重视下游客户提出的有关产品质量、售后服务和品种开发的种种诉求，他总是真心实意为合作伙伴着想，他常常亲力亲为带领团队与兄弟单位夜以继日携手攻关，直至攻城拔寨把问题逐个解决。

　　记得有一次，天津友发给荣程提供的产品提出了几条反馈意见——"带钢宽度有时候不能满足焊管直接焊接要求，目前的520系列宽度上超宽15毫米以上，壁厚相差3～5毫米，这种情况请尽快改进。"荣钢的反应很快，祥青董事长立刻组织生产、技术、质检、销售等各部门责任人召开现场会，对天津友发提出的各项要求，有针对性地提出改进措施。他多次亲自组织开展专题研究，不仅使我们提出的问题全部得到解决，而且举一反三，得到进一步完善，结果大大超出了我们的预期——带钢由最初的500、520、570三个规格，开发到470、485、495、520、550、570等多种宽度，壁厚范围由3.5～8毫米开发到2.5～13毫米。祥青董事长亲自主持的这次改进，既满足了天津友发的产品需求，又抓住机遇开发了多种型号产品，充分满足了全国市场多规格产品的需求，大幅提升了产品竞争力。祥青董事长身上有一种非常可贵的工匠精神，他在人们心中永远留下了可爱的、敬业的、受人尊敬的美好记忆。

健康的合作伙伴之间，绝没有零和博弈的互相算计，有的只是坦诚互动、体谅支持、相互成就。荣程与友发就是这样的好兄弟，我们携手为天津经济发展做出了很大贡献，多年来，两家企业一直被评为"天津民营百强企业"。祥青精神同样永远长存于友发人心中，激励着志同道合的同行并肩奋斗，不懈努力！

衷心祝愿荣程集团乘风破浪，再创伟业，再铸辉煌。

我们坚信，未来荣程和友发之间的战略合作伙伴关系一定会更加亲密。愿我们友谊长存，强强联合，为打造美丽天津而共同努力、添砖加瓦。

【公司简介】

天津友发钢管集团有限公司是集直缝焊管、热镀锌钢管、方矩形钢管、热镀锌方矩形钢管等多种产品生产、销售于一体的大型企业集团。2004年，荣程与天津友发钢管集团正式开展业务合作，合作领域主要是带钢Q235B、Q355B系列产品。该公司作为多年保持全国钢管产销量第一的大型制造企业，至今已与荣程集团精诚合作20年。

寒夜送暖有缘人

天津市宝来工贸有限公司　马宝山董事长

祥青董事长离开我们10年了。在我的记忆中，他是一个乐于助人、受人尊敬、名副其实的优秀企业家、慈善家。他的为人处世、他的品行风范、他的音容笑貌，时常在我的脑海里浮现。

2002年隆冬，我和两个朋友自驾从辽宁回天津，行驶到距离唐山丰南约30千米的路段，汽车突然抛锚不能正常行驶。我们第一时间联系紧急救援，但等待了好久都没有回应。天色已晚，气温急剧下降，凛冽的寒风吹得我们瑟瑟发抖。焦急万分时刻，我拨通了祥青董事长的电话，他不假思索地立即回复说："你们先不要着急，我马上派人去接你们！"听后我们踏实多了，坐在车里等待救援。不到半小时，两辆汽车打着双闪向我们驶来，祥青董事长安排立华总带人救援。虽天寒地冻，我心里却感到十分温暖。

师傅们很快地把抛锚的车拖走了，立华总把我们三人送到丰南酒店住宿并安排了丰盛的晚餐。与此同时，我们被告知汽车已经被拉进了修理厂，师傅们正在连夜加班维修，保证明天8点修好，不耽误我们赶路，汽车修理厂的地址、电话和联系人等信息一一相告。转天早晨8点，我们赶到修理厂，还没来得及跟修车师傅说话，就接到了祥青董事长的电话，他告诉我们，车已修好，马上就能开走，嘱咐我们回天津路上注意安全。

此前，我和祥青董事长只有吃过一次饭的交情，令我深深感动的是，我只是在万般无奈的紧急情况下试着给他打了个电话，就立即得到了他这么实诚的帮助。如此干脆利落，如此精心安排、细致周到，多好的人啊！

这件小事虽然已过去20年，但它深深刻进我的记忆里，令我永生难忘。这段深厚的情谊奠定了宝来人和荣程人"真诚合作、协同发展"的牢固基石。我始终相信，荣程今天的辉煌不是偶然，而是必然！

愿在宝来人和荣程人的共同努力下，我们的事业会永固长青，友谊会地久天长。

愿天国里的祥青董事长一切安好！

【公司简介】

天津市宝来工贸有限公司是以生产高频直缝焊接钢管、钢材深加工及经营冷热卷板、带钢、建筑材料与国际贸易为主的集生产、加工、贸易为一体的综合性企业。2004年，荣程与宝来工贸正式开展业务合作，主要涵盖带钢系列产品。

银龙腾飞伴荣程

天津银龙预应力材料股份有限公司　谢志峰董事长

　　张祥青董事长是荣程集团的创始人，也是荣程集团与天津银龙预应力材料股份有限公司战略合作的奠基人。我们两家公司相识于2008年荣程线材轧机初装推介会期间，当时市场上的B钢产品质量无法稳定满足客户需求，荣程集团与银龙股份协商后，于2009年6月达成共识，建立长期战略合作伙伴关系开展技术合作，共同开发优质77B、82B等系列高碳钢盘条产品。

　　作为集团的领路人，张祥青董事长不仅思维缜密决策果断，而且身上有一种无与伦比的匠人精神。每一次技术合作开发研讨会，他必准时到达会场，认真参加讨论，他对产品工艺做出的决策总是非常英明。多少次，荣程的张祥青董事长和我们银龙股份的时任董事长谢铁桥一起来到车间，亲力亲为指导整个生产过程。酷暑高温中挥汗如雨，看不出来这是两家单位，看不出来谁是当官的，谁是干活的，董事长把员工当成兄弟姐妹，从来不摆架子。吃饭时就是简简单单一个馒头、一盘小菜、一碗汤，促膝而坐，边吃边谈，那情景，至今历历在目。

　　经过两家企业的领导和专业技术人员的共同努力，荣程B钢产品成功投放市场，并以卓越而稳定的质量取得华北市场同类产品定价权。产品不仅广泛应用于高铁、桥梁等国家重点工程项目领域，还出口到日本、韩国、德国等海外市场，实现了互利双赢的良好合作局面。

现如今，荣程和银龙都走过了那段艰辛的发展历程，每一步都离不开张祥青董事长等老一辈实干家的匠人精神的指引。在荣程，张祥青董事长留下的匠人精神没有因为他的离去而淡化、衰减，而是在荣华主席的领导下接力传承，发扬光大。

衷心祝愿我们的战略合作伙伴再接再厉，不断发展，向着打造百年绿色荣程的目标奋斗，前进！

【公司简介】

　　天津银龙预应力材料股份有限公司为上市公司，是预应力行业标准的制定者、参与者，行业的领军企业。荣程与银龙于2008年开始精诚合作，是首家与荣程合作开发预应力钢绞线、钢丝系列产品的客户。

他与我们同在

前 Vedanta Limited 铁矿部 A N Joshi 先生

闲暇之余，张祥青考察海外矿山

　　荣程钢铁集团董事长张祥青先生是一个和蔼可亲，富有魅力的人。

　　那时我感到非常震惊，因为他的离去对我们所有人来说都是一个巨大的损失。时光流逝，他已经去世10年了。

　　荣程钢铁集团致力打造具有时代和荣程特色的企业文化，丰富和发展"自强不息、奋斗不止、永不言败"的企业精神，致力于发扬"钢铁力量""打造精品基地、打造世界品牌"的价值理念，努力成为世界一流的钢铁企业。

虽然张祥青先生今天不能和我们在一起，但作为传承者，他的精神被我们每一个人继承和发扬，从这个角度来讲，他与我们同在。

我们于2009年的青岛钢铁会议上见面，后又在荣程集团的办公室会谈。回想当时的见面和一起度过的时光，我被他的善良和远见所打动。我们曾有良好的会面和交谈，他表述了钢厂作为一个大家庭的发展远景。感恩曾经良好的会谈，我们从此开启了友好且顺利的商务合作。

从白手起家到坐拥366亿元资产，从一无所有到中国500强企业，荣程钢铁集团董事长张祥青带领着企业不断拼搏奋进。作为跨区域民营企业，已成为纳税百强的民营企业。

我曾经工作的 Vedanta Limited 是 Vedanta Resources Limited 的子公司，是世界上最重要的自然资源企业集团之一，主要业务包括锌银、铁矿石、钢铁、铜、铝、电力、镍、石油和天然气。作为这些细分市场的市场领导者，我们服务于国内及国际市场对于原材料的需求，保证了充足的资源供给。战略上，我们在印度、南非和纳米比亚致力于创造长期价值，持续关注商业、社会和环境的可持续发展。

在双方公司成员的不懈努力和相互支持下，我相信双方历史长久的业务合作一定会更上一层楼！

【公司简介】

Vedanta Limited 是 Vedanta Resources Limited 的子公司，是世界上最重要的自然资源企业集团之一，主要业务包括锌银、铁矿石、钢铁、铜、铝、电力、镍、石油和天然气。自2008年开始，在印度矿领域与荣程开始深度合作。

才华魅力　远见卓识

新西兰钢铁集团　约翰·赫瑟林顿总经理

张祥青考察海外矿山

　　最近接到荣程朋友的消息，我才意识到我诚挚的好友张祥青已经离开将近10年了。他是一个如此有才华、有魅力的人，他的离去对于他的家庭，他的荣程，以及我们所有人，都是巨大的损失。

　　第一次见张祥青董事长，就给我留下深刻印象，他是如此和蔼可亲，同时又展现出非凡的领导能力。

　　我们初次见面是在2010年的青岛铁矿石会议上。我向他介绍了我们的新西兰海沙产品，他向我介绍了他钢厂的产品和设备技术情况。他对中国未来钢铁行业发展的远见卓识让我深感敬佩。

当其他客户都拒绝我们的产品的时候，张祥青董事长却看准了市场时机，毅然决定试用我们的产品。当时他自己可能也没有意识到，这次合作帮我们打开了中国的市场大门。我们的低品新西兰海沙资源在当时的市场给出了非常大的折扣，有利于钢厂炼铁降低成本。

经过愉快的沟通和深入了解，张祥青董事长建立了新西兰钢铁和荣程钢铁长达数十年的合作和友谊。

基于张祥青董事长奠定的良好基础，我相信，未来的荣程集团将会在钢铁行业大放异彩。

【公司简介】

新西兰钢铁集团成立于1965年，是博思格钢铁有限公司（BlueScope）的全资子公司，也是世界上唯一使用铁矿砂炼铁的钢铁公司，生产各类高附加值的钢铁制品。新西兰钢铁公司在新西兰西海岸拥有近5亿吨的铁矿砂资源。2010年开始，与荣程在新西兰海砂矿方面开展深入合作。

企业的领袖和灵魂

山西禹王煤炭气化有限公司　杨文朝董事长

张祥青与山西禹王公司人员合影留念

　　我与祥青相识于20世纪90年代，我比他虚长近10岁，我习惯称呼他"六弟"，他也很亲切地称呼我"大哥"。我俩初次相识即感觉相见恨晚，那时六弟已是名满津唐的钢铁企业家，而我当时只在太原经营着一家小规模洗煤厂。但年龄和企业规模的差距并没有阻碍我们相识、相知，以至于成为莫逆挚友！与六弟共事的多年里，每每在我企业发展面临重要关口之际，都能得到六弟夫妇无私的鼓励、支持和帮助，令我和家族终生难忘！

2000年，有一次我和六弟彻夜长谈。他详细分析并讲解了对钢铁行业未来蓬勃发展的认识，由此判定未来必将出现市场对焦炭爆发式的需求增长，势必带动焦化行业的井喷式发展。因此，他鼓励我在现有洗煤厂的基础上延伸产业链条，投资建设现代化焦化生产企业。他还建议焦炭要立足津唐地区，荣程可以自用大部分焦炭，余量由六弟负责联系其他兄弟钢铁企业进行分销，祥青的分析打消了我对焦炭市场未来销路的顾虑。

关键是对于资金问题，六弟直接允诺——荣程无条件支持！当我下定决心投资建设焦化企业后，六弟和国丰的张震董事长多次往返天津、山西，同我一起走访当地政府洽谈协商，最终将厂址选定在忻州市忻府区。在此过程中，六弟全程参与了商务谈判。

2003年，山西禹王煤炭气化有限公司破土动工。2005年，第一座4.3米现代化捣固焦炉投入生产。由于需要大量建设资金投入，银行贷款困难重重，正当企业面临资金困难之际，六弟无条件累计支持的资金达数千万元。当时，我跟六弟说："这么多钱，怕一时半会儿还不上！"六弟笑着说："你不是有焦炭吗？待焦炭生产出来以后，用焦炭冲抵就中了！"就这样，随着4座焦炉的陆续投产，我们和荣程之间的业务往来更加频繁，我俩见面的机会也逐渐增多，而且每次见面都相谈甚欢，收获颇丰！虽然六弟拥有一定的财富，但每次相见用餐，一碗米饭、一盘醋熘白菜，他就心满意足。六弟对自己的"吝啬"和对兄弟的倾囊相助，让我由衷钦佩，这就是干事创业的企业家的榜样，六弟的这种精神和作风，值得我终身学习！我发现，在六弟潜移默化的影响下，荣程其他员工身上都能找到他的影子。何为企业领袖？何为企业灵魂？顿时，萦绕在我心中苦苦求索的问题答案豁然明朗！

2008年，全球爆发了严重的金融危机，各行各业都受到前所未有的影响。作为"煤—焦—钢"产业链中端的焦化企业，生产经营异常艰难，焦炭滞销，资金久拖不回，企业岌岌可危。危难之际见真情！在六弟自己也面临巨大经营困难的情况下，还分批次给禹王借款总计达3.5亿元，保证了禹王的正常运行。正是六弟"资金全部用焦炭冲抵"的办法，才使我们绝处逢生，渡过了难关。

2012年初，钢铁上下游行业又出现普遍亏损，我公司面临巨大的经营压力。六弟亲赴山西，给我带来1.5亿元资金支持，并且共同商讨脱困之道。经反复论证，最终确定了生产定制焦炭专供荣程的决策。后经高炉使用，取得良好效果，一方面使荣程铁水成本骤降，另一方面也解决了禹王炼焦成本居高不下的难题。得益于定制焦炭的成功应用，荣程的铁前成本与禹王的炼焦成本在业内长时期保持领先。时至今日，历经10年风雨，定制焦炭在华北地区仍有广阔市场。六弟敢为人先的创新与实践，着实令人钦佩！

如今，山西禹王煤炭气化有限公司发展势头良好，焦化总产能已达300万吨/年，拥有6.25米捣固焦炉和7米顶装焦炉各两座，配套建设有20万吨/年甲醇，顺产6万吨/年合成气氨和每小时3000立方提氢等化工项目，拥有员工2000余人，一直是忻州市规模最大、贡献最多的民营明星企业。禹王能有今天的成绩，都离不开祥青、荣华夫妇的无私支持和帮助。感恩铭记于心，我和全体禹王人将永世不忘！

六弟离开我们已经整整10年了，每当我坐在办公桌前看着我们的合影，往事历历在目，眼睛总是湿润的。想他扶摇天国，看见在荣华带领下，荣程各领域的全面发力，看见侄女君婷把钢铁板块经营得如此有方，定能放心了。

【企业简介】

    山西禹王煤炭气化有限公司成立于2003年12月25日，是一家从事炼焦、煤炭洗选、煤炭销售等业务的公司。荣程与山西禹王开始了长达15年的合作，合作的主要领域是焦炭业务。

创新解困　双赢发展

山西亚鑫能源集团有限公司　贾永明董事长

　　山西亚鑫集团与天津荣程集团结缘于煤炭，合作于理念，是多年的好朋友、好伙伴。2009年，亚鑫与荣程开始了首次合作。记得当时恰逢煤、钢、焦黑色产业链整体市场低迷，企业经营面临极大困难。为摆脱困境，张祥青董事长凭借多年经验，凭借远见卓识，凭借敢于大胆尝试的勇气与魄力，带领亚鑫和荣程的生产技术团队共同探讨研究，夜以继日攻坚克难。在张祥青董事长的带领与推动下，"亚鑫——荣钢定制焦炭"最终研发成功。

　　这一成果不仅促进了定制焦在钢铁炉料界的发展，也开创了钢铁行业率先使用定制焦的先河。既降低了炉料成本，也为后续唐山乃至全国钢铁、焦化领域的行业合作提供了新的思路。这项成果曾一度成为行业的热议话题，也成了同行学习的榜样，在一定程度上挽救了行业经营困难的局面，更为供需双方十多年来的合作带来了双赢的局面。真可谓是相知互助，同创共荣！

　　张祥青董事长与我不仅仅是生意上的合作伙伴，同时也是生活中的好兄弟。记得那时我被颈椎病困扰多年，而张祥青董事长一直在潜心研究中医，当他得知我的病情后，先后两次专程来到亚鑫，亲自给我送来他研制的用于调理颈椎病的名贵中药，几服药下肚，还真见效，病情逐渐得到缓解！他给我治病就像他帮助我们企业攻坚克难一样——药到病除，妙手回春！

古人云："路虽远，行则将至；事虽难，做则必成。"十多年来的风雨兼程，数千个日日夜夜的携手攻坚，共同见证了亚鑫和荣程的共同成长。两家企业队伍的厚积薄发，张祥青董事长诚心和睿智的高度统一、坚定与灵活的完美兼容、做人和做事的同位高尚。

值此怀念张祥青董事长之际，我衷心祝愿：荣耀征程，并肩奋发；亚冠鑫光，携手全盛！

【企业简介】

山西亚鑫能源集团有限公司是以煤焦化工、高新材料、文旅康养为主的多元化企业。2009年，荣程与亚鑫开始首次合作，曾在市场低迷期合作研发出高质量、低成本的定制焦炭产品，至今已精诚合作15年，见证了荣程从单一到多元化的发展过程。

那次真诚果断的彻夜长谈

内蒙古建元能源集团有限公司　樊三维董事长

祥青至今已离开我们整整 10 年，当初一起合作共事的情景，经常浮现在我眼前，生动温暖，清晰可见！多年来，我与祥青亲如兄弟，他也总是"老哥，老哥"的称呼我，让我倍感亲切，情谊至深！

2012 年夏天，我和祥青相见于棋盘井的三维宾馆。那一天，我俩促膝长谈，从早上一直谈到深夜。午饭点餐的时候，祥青只点了一个醋熘白菜，便就着主食吃起来，这个细节深深触动了我。祥青从不摆架子，为人低调，务实肯干，与人和善，我觉得祥青才是企业家们干事、创业的榜样。那次长谈，祥青对钢铁行业"专、精、特"的定位和钢铁行业周期的判断、对焦化行业产业链向煤矿和化产两端延伸的分析，可谓是至真至情，让我由衷钦佩！也正因为那次长谈，促使我对建元集团今后的发展思路更加清晰。可以说，建元集团发展至今，所取得的成就和行业地位，就得益于我与祥青在那个不眠夏夜的倾心交谈。

建元集团的发展离不开祥青夫妇的鼎力支持，最让我为之震撼、感动至极、记忆深刻的一件事就发生在祥青身上。当时，建元集团由初创时的合金生产企业转型至焦化行业，行业跨度大，存在诸多发展瓶颈。当时正赶上市场形势低迷，焦炭滞销，没有打开稳定的市场，赊销后又长时间不能回笼资金，而且还需要持续投资完善配套设备，最终导致建元资金异常紧张。当祥青了解到建元所面临的困难后，毫不犹豫地找到我，当即向我表示：无条件向建元支持5000万元，我们生产的焦炭可以全部给荣程使用。在建元最困难的时候，他挺身而出，慷慨解囊，救建元于困境之中，充分展现了无我利他的责任与担当，像他这种既真诚又果断、有魄力、有胆识的人，时至今日也是凤毛麟角。

2022年7月，当我见到侄女君婷的时候，内心百感交集！当时，我在心里默默地对祥青说："兄弟，您的孩子已长大成人，接过了荣程企业传承发展的接力棒，想你安享天国，尽可放心吧！"

我真心地祝愿：愿荣程集团在荣华的带领下，基业长青，早日进入世界500强。

【企业简介】

内蒙古建元能源集团有限公司创建于2005年。2011年，荣程与建元围绕焦化领域深度开展紧密合作，至今已精诚合作13年。2023年6月13日，荣程集团与建元集团共同投资成立内蒙古荣程建元氢能科技有限公司，在氢能产业链领域开展新一轮的合作。

永远的兄长和导师

宁夏续辉能源有限公司　霍大勇董事长

　　在每个人的生命里，总有一些令人难忘或感动的人和事，回忆起来，仿佛就发生在昨天一样。

　　2002年秋天，我与祥青董事长在银川初次相见，自相见便结下了不解之缘。祥青董事长年长我4岁，出于尊敬之意，起初我称呼他"祥青董事长"，但他为人豪爽，脱口便道："咱俩有缘，以后你叫我'六哥'，我叫你'大勇'，这样听起来多舒服！"说完，便发出爽朗的笑声。当时，我刚下海创业，急于闯出一番事业，在与六哥偶然的一次交流中，他郑重对我说："宁夏煤炭资源富足，全世界优质低硫高炉喷吹煤都富集于此，可以先尝试选择煤炭这个领域做起来。"我深知自己初来乍到，摸不清煤炭领域的深浅，便如实说出目前的现状及困难：一没有资源，二没有资金。六哥笑着说："这不算啥，我支持你1000万，你组织货源保证品质，煤炭都交付荣程使用。"听六哥一说，我惊讶地问道："六哥，咱初次相见，您就如此信任我，您不担心我拿钱跑路了？"六哥哈哈大笑，打趣我道："你原本就有一个很体面且收入不低的工作，现如今勇敢放弃，下海干一番事业，我看你值得信任！"当时，我热泪盈眶。六哥是我们家一辈子的恩人！

　　荣程的规模不断壮大，煤炭需求大幅度增加，为此，我考虑再建一个洗煤厂，在满足荣程的前提下，拓展为其他钢铁企业的服务。六哥听说后，主动给我打来电话，询问我资金有无困难。说实话，当时资金确实有一定困难，银行贷款资格不够，只好找朋友拆借一些，但缺口仍然很大。考虑那时六哥正在筹划大项目，同样亟须资金，我就没好意思找六哥借钱。六哥在电话里说道："这样吧，我先给你安排5000万用于选址建厂，锁定货源，如果后续不够我再安排5000万。我这还有事处理，先挂电话啦，你有啥事直接给我打电话。"挂掉电话，我已泪如泉涌！这可是1个亿资金啊，没有任何抵押，凭的就是六哥对我和爱人睿华的信任。那晚，激动、兴奋和感恩交织在一起，令我们夫妻一宿没睡，憧憬到天明！就这样，在六哥的持续支持下，我们企业发展步入快车道，煤炭呈现产销两旺的局面。

2008年初，我踌躇满志地准备继续加大投资，扩大规模，我把想法跟六哥说了，希望能得到他的认可！六哥帮我分析了当下的政策和市场，冷静地对我说："大勇，煤炭洗选首先要有稳定煤源，如果你想扩大规模，就需要向上游煤矿领域深入，而煤炭开采不是你的强项，这个产业需要很强的政策导向，我建议你稳步发展，适度多元或转型。'现金为王'，如遇突发情况，才能从容应对。"听了六哥的话，我头脑冷静下来，我仔细分析了宁夏的产业政策，随后决定放弃扩大规模进军煤炭上游的想法。六哥的判断真准啊，没过多久，煤矿便开启了兼并重组进程。2008年还爆发了全球金融危机，假如年初做了投资，几年的辛苦经营便会立刻化为乌有，身边收购煤矿的朋友资产也大幅缩水，举步维艰。庆幸当初采纳了六哥的建议稳步经营，手中握有充足的现金流，才为我们日后的转型保存了实力。经过金融危机的洗礼，我们利用自有资金成功转型，在银川经营起德吉林卡酒店，收入稳定且可观。六哥的远见卓识令人由衷钦佩！

饮水思源，续辉创业，奋进二十载，我得到了祥青董事长、荣华主席等荣程各级领导的鼎力支持。2022 年 7 月，侄女君婷来到银川，从君婷身上，我清楚地看见了六哥的魄力与六嫂的细腻，有君婷这么优秀的荣程二代，我十分坚信荣程的明天会更加美好。

六哥祥青，家之栋梁，业之翘楚，国之才俊，我永远的兄长和导师！

【企业简介】

宁夏续辉能源有限公司前身石嘴山市骊达工贸有限公司，成立于 2002 年 10 月 18 日，公司主要经营煤炭及相关产品的加工和销售。2002 年，霍大勇董事长在银川见到了人生中的恩人——张祥青董事长，在无烟煤领域开始了为期 8 年的合作。合作期间，宁夏续辉能源有限公司成为当地无烟煤的贸易大户。之后，双方在焦炭、焦粉、增碳剂等产品上一直精诚合作，共赢发展。

最美好的相遇是遇见你

陕西鼓风机（集团）有限公司　潘友新

　　时光荏苒，转眼我已退休十多年。我曾是陕西鼓风机（集团）有限公司驻北京销售部的一名销售经理，主要负责为河北和天津的钢铁行业提供高炉、炼钢、焦化、烧结和烟气透平回收等方面的设备销售和服务，因工作开展，得以与祥青董事长结识。尽管时隔经年，但回忆起当年与祥青董事长交往、合作的情景，内心泛起的仍然是由衷的感动与敬佩。

　　如今，我们常常会提起"企业家精神"这个词语，在我看来，祥青董事长早在青年时期就已经将"敢为人先、着眼未来"的企业家精神和非凡的智慧与胆识深深地烙进了企业的发展之中，他的一生都与荣程的事业紧密相接。还记得在1996年前后，唐山地区的钢铁企业基本上都采用50~80立方米的小高炉。当时祥青董事长就大胆提出，要在唐山丰南地区，将耗能高又不环保的小电炉进行改造。后经研究决定，先将原有小电炉改为128立方米高炉。就这样，在祥青董事长的努力下，荣程与陕鼓签订了D600高炉离心鼓风机供需合同，陕鼓以最短的交货期和最好的产品质量将设备交付给了丰南荣程。事实证明，祥青董事长的这项决定使得丰南荣程的钢铁产量和质量得到了极大提高，环境的改善也很显著。后来，唐山合利钢铁公司（也称"唐山荣程"）也陆续改造了128立方米高炉，并更换使用了陕鼓D600高炉鼓风机。改造后，唐山荣程也有了明显的改善与提升。

　　祥青董事长的创新实践，很快引来了唐山地区众多钢铁公司同仁的认可与效仿。他们纷纷将自己原来的小高炉改造为128立方米高炉或者

179立方米高炉，并更换使用上了陕鼓生产的D600、D1000高炉离心鼓风机，这也让陕鼓极快地拓展了当地市场，实现了陕鼓与用户的共赢，推动了当地产业设备升级及环保水平的提升。

后来，祥青董事长又相继将450立方米高炉、600立方米高炉、1260立方米高炉、1780立方米高炉改造为使用陕鼓生产的静叶可调轴流压缩机、烟气透平回收装置（TRT）等节能高效设备系统，既提高了产量，又改善了生产环境，使得排放减能达到了国家标准。

"名将盖非徒以勇敢著也。胸罗武库，学具韬铃，运筹帷幄之中，决胜千里之外。"时隔多年，我仍然深深记得祥青董事长此举。我想，也许正是这样的战略眼光，才成就了荣程从无到有，乃至多年稳居中国企业500强之列的伟大事业。

祥青董事长生前曾多次到陕鼓参访交流，对陕鼓的经营理念和企业文化很是赞赏。通过多次亲切友好的交流，祥青董事长提出了全方位梳理荣程企业文化的想法，他让陕鼓帮忙提供意见和建议，他的态度是谦逊的，他的心胸是宽广的。这一举措，又促进了两家企业在建设企业文化方面的深入沟通，荣程与陕鼓之间的友谊由此而变得愈来愈深厚。

多年来，陕鼓不仅为荣程提供了轴流压缩机组、高炉煤气透平机组、空分机组等设备，还从冶金全流程能效提升优化、优化企业资产结构、打造全球顶尖工业品服务平台等方面，针对荣程的需求提出有针对性的系统解决方案和系统服务。在冶金全流程能效提升优化方面，针对荣程的存量、增量产能，陕鼓充分发挥在能量转换和能源系统领域的优势，参与升级能效提升优化，提供系统方案，提升荣程集团存量增量产能的市场竞争力，全力助推荣程集团向着"打造百年绿色荣程"的目标迈进。

"十年曾作别，征路此相逢。"如今，祥青董事长已经离开我们10年了，但祥青董事长的精神是荣程永不熄灭的火炬，始终澎湃在荣程集团多年来高质量发展的康庄大道上。陕鼓与荣程集团追求行业健康、绿色、高质量发展的共同志向也始终延续至今。在张荣华主席的带领下，荣程集团已发展成为以钢铁产业为主，经贸服务、科技金融、文化健康等多板块、多元化融合发展的现代化知名企业，企业呈现出了更有活力的发展面貌。2019年4月28日，陕鼓与荣程集团签订了战略合作伙伴协议，进一步巩固和深化了双方的战略合作关系，双方的合作进入了一个全面又纵深发展的新篇章。

想起那些年，祥青董事长以自己的远见卓识和非凡智慧，带领荣程走出了一条适合时代发展的道路。他敢为人先、勇于创新，为的是让百年荣程的梦想薪火相传。他持续钻研、奋斗不止，培养了荣程人身上的敬业心、执着心和工匠心。他一丝不苟、孜孜不倦，把多少难题化为传奇般的胜利，于细微之处彰显出了令人敬佩的纯粹和崇高。他为荣程付出了极大心血，他的精神在传承中创新，在坚守中升华。祥青董事长不但造就了荣程人的精神气质，也为祖国当代钢铁工业的绿色低碳转型发展做出了贡献。他堪称时代楷模！

祥青董事长，人的一生有很多相遇，对我来说，最美好的是遇见你；人的一生里有好多故事，对我来说，最精彩的是故事里有你！

【企业简介】

陕西鼓风机（集团）有限公司是一家分布式能源领域系统解决方案商和系统服务商。2003年，荣程集团与陕鼓集团开展合作，至今已精诚合作21年。多年来，双方围绕党建文化品牌建设、传承劳模精神、能效提升等领域深度交流。2019年，荣程集团与陕鼓集团升级为战略合作伙伴关系。

鼎力诚信一条心　央企民企一家人

原天津二十冶建设有限公司　朱桁副总经理

时光飞度，风雨兼程，天津荣钢走过了二十多个春夏秋冬，创造了行业史上一个又一个奇迹，回忆起与荣程合作的往事，依旧心潮澎湃，感慨万千！

2001年，祥青董事长收购渤海钢铁，正式成立天津荣程钢铁厂。2002年末，第一座588高炉正式投产。时间不长，祥青董事长心中又萌生一项重大决策：努力克服前期投资与生产所面临的资金困难，再建一座年产百万吨级的炼钢车间。由此，彻底改变荣程有铁无钢无材的局面，解决了当时荣程铁水外运所面临的安全等一系列问题。

对于一个刚刚起步的民营企业来讲，如果无法得到银行的资金支持，投资数亿资金建设新项目无疑是非常困难的。然而，祥青董事长却始终坚信他对钢铁市场发展前景的判断，他"剥丝抽茧"，细分项目建设设计、设备、施工等各个环节及特点，果断提出："要充分利用国企、央企在项目设备制造、工程建设等方面的经验、信誉及市场优势地位和资源，力争用最短的时间完成建设任务，这样才可能实现企业发展目标。"

通过不懈努力走访、调研、谈判，祥青董事长最终取得了各项目建设单位对荣程的信任。他果断将项目总承包交由经验丰富，信誉好的二十冶，对关键时期、关键节点等问题，祥青董事长充分听取施工方的意见，及时调整项目管理方式，准确把握项目建设方向。

开工初期，施工方提出为保证建设进度、质量及控制成本，需要利用自身相关资源，及早在短时间内快速订购项目建设所需的一万多吨各类定尺主要钢材，同时需要预付钢材定金4000万元。4000万元，这对一个初创企业来讲，无疑又是一个挑战。首先，需要修改合同，把甲方供材料改为乙方自行采购；其次，在生产、设备订货都急需资金之际，筹措到的4000万资金能否放心交给施工方，会不会存在风险？凭借对二十冶的了解，祥青董事长力排众议，果断决策将首批主要钢材交由施工方采购，并及时拨付4000万的订货资金。正是他的英明决策，大大提振了施工企业克服困难、确保质量如期完成建设工程的决心和信心！

随着互信加深，在祥青董事长的领导下，建设过程中出现的问题和困难都能及时得到双方的理解和支持。特别是在2003年的第四季度，工程进入最紧张的时期，由于种种困难，一度欠款达8000多万元。对于二十冶来讲，欠收一个民营企业这么大金额的工程款，实属不多见。当时面临的最大问题是若欠款不能收回，就意味着可能出现后续工程组织困难、国有资产疑似受损、相关领导将被追责的情况。祥青董事长得知情况后，立即加大资金筹措力度，努力减少欠款差额，尽可能满足现场急需资金要求。同时，二十冶项目负责人在荣钢工程问题会议上，如实向上级领导汇报了工程存在的问题及甲方采取的措施。最后经研判，在项目高额欠款情况下，上级同意了项目负责人的分析意见，甲、乙双方携手克服困难，继续按合同要求组织完成建设任务，确保合作伙伴共同利益。最终，在参战各方的共同努力下，新建炼钢车间圆满建成。2004年4月28日，第一炉合格钢水和连铸坯生产出来了！

虽然祥青董事长已经离开我们10年，但他骨子里攻坚克难的勇气与魄力、重大决策中的果敢与智慧、着眼未来的远见、诚信经营的原则、无我利他的责任担当，都已化作行业间的友谊和信任，化作团结的定力、信心的基础。

祥青董事长的人格魅力，激励着央企与民企的钢铁同仁为中国钢铁工业的更优、更强而不懈奋斗！

【企业简介】

　　原天津二十冶建设有限公司（简称"天津二十冶"），是中冶集团旗下以施工总承包、装备制造、房地产开发为主业的大型综合性中央驻津企业。2003年，天津二十冶与荣程集团开展重大工程项目合作，高标准、高质量建设了荣程年产百万吨级炼钢厂项目，在荣程发展历程中发挥了重要作用。

朋友走了事业在　一张蓝图绘到底

中重科技（天津）股份有限公司　创始人谷峰兰

天津荣程钢铁经历20余年的发展，现已成为天津市名列前茅的龙头企业。回想荣程钢铁初创时的情景，回想由荣程钢铁创始人张祥青董事长亲自主持落地的一个个关键项目，一切宛如在眼前，历历在目。

2002年，荣程钢铁750毫米热轧带钢项目开始筹建。该项目由包头钢铁设计院秦皇岛分院负责工厂设计，中重科技负责全线机械设备及液压设备的设计制造，东北大学负责电气传动及自动化设计及供货，这是继我国引进凌钢和承德钢铁两条中宽带，实现遵化建龙中宽带国产化后的第二条全国产热轧中宽带生产线，也是投资最少、建设周期最短、效益最好的热轧中宽带生产线。

2002年11月，祥青董事长来到中重科技考察交流，他对我说："谷大姐，我相信您的人品，我要上一条轧制厚度2～6毫米，宽度500毫米左右，年产60万吨的热轧带钢生产线。"当时，由于祥青董事长工作很忙，中重科技按照他的要求起草了一份不足一页纸的合同，祥青董事长简单看了一眼，也没提出任何问题就答应了。几天后，两家公司在丰南冀发钢铁厂签订了设备供货合同，祥青董事长当天就把预付款转到了我们公司的账户上。这份合同也是中重科技公司承接的第一条750毫米带钢生产线全套设备合同。祥青董事长敢为人先、与合作单位共同发展的理念、雷厉风行的工作作风至今让人无法忘怀。

天津荣程项目于2004年1月31日农历大年三十完成了粗轧机热负荷试车，2004年4月实现全线热负荷试车并迅速达产。当时正好赶上热轧带钢市场需求旺盛的好时机，生产效益非常好，原计划热负荷试车后进行的二次涂装都没有时间进行，投产半年后就收回了生产线投资。祥青董事长马上又开始酝酿第二条热轧带钢生产线的筹建。2004年11月，天津荣程（当时叫"荣程新利"）与天津中重科技签订了一条650毫米热轧带钢生产线的合同，设计年产热轧带钢60万吨，在祥青董事长的主持与带领下，于2005年投产并迅速达产。

可以说，750毫米及650毫米两条热轧带钢生产线的投产，为天津荣程的发展插上了翅膀，成为实现钢铁全产业链条发展的开闸源头，奠定了天津荣程钢铁腾飞的基础。

2014年，身患重病的祥青董事长凭借顽强的毅力，在家中一边输液，一边与我们中重科技团队进一步探讨荣程1100毫米热轧带钢的规划。就在这一年，才华横溢、远见卓识的祥青董事长永远地离开了我们。

人走了，精神还在；朋友走了，事业还在！一张蓝图绘到底，祥青董事长的钢铁梦想在他去世之后仍在顽强铺展，一个个化为现实。我想告慰他——虽然1100毫米全连轧热轧带钢生产线面临施工周期短，旧厂房需要拆除旧设备、新建基础施工难度大等不利因素，但是，在荣程钢铁及中重科技上下一心的共同努力下，2019年5月28日，第一卷成品钢卷成功下线。该生产线从签订合同到热试成功仅用9个月时间，打破了世界同规格带钢项目建设的时间纪录。这是荣程钢铁及中重科技所有工作人员夜以继日辛苦努力的结果，是在祥青精神感召下两个单位情同手足默契配合的结果！

虽然祥青董事长已经离去10年之久，但中重科技与您、与荣程钢铁公司所建立的深情永在，友谊长存。

和荣程人一样，中重人也同样深切地怀念着祥青董事长……

【企业简介】

中重科技（天津）股份有限公司始建于2001年6月，是集冶金智能装备及生产线的研发、工艺及装备设计、生产制造、技术服务及销售为一体的国家级高新技术企业。2002年，荣程与中重科技开展合作，先后参与了荣程750毫米、650毫米、1100毫米三条热轧带钢生产线的投建过程。

合力起重成大业

大连起重矿山机械有限公司　雷世忠

　　祥青董事长是我一生最敬重的人，他骨子里那种不怕困难、勇往直前、不惧失败、奋力开拓的精神，他亲情般温暖、友情般诚恳的待人之道，他不忘初心方得始终的工作态度，一直都影响和激励着我们，风雨兼程走过这么多年。

　　还记得天津荣程建设初期，祥青董事长带领着首钢技术老工人不分昼夜地干，大家同吃同住，乐融融，力无穷。我第一次遇见祥青董事长是在饭店，虽然身为董事长，但他同工人们没有两样，魁梧的身材就是钢铁工人的形象，爽直的性格就是钢铁工人的态度。

　　记得有一次参观合作企业，他兴奋地指着边角料对我说："前些年我跑废钢业务，如果能看到这些，那心简直都要沸腾了！"后来他到我们企业考察，跟大家分享了他的艰辛创业史，想想那时一穷二白、两手空空，完全靠自强不息、奋斗打拼的祥青董事长，大家无不钦佩。正是这种不忘初心、艰苦奋斗的精神，深深打动着我们每一个人的心。那次考察奠定了双方日后合作的基础，只要是祥青董事长和荣程需要，我们都会想尽一切办法，给予全力支持。

　　2003年初，天津项目正式开工建设。当时炼钢厂主要装备需要180吨的冶金起重机，祥青董事长为此走访了全国各地的企业，碍于工期原因，均无法满足他的要求。当时，大连大矿还未拿到180吨冶金起重机的生产许可证，我们的设备很多人都不敢使用。祥青董事长莅临大矿考察，与工程技术人员详细交流，充分了解了大矿的信用情况和制造能力后，他力排众议，拍板把起重机交给大连大矿制造。他的英明决策，对当时荣程起步阶段的所有工程项目都起到了非常重要的作用，这一次也不例外！后来，大连大矿又陆续制造了225吨冶金起重机，以及大跨度特种设备，都达到了国内先进水平。祥青董事长的支持，成就了我国一个起重机企业从中型起重机厂成长为大型起重机械公司。

祥青董事长经常和我们讨论很多问题，他的思路与想法极具开拓性与创新性，在当时国内外都非常超前。有一次，他到大连考察座谈，在休会期间，他说："我有一个想法，准备在大连建一个先进型、创新型的养老院，平均人寿能达到130岁！我对这种养老院未来的憧憬非常高，为此，我还专门做过一系列的研究。"其实，祥青董事长已经多次与大连的很多养老专家及健康学者做过专题研究，他的演说和分析赢得了专家学者的高度认可。当时政府有关部门及养老机构相关人员都在积极对接，准备参与祥青董事长敬老养老基地的建设，但是此项目最终因其他事情而被搁置，未能如愿，这可能是对敬老养老事业的一个损失或遗憾吧！

还有一次，祥青董事长在抚顺考察铁矿石基地，地方政府的安排接待规格都很高，但他都一一谢绝了，推脱的理由是我们要从抚顺赶到大连参加铁矿石专题会。到大连出差，祥青董事长都住一般的宾馆，他感觉这样对我们没有太大的压力。我问："董事长，晚上吃点什么？"他笑着说："以后不要称呼'董事长'，你就直接叫我'六弟'或'铁六'就中。"从那以后，我就以"铁六"或"六弟"称呼他。那天的晚餐是中午打包带来的饭菜，再加上一碗小米粥。祥青董事长就是这样的亲切随和，平易近人。他从不摆架子，这实在是让我感动！

　　还有一次，我的爱人因犯结石住院，也不知祥青董事长通过什么渠道得到了消息，特意派人带着慰问品来大连探望。祥青董事长想得如此细致周到，而且一直把我们供应商当作自家人看待，当作亲兄弟相处，这种友情亲情，让我终生难忘！

　　六弟，虽然你已经离开我们整整10年了，但我时时刻刻都在深深怀念着当年咱们一起走过的点点滴滴。这一切仿佛就在眼前，历历在目。你的感人事迹太多太多了，你的精神将指引着一代代荣程人不懈奋斗，勇往直前！

【企业简介】

　　大连起重矿山机械有限公司主要从事起重机制造、机械加工等业务。2003年，开始与荣程合作，主要是为天荣炼钢厂制造180吨以上冶金起重机。

正直善良　高瞻远瞩

美国摩根轧机（上海）有限公司　原总经理助理宣万兵

2007年前后，荣程斥资12亿元引进两条美国摩根六代高速线材生产线。截至目前，该设备的设计轧制速度达每秒120米，产品精度小于0.01毫米，已达到了国际先进水平。该设备主要生产钢种为低碳钢、优质碳素钢、焊接用钢、不锈钢、冷墩钢、轴承钢丝、弹簧钢丝，荣程的产品多样化、高端化，外观精美、耐腐蚀，具有高强度、高韧性、高焊接等优点，广泛应用于钢绞线、桥梁缆索、机械制造、焊接、汽车轮胎、高铁、海洋工程等。其产品已经在港珠澳大桥、京雄高铁、国内单体最大LNG储罐、西安跨灞河大桥等诸多国家级重大项目中成功应用，获得了市场认可。该生产线的引进极大丰富了终端产品链条和荣程的产品线，提高了产品附加值，增强了企业竞争力。

时光荏苒，风雨兼程！转眼间，从2005年的初步接触，到荣程正式引进使用美国摩根六代装备已悄然走过19年，期间荣钢创造了行业史上一个又一个奇迹。

回忆起与荣程合作的往事，依旧心潮澎湃，感慨万千！

记得2005年11月，荣程与摩根开始正式接触。当时我就职于美国摩根工程公司上海子公司（摩根轧机上海有限公司），时任总经理助理兼销售经理。那时负责项目牵头的是王振兴老先生，他也是钢铁行业圈内人士，曾就职于首钢，退休以后被祥青董事长聘到荣程担任技术顾问。当时，王振兴老先生对高线设备商家非常熟悉，正是他的牵线搭桥，荣程开始与高线设备商家接触。当时中国市场做高线设备的外商主要有三家：摩根、西马克、达涅利。还有一家波米尼公司主要经营棒材设备，线材设备能力较弱。在祥青董事长的带领下，荣程分别与这几家设备商进行了相关技术的沟通和交流。

当时，王振兴老先生代表荣程给摩根发了正式技术交流邀请函。2005年11月，经过初次交流，我们了解到祥青董事长迫切需要采购安装高线设备的初衷。那时荣程已扎根天津4年，产能规模仅有200万吨，产品除窄带钢品种以外，主要还以钢坯等低端产品为主。基于着眼未来钢铁市场对高质量产品需求的综合考虑，祥青董事长迫切需要投资一条高水平轧钢生产线，以促使荣程完成从低端产品跨入成品材生产的华丽转型与装备升级，彻底改变荣程钢材产品结构。

技术交流过程中，祥青董事长积极参与，对新领域的知识善于钻研与学习。起初，经过三四轮的技术交流和谈判，祥青董事长对我方提供的方案反复论证，从开始的纯属经验之谈，到后来与中冶设备院等不断接触，不断吸取好的经验和做法，不断完善和优化了自己的设计方案。

当时，波米尼公司有一位高线、棒材的资深专家，他在国内合金棒材生产线方面业绩突出，祥青董事长也非常欣赏这位老专家，从他那里学到了很多与高线和棒材相关的专业知识，老专家也为祥青董事长介绍了很多生产技术设备选型市场的情况，老先生的意见比较公正、中肯。客观来讲，是他向祥青董事长推荐并介绍美国摩根提供的是当时世界上最先进、最好的高速线材设备。就这样，风雨无阻，祥青董事长常常往返于天津和北京中冶设备院，从未缺席过任何重大技术交流会，从设备

张祥青与摩根公司技术人员交流高线技术方案

张祥青与摩根公司技术人员交流高线技术问题

特点、产品优势到产品投资等方方面面，他都亲力亲为，亲自过问，亲自论证，所以他很快便接受了摩根提出的合理化建议。

还记得2006年1月，摩根领导带队拜访荣程并参观考察。期间，我们团队重点向祥青董事长介绍了摩根技术的渊源，以及摩根在中国和世界特殊钢领域的突出业绩和高端服务，同时还介绍了当时中国主流高线轧机及摩根高线轧机的核心技术优势。那次考察，祥青董事长与我方领导经过深入沟通和交流，对未来钢铁行业发展有了新的认识。荣程与摩根合作，不仅可以接触钢铁高端领域的领军生产厂家，而且能够获得与顶尖厂家互相竞技、切磋交流、互相学习的机会。祥青董事长对我们明确表示："我知道在高线设备领域，摩根是世界上最好、最先进的，这点毋庸置疑！只要你们的价格不比其他商家高得太离谱，荣程会优先考虑摩根设备。"

当然，在与荣程开展技术交流的过程中，我们发现祥青董事长非常注重真诚待人，诚信做事。当时与荣程交谈的三家商家中，其中一家设备商不切实际，颠三倒四，在直观印象上给人一种不靠谱、坑蒙拐骗之嫌，他们的不真诚、不诚信，直接被祥青董事长当场否决。另外，可能祥青董事长受当时"德国制造，全球领先"的影响，对西马克设备商印象很好。其实，当时德国西马克与美国摩根之间已签订相关协议，德国西马克是基于摩根图纸的技术基础上，在欧洲市场开展相关业务的，所以摩根与西马克之间是"师徒关系"，如何选择，显而易见！

还有一件事，或许对祥青董事长选择摩根设备有间接影响。2006年，在摩根客户的安排及陪同下，祥青董事长及夫人荣华女士莅临日本，重点访问了日本高端特殊钢材生产厂家，包括日本大同特钢、新日铁、神户等。当时，日本大同特钢是汽车钢、特殊钢领域的第一品牌，当祥青董事长看到厂房内的先进设备和先进技术，看到现场管理、产品质量、现场设备运作环境的时候，内心触动很深！充分的沟通交流使祥青董事长收获满满。还记得，当时日本大同特钢有一台立式大圆坯连铸机，因为当时国内都是弧形连铸机，祥青董事长立马向日方代表询问，直到彻底搞清楚才肯离开。通过这次考察，祥青董事长对国外的先进设备和管理理念有了更加清晰的认识，也更加坚定了他通过引进先进设备来提升产品质量的想法和信念。

祥青董事长本人的想法比较多，考虑问题也比较全面，对我方提供的设计图纸、照片、录像等知识资料掌握得很快，而且祥青董事长为人随和，不摆领导架子，经常与大家结束交流后，在街头路边摊位一同吃顿便饭，有时候一边吃饭一边讨论设计方案。就这样，双方持续谈判整整一年时间，期间谈判交流比较顺畅，没有发生过重大分歧，最终于2006年12月，荣程与摩根正式签订了设备合作协议，确定从预精轧、精轧、层流冷却、风冷等环节引进美国摩根六代设备生产线，设计规划引进两条生产线，分步实施，第二条于2008年4月开始洽谈。

在走正常招投标流程时，祥青董事长不会拿价格高低作为最终评判的唯一标准，只要价格在合理范围内即可欣然接受。对于民营钢厂来讲，拿出十几亿资金进行设备投入，确实需要勇气和魄力。因为他看中了摩根六代设备的优越性，所以就拿出了敢于做事的魄力，而且他眼光独特，高瞻远瞩，毅然决然引进世界最好、最先进的高线设备。时隔10多年，摩根六代高线设备的可靠性和稳定性仍然保持国际领先水平。

祥青董事长为人正直、心地善良。2006年前后，当时国内的民营企业当中，或多或少存在偷税、漏税的情况。记得双方在讨论设备资金的时候，祥青董事长就明确表示："荣程从1993年办厂以来，就没有偷逃税款一分钱。在购买设备缴税上，我不需要去省这些税款，该交多少就交多少，我们不能打这方面算盘。"一席话，让当场所有人无比震撼和感动，大家对他的为人正派敬佩不已。

2008年，汶川等地发生"5·12"地震，从32年前唐山大地震废墟中走出来的祥青董事长，毫不犹豫地做出了向灾区捐款1亿元的伟大善举，我们作为荣程的合作客户，亦是感到无比自豪！

平日里的祥青董事长也非常平易近人。他经常利用工作闲暇为我们把脉、切诊、针灸、推拿，显露两手的董事长让人身上舒服，心里温暖！

祥青董事长出身艰苦，历经坎坷，白手起家创办荣程，精心经营，奋发图强，发展至今实属不易！虽然祥青董事长已离开我们10年，但他骨子里敢想敢做的勇气魄力、智慧谋略、钻研学习，以及着眼未来的远见卓识，永远激励着每一位荣程人为实现百年绿色荣程而不懈奋斗！

【企业简介】

原美国摩根轧机（上海）有限公司是原美国摩根工程公司在中国的独资子公司，专门从事冶金设备设计和制造的世界级公司，在线、棒材轧机和油膜轴承的制造业居于首位。自2015年更名为普锐特冶金技术（中国）有限公司。2007年，荣程集团投资12亿元从美国摩根引进了两条高速线材生产线，主要生产用于高速铁路上的钢绞线、汽车轮胎子午线钢、焊材等优特钢，丰富了荣程终端产品链条。

精神永存　大爱赓续

泰达国际心血管病医院　刘晓程院长

　　人生海海，时光匆匆。总有人在这温暖的世间留下坚实的足迹。他的离去像巨星陨落，但他的精神让人们永远铭记。转瞬，荣程集团张祥青董事长已逝世10年了，他的音容笑貌依然历历在目；他与泰心的那些关于生命传承的故事，在白衣天使和百余名孩子身上以爱封缄。

2011年8月3日，"生命之树"公益项目启动仪式

缘起携手救助患儿 共植"生命之树"

　　祥青是天津荣程集团的董事长，从磨豆腐、卖早点起步，历经艰辛打造出非凡卓越、全国领先的钢铁王国；他大爱无疆，默默付出，捐资助困，是位胸怀大爱的慈善家。初见祥青董事长，给我留下深刻印象。他身材魁伟，衣着朴素，眉目间洒满春日的阳光，坚定而明亮。那年，他来泰达国际心血管病医院（简称"泰心医院"）查体，知悉医院救助先心病孤困患儿的义举后深受触动，当即决定成为这项事业的抱薪者，我们的不解之缘就此展开。

　　彼时，泰心医院建院不久，作为民政部"孤残儿童手术康复明天计划"实施心脏病手术的全国首家定点医院，救助先心病孤儿的攻坚战正式打响。全院医护严谨周密诊疗、生活起居照料、主动加班加点、无偿挽袖献血，只为更多孩子们能早日恢复健康。祥青董事长得知后慷慨解囊，解决困难患儿的手术治疗费用，用企业家特有的方式行义举、献爱心。在父亲的影响下，女儿君婷也常常带着礼物到病区做志愿者，陪伴来自福利院的先心病孤儿们，从此，荣程在慈善事业的道路上越走越远。2011年，祥青、荣华伉俪携子女与医院共同合作设立"生命之树"先心病儿童救治项目，帮助偏远地区贫困家庭的先天性心脏病儿童根治出生缺陷，重获健康人生。项目的名字是由君婷起的，树是生命力的象征，代表着成长和希望，来自社会各界的关爱就像肥沃的土壤，呵护着一棵棵幼苗茁壮成长。

　　"生命之树"项目救助的第一个患儿是一名弃婴，患有罕见的先天性心脏病——主肺动脉间隔缺损，这个婴儿被一对好心的藏族夫妇收养。

但数万元的手术费对于一个年收入只有几千元的藏民家庭来说无疑是个天文数字。在全家人几乎放弃时，"生命之树"项目给他们送去了希望。在祥青董事长的资助下，这名孩子顺利"修心"，根治了心脏缺陷。祥青董事长还发出邀请，表示愿意安排孩子的养父母到他的企业工作，帮他们在天津安家。这份深情厚谊让藏族同胞感动不已。从此，"生命之树"的种子在荣程和泰心的浇灌下，深深扎根，日益繁茂。

"生命之树"项目启动10余年来从未间断，已救治青海、西藏、内蒙古、甘肃、辽宁、安徽、天津等地百余名先天性心脏病患儿，为百余个困难家庭重建希望。来自荣程的大爱已深深根植于孩子们的心中，让他们的人生熠熠生辉，充满爱与力量。

2011年8月3日，张祥青看望救助儿童

担当公益脚步 彰显社会责任

祥青董事长曾说，"人生真正的快乐是分享。当我能够帮助别人的时候，自己也能得到一分快乐"。"感恩社会，传承爱心"始终是他不变的信念。除了救助先心病患儿外，祥青、荣华伉俪还在教育、扶贫、环保等多个领域开展公益活动，为社会做出了重大贡献。

无论是在创业初期资金并不宽裕的条件下，还是在金融危机期间公司经营遇到巨大压力的时刻，祥青董事长都毫不吝惜自己的爱心。从捐款修建幼儿园、建设希望小学，到捐款给清华大学教育基金会；从出资治理丰南区"煤河"，到拍下《长征万里图》捐赠给国家博物馆，荣程集团在企业发展的同时一直主动承担着更多社会责任。

2008年，汶川地震捐款，让大家记住了"帮助他们重建家园，建震不垮的学校"这句激情澎湃的话语，让大家看到了经历过唐山大地震的"过来人"再次面对大灾大难时毫不屈服的信念和决心，感受到了一位企业家的责任与担当。

纵观祥青董事长传奇的一生，每一个脚印，每一段经历不仅诠释着"自强不息、奋斗不止、永不言败"的精神，更是致富不忘初心，行善回馈社会的生动写照。正因为拥有祥青董事长这样一位公益伙伴，才使泰心医院爱心救助的脚步走得更加扎实坚定。

2014年8月9日，祥青董事长溘然长逝，让人扼腕痛惜！荣华女士在最艰难的时刻挺身而出，毅然肩负起支撑事业的重任。她不仅展现了坚强的意志和卓越的领导能力，带领企业在转型升级的新长征路上砥砺前行，更加继承和发扬了祥青董事长的大爱精神，积极推动慈善事业，为社会贡献荣程力量。

爱心同行　共谱大爱乐章

"博爱·济世"是泰心医院的院训，拯救生命是医者初心。这与荣程集团关注社会福祉、承担社会责任、真诚奉献爱心的精神完全契合。建院20年来，泰心医院已救治先心病孤困患儿1.6万名，覆盖28个省、市、区34个民族，用实际行动恪守着医者诺言。展望未来，我相信，以继续推进荣程普济公益基金"生命之树"先心病儿童救治项目为新征程的起点，双方定会继续深化合作，让更多孤困患儿感受人间大爱，重获新生，拥抱美好的未来。

东风依旧斯人已逝，怅惘满怀再忆祥青。我看到祥青贤弟在九天之上点头微笑，因为他的事业更加蓬勃兴盛，他的遗志愈益发扬传承。

让善更有力量，让爱更有温度。我谨代表泰心医院全体白衣战士和所有接受救助的孤贫先天性心脏病患儿向荣程普济公益基金表达衷心感谢！祝福荣程集团在荣华主席的带领下勇毅前行，与时俱进，成就更大辉煌！前行路上，让我们继续承载这分温暖踔厉奋进，谱写新的大爱篇章。

【备注说明】

"生命之树"先心病儿童救治项目是由荣程集团董事长张祥青、张荣华伉俪带领其子女自2011年与泰达国际心血管病医院共同合作设立，以期帮助偏远地区贫困家庭的先天性心脏病儿童摆脱出生缺陷，过上正常生活。截至目前，累计救治患儿60余名，为这60多个困难家庭重建希望、重塑未来。

赤心永存　德载千秋

清华大学教育基金会

今年，是荣程集团张祥青董事长与世长辞10周年之际，时光悄然流转，岁月无声流逝，但他的身影和事迹依然深深印刻在人们的心中，从未褪色。张祥青不仅是一位出色的企业家，更是一位将满腔热忱付于慈善的爱心人士，尤其在教育公益领域，他殚精竭虑，不遗余力，倾注了毕生心血。他那至诚奉献社会的赤子之心、努力奋进的锐气豪情，始终留存于世人脑海；那波澜壮阔的拼搏传奇、浩瀚星海般的大爱精神，值得我们永远铭心缅怀。

张祥青的一生，是奋斗不息、奉献不止的一生。他1969年生于河北唐山，年仅7岁时便在唐山大地震中痛失父母。然而，他先借着自身的勇敢坚毅与不懈努力，白手起家，历经无数风雨，成功缔造出中国民企500强企业。他对社会公益慈善事业始终满怀热忱，曾荣获中华慈善总会授予的"中华慈善事业突出贡献奖"等诸多殊荣。身为唐山大地震的亲历者，张祥青曾慷慨捐资，为汶川地震受灾的学子重建校园。那一句豪迈誓言"为孩子们建最好的学校，建震不垮的学校"，更是让世人深刻领略到这位企业家的家国情怀。

教育决定一个国家和民族的未来，是一个民族最根本的事业。出于对清华大学校训"自强不息、厚德载物"丰富精神内涵的深切共鸣，以及对清华学子积极进取、奋勇向前精神风貌的高度认可，在清华大学百年校庆之际，张祥青、张荣华伉俪携手慷慨捐赠，用以开展奖教、奖学、助学及支持科学研究事业。多年以来，张祥青在捐赠仪式上真挚且昂扬的话语，他那"视苦难为人生之养分"的豁达观念，以及在面对困境时所展现出的顽强精神，都极大激励着众多清华学子在人生历程中持续进步成长。

2014年，张祥青因过度操劳而英年早逝，我们痛失了一位挚友，一位值得敬仰的杰出企业家与慈善家。尽管斯人已逝，但先生那历经风雨的人生传奇，以及"自强不息、奋斗不止、永不言败"的人生精神依旧在延续传承。

张祥青的无疆大爱、良善义举，必将长存于世、永不磨灭！

赤心熠熠映高天，
十载追思情未阑。
德馨长留千秋颂，
祥青风范永心间。

值此先生逝世10周年之际，清华大学教育基金会对张祥青兴学重教、回报社会的高尚情怀致以深切缅怀，感激他为教育事业做出的杰出奉献。未来，清华大学教育基金会将坚守公益初心，珍惜并用好每一笔善款，为我国高等教育事业的发展做出更大贡献。

钢铁铸魂育英才

华北理工大学

再次从校友口中听到张祥青董事长的消息，勾起过往的回忆，才意识到他已经离开我们10年了。荣程与华北理工大学的缘分（前身是河北理工大学）可以追溯到2006年，我们应该是荣程有计划招聘大学生、培养后备人才的第一所院校。每年的校园招聘季，张祥青董事长和他的团队都会如约到来，给这些莘莘学子带来踏入社会的憧憬和希望。

个人形象

张祥青董事长是少有的钢铁企业董事长来我校参与招聘工作的。在我们学校师生的回忆中，他是一位和蔼可亲、非常有涵养的老板形象，尤其令人印象深刻的是他的一双眼睛透露着无比的睿智，仿佛能够洞穿一切。他非常飒爽，做起事来非常高效，天生自带主角光环。

2008年汶川地震的赈灾晚会，张祥青董事长捐款1个亿帮助灾区建震不垮的学校，这对于我们坐落在唐山这座涅槃重生的城市中的高等学府，深受震撼和感动，也让我们重新认识了张祥青董事长的胸怀和大爱，他是一位值得尊敬的优秀民营企业家。

校企合作成果

荣程集团与我校自2006年开展校企合作，尤其是在人才的选用方面，成绩显著。经过盘点，荣程已从我校选拔了170多名大学生，其中有很多在荣程已成长为中高管，让我校的人才输出硕果累累。这主要得益于张祥青董事长对人才的重视和荣程所建立的人才培养模式。

记忆中的校招活动

记忆中，每年我校的毕业季，荣程都是较早联系我们开展专场招聘会的。由于荣程的影响力、人才培养发展模式及张祥青董事长的个人魅力都非常吸引大学生，所以每年报名荣程专场招聘会的学生非常多。在我校最大的、可容纳300人以益大讲堂开展的宣讲会场场爆满，教室及走廊挤满了想应聘的学生。

每一次聆听张祥青董事长的企业宣讲，都能感受到荣程集团的发展脚步。他的语言朴素无华，透露着诚恳，体现着对于人才的渴求和重视，让我们广大师生能够看得见未来美好发展的前景，坚信前往荣程集团是正确的选择，也因此每年都有上百人应聘。

印象中，荣程的面试和其他公司流程不一样，独树一帜，其他公司都是由人力资源部门进行初面，各专业副总进行复试，而荣程每一次都是董事长进行初面，而且不论有多少人，他都会一一给予面试机会，并且给予大学生很多优秀的择业建议，就像是职业导师在答疑解惑，像张祥青董事长这种老板亲力亲为操持校招活动，在以往的校招活动中很少见。

所有通过面试的学生，在毕业后，荣程会考虑到孩子们物资多、报道难的问题，每次都安排大巴车来我校接学生们到企业报到，使广大学子充分感受到荣程大家庭的温暖。

荣程寄语

感谢张祥青董事长搭建了荣程集团与我校合作的桥梁，给予我校优秀学子广阔的发展平台，助力他们成为企业和社会的栋梁之材，愿您在天国安康！也祝愿荣程集团事业蒸蒸日上，早日进入世界500强！

【备注说明】

2006年荣程集团与华北理工大学开展校企合作，也是荣程集团计划招聘大学生的第一所院校。

莘莘学子的良师益友

辽宁科技大学

张祥青董事长是一位成功的企业家，但他并没有将成功仅仅局限于企业，而是将自己的成功与社会责任紧密相连，将仁爱之心融入创业旅程，特别是对待青年学子，张祥青董事长更是多了一分殷殷关怀和深切希望。

张祥青董事长是天津荣程联合钢铁集团有限公司的创始人和掌舵人，我们辽宁科技大学的前身鞍山钢铁学院恰是因钢而立、为钢而建，于是，"钢铁"就像一种天赐的媒介，把张祥青的名字与辽科大的名字紧紧连在一起。多年来，张祥青董事长一直关注辽宁科技大学的发展，始终关心辽科大学子的健康成长。每年招聘季，身为董事长的张祥青都拨冗来到学校，亲自组织毕业生的招聘工作，作风言语雷厉风行，用人决策落地有声。

张祥青董事长深深理解大学生，他认为走出校门的第一份工作对青年人的未来发展至关重要，他更理解即将毕业的学子内心时而闪现的彷徨与茫然，想到自己坎坷的成长历程，他对青年学子更多了一份关怀和怜爱。为此，张祥青董事长总是精心准备，周密部署，生怕有丝毫疏忽遗漏。宣讲会上他在台上谈笑风生，和蔼可亲中透着真情、激情，举手投足间完全是一个和善的长者，一个熟稔的老友，一个贴心的家人。他与学子亲切交流，诚恳互动，详细介绍，悉心指导，为同学们鼓劲加油、指引方向。同学们说，听张祥青老师的演讲，犹如拨云见日，醍醐灌顶。

　　张祥青董事长博学多才，精通文史哲各类知识，特别是中华优秀传统文化，在培育中医养生保健项目，倡导中医文化和健康中国建设上取得了丰硕的成果。他也把这些"福利"带到了宣讲课堂，关心学生的现在，更关爱学生的将来；关心学生的身体，更关注学生的精神。他的周到体贴、细腻呵护，感染着学生。因此大量毕业生踊跃报名，扎根荣程，汗洒荣钢。

　　虽然当时的荣程联合钢铁集团已拥有35亿元资产，被列为中国500强企业，但张祥青董事长始终不忘初心，不忘来时路，生活俭朴，为人低调，从不摆架子。有一次吃工作餐，一个红薯掉在地上，很多人都没有理会，但张祥青董事长很自然地捡起红薯，吹了吹，继续吃起来。他那么朴实，毫无矫饰，令人动容。

　　自2009年起，天津荣程祥泰投资控股集团有限公司连续多年在辽科大设立荣程荣华助困奖学金，专门用来资助大学二年级及以上在校生中品学兼优的家庭经济困难学生，每人3000元/年，共计100名，发放30万元。荣程荣华助困奖学金有效缓解了学生的经济压力，培养了学生的奋斗精神和感恩意识，激励学生志存高远、不负韶华、扎实前行，助力学生成为有理想、敢担当、能吃苦、肯作为的新时代好青年——这是张祥青董事长无我利他的责任担当、家国天下的格局境界、大爱无疆的奉献精神的延续！

　　如今，张祥青董事长已离我们而去，但他的精神将激励着辽科大的莘莘学子，在追求学业优异、事业成功的同时，永远不忘关心他人、服务社会。

　　致敬张祥青董事长！

感恩荣程　一路有你

宁强县荣程中学

2010年10月22日，张祥青参加宁强县荣程中学的竣工典礼

青山伟岸，翠柏含情；思绪满怀，精神长存。在荣程集团张祥青董事长逝世10周年之际，让我们继续擎起祥青精神，循着祥青足迹，怀赤诚之心，行有为之事，一起追思、感念、缅怀……

穿越时空，重温记忆，时间回溯到2023年那场宣讲活动中。10月的宁强，金秋如画，姹紫嫣红，硕果飘香。10月的荣程，书声琅琅，师生共竞，神采奕奕。在"明礼·感恩九月——学习一批先进人物"系列活动中，在荣程精神厅，一群可爱的孩子们正在聆听宁强县荣程中学党支部书记、校长刘强深情讲述全国劳动模范张荣华的事迹。

刘强校长在"学习一批先进人物"宣讲活动中强调，天津荣程钢铁集团张祥青董事长、全国劳动模范荣程集团董事局主席张荣华是两位传奇人物，也是荣程中学的恩人。我们通过对张祥青董事长、张荣华主席夫妇艰苦奋斗的创业历程和大爱无疆的奉献事迹的学习，目的是让大家懂得"立仁爱之德，走责任之路"这一校训的深刻意义。我们要在体会张祥青董事长无私大爱的同时，得到唤醒努力学习的精神动力；通过对张祥青董事长先进事迹的整理和张祥青董事长先进事迹校本课程化的探索，让更多的师生走近张祥青，了解张祥青，学习张祥青。

梧桐细雨湮灭往事匆匆，春华秋实刻下今日种种。张祥青董事长虽然离开我们10年了，但他与宁强结缘已达16年。时间飞驰，感恩无限，16年来的温馨往事，就像一坛尘封的老酒，醇厚弥香……

16年前，一场突如其来的特大地震撕裂了四川汶川的大地，牵动着无数神州人民的心。在《感恩荣程·共画未来》的宣传片中，原宁强荣程中学陈怀顺校长回忆道："2008年5月12日下午，汶川特大地震摧毁了我们的校园，在这危难之际，天津荣程集团张祥青董事长携妻子张荣华女士毅然捐资3500万元巨款，帮助学校灾后重建，残破不堪的校园从此涅槃重生。"

在赈灾晚会上，天津荣程集团董事长张祥青和妻子张荣华女士毅然决定捐款1亿元抗震救灾，并做出"为孩子们建最好的学校，建震不垮的学校"的郑重承诺，捐资重建了宁强及略阳两所中学，而宁强二中就是受惠学校之一，为感念荣程集团的恩情，重建后的宁强二中遂荣誉冠名为宁强县荣程中学。

对于荣程集团来说，16年前义捐晚会上的承诺，早已兑现成了红楼掩映、绿地萦绕；对于荣程中学来说，16年来通过正班风、促学风、肃教风、树校风，通过砥砺奋进，攻坚克难，终于凤凰涅槃，裂变新生，在社会上树立了良好的口碑；对于荣程学子来说，"仁爱""感恩""责任""担当"等词汇早已落实于实际行动中，成为他们的座右铭；对于荣程的教师来说，如何在课堂中与学生平等对话，如何在教育中明理修身、立德树人，成了他们研习的功课。

刘蕊老师曾经是宁强二中的高中毕业生，她亲历"5·12"汶川地震并到荣程集团研学旅行，大学毕业后继续在宁强县荣程中学任教，她在"感恩荣程"座谈会中这样说道："作为一名学生，我亲身经历了'5·12'地震给宁强二中造成的巨大伤痛。泥泞的雨后，板房中上课，频发的余震，内心的无助，张祥青董事长的慷慨解囊，栋栋红楼拔地而起，从此学校面貌焕然一新；作为一名教师，我有幸到荣程集团，受到荣华主席的接见，感受到了荣程集团作为标杆企业的风范和担当；荣程中学熏陶了我，我步入了神圣的大学殿堂，荣程精神感召了我，我又回到了荣程中学，历练自我，并成就了自我。如今的宁强县荣程中学，通过砥砺奋进，攻坚克难，终于凤凰涅槃，裂变新生，在社会上树立了良好的口碑。"

16年来，张祥青董事长和张荣华主席继续资助荣程学子。在"感恩荣程"系列活动中，学校将师生的征文稿件汇集成《十年》《相守，相伴，相成长》两本文集。学生哈志萍在征文中这样写道："10余年来，每年暑假，祥青爸爸、荣华妈妈邀请我们师生到荣程集团研学旅行；洪灾时期，你们捐资修建受淹的学校运动场；三年疫情，你们多次为学校捐赠抗疫物资；你们心系荣程贫困学子，多次捐资帮助我们顺利完成学业；你们挂念教学成绩，为成绩优异学生颁发奖学金……这些，我们都铭记于心。"

在《感恩荣程·共画未来》的宣传片中，学校采访了原宁强荣程中学的毕业生，现就读于北京体育大学的研究生成雅欣，她深情地说："中秋、国庆双节期间，我和荣程中学曾经的班主任聊了很久。他说，15年来，荣程中学师生获得了很多的荣誉；他还说，学校'立足初中，发展高中'，办学水平逐年攀升，中考、高考成绩优异，连续多年获得县委、县政府的表彰奖励。我知道，因为学校有一支精于教书育人，乐于传道授业的教师队伍，所以才有如此骄人的成绩。"

16年来，被人们称为"强企掌门人，爱心慈善家"的张祥青董事长勉励荣程学子"立仁爱之德，走责任之路"的校训，早已成为每一位荣程师生心中坚守的信念。16年来，荣华主席勉励荣程学子"用长征精神走完人生，用匠人精神打磨人生，用冠军精神塑造人生"的至理名言，早已成为每一位荣程师生人生奋斗的信条。16年来，宁强县荣程中学高擎"自强不息、奋斗不止、永不言败"的精神大旗，全面贯彻党的教育方针，落实立德树人根本任务，牢记为党育人、为国育才的教育使命，将万余名荣程学子送进大学，成了社会栋梁。16年来，宁强县荣程中学先后获评首批全国健康学校建设单位、全国新教育实验优秀实验学校（连续三年）、陕西省标准化农村完全中学、陕西省首批示范团校、汉中市依法治校示范校、汉中市语言文字规范化示范校。学校有一支乐于传道、勤于授业、精于育人的教师队伍，中考、高考成绩优异，学校"立足初中，发展高中"，办学水平逐年攀升，连续四年获得县级"提高教育质量先进单位"称号。

千帆竞渡当潮立，凌云之上向远阔。从两个人到一群人，荣程集团全体员工在传承中聚力，在聚力中超越，用青春和激情奏响了一曲大气磅礴的创业乐章。百年绿色荣程，全体荣程人正在用智慧和汗水绘就一部辉煌绚烂的企业诗篇。

时光且长，何惧风雨。自汶川地震以来，宁强县委、县政府带领全县人民迎难而上，攻坚克难，城乡面貌发生了翻天覆地的变化，曾经山河破碎，如今人间锦绣。16年以来，宁强县荣程中学全体师生在党的教育方针的指引下，在荣程集团的持续关心关爱下，正在努力创办有质量、有内涵、有活力、有温度的学校，奋力书写宁强县荣程中学的新篇章！

10年来，您不曾离我们远去，我们也不曾把您忘记。可信、可敬、可爱的张祥青董事长，您将梦想传递，我们将梦想接起；您只管静坐天国，我们为您守候希望；您只管种下梦想，我们替您振翅翱翔！

赓续传扬祥青精神　感恩奋进至诚报国

略阳县荣程中学

2010 年 10 月 22 日，张祥青参加略阳县荣程中学揭牌仪式

有一种精神，穿越时空，烛照前路；有一种力量，生生不息，催人奋进。张祥青董事长已离开我们整整 10 年，但他短暂而伟大的人生历程让我们倍受鼓舞。他"高山仰止，景行行止"的崇高精神激励着我们不忘初心，不懈奋斗，感恩奋进，至诚报国，求实创新，胸怀天下，以文化人。

难忘他，艰难困苦，玉汝于成，筚路蓝缕、斩棘前行的勇敢执着。张祥青少年时期失去父母双亲，他和妻子张荣华从卖豆腐白手起家，到经营废钢铁收购，再到创建天津荣程联合钢铁集团有限公司。他们以顽强的毅力和乐观的心态战胜了一个又一个困难，终于在事业上取得辉煌成就。在他们的带领下，天津荣程联合钢铁集团有限公司位列天津市百强民营企业第一位，跻身中国企业500强。张祥青本人当选唐山市人大代表、荣获"天津市劳动模范"等多种荣誉称号。

难忘他，常怀感恩慈善担当，回报社会兼济天下的坚定信仰。他淋过雨，所以喜欢为别人撑伞。"财富是大家的，是社会的。"这是他常说的一句话，情真意切的话语如唠家常，于朴实中见真性情，于谦和中见

张祥青为略阳县荣程中学揭牌

担当。他有社会责任感，常怀悲悯之情。汶川大地震发生后，正在外地出差的张祥青立即通过电话召开董事会会议，在第一时间向灾区捐款3000万元。在央视捐赠现场，他再次代表荣程集团向灾区追加捐款至1亿元！并许下"要帮助灾区人民重建家园，建震不垮的学校"的郑重承诺。当年的略阳县第二中学校舍，也在地震中损毁严重，张祥青慷慨相助，捐款3500万重建本校。是他向我们伸出了援助之手，将我们从地震的苦难中拉出来，给我们希望，给我们大爱。他犹如冬日里的暖阳，温暖了所有师生的心灵，给我们前行的力量。自此，张祥青及荣程集团与本校结下了不解之缘。为感恩张祥青，铭记大爱，本校由原来的略阳县第二中学更名为"略阳县荣程中学"。数年间，张祥青及荣程集团从未间断对学校的资助。

难忘他，事业未竟逝化清风，祥青精神粲然励志的荣程魄力。2014年8月9日，张祥青猝然离世，这让荣程家人深切悲痛，倍感惋惜。面对危机重重的局面，为了几千名员工的生存，为了荣程集团的命运，张荣华主席强忍心中的万般悲痛，勇挑重担，从幕后走到台前，扛起荣程集团企业大旗，去完成丈夫未竟的事业。她秉承张祥青遗志，传承"自强不息、奋斗不止、永不言败"的祥青精神，践行"为责任而生，为使命而活，为传承而行"的初心，凭借着全体员工的支持，不断创新、锐意进取，使荣程集团逆风翻盘。与此同时，张荣华主席以更加广阔的视野、更加多元的思维紧紧把握住时代机遇，不仅在荣程集团的钢铁主业里深耕，还向其他领域积极拓展。在她的英明领导下，荣程集团各项业务蒸蒸日上，不断迈上新台阶，公司所从事的各个行业陆续取得了丰硕的成果，捷报频传。

　　山高水绿恩情长流，启智润心以爱化人。虽然张祥青董事长溘然而逝，但是荣程集团的核心价值观未有改变。张荣华主席与荣程集团始终关心牵挂着略阳县荣程中学的全体师生，帮助支持学校发展。从2008年到2024年，16年来从未间断对我们的关怀帮助。从"5·12"汶川地震后教学楼的援建，到疫情期间抗疫物资的援助，到如今助学助教金的持续发放，以及平日里给学校捐赠的书籍，给孩子们带来各种爱心关怀，共计100万余元。孩子们收到来自荣程集团的礼物和助学金，倍感温馨，这让贫困山区的孩子看到了希望，感受到了人间温暖，感受到荣程集团满满的大爱与祝福，仿佛张祥青从未离开我们。他一直关心、庇佑着我们，勾起我们对他深深的怀念。张祥青董事长、张荣华主席及荣程集团的爱心义举，充分体现了无私的大爱情怀，强烈的社会担当，以及情系荣程学子的拳拳之心。

　　落其实者思其树，饮其流者怀其源。张祥青已离开我们整整10年，但他敢为人先的创新精神、智慧谋略的非凡胆识、攻坚克难的勇气魄力、家国天下的责任担当、自强不息的奋斗精神、大爱无疆的奉献精神一直激励着我们每个人。略阳县荣程中学全体师生将重温"自强不息、奋斗不止、永不言败"的誓言，深切怀念张祥青，传承祥青精神，凝聚拼搏力量。略阳县荣程中学全体教师定会坚守"为党育人、为国育才"的初心使命，牢记嘱托，感恩奋进。争当有理想信念、有道德情操、有扎实学识、有仁爱之心的"四有"好老师，当好学生成长道路上的"四个引路人"，弘扬新时代教育家精神。略阳县荣程中学全体学生将会更加勤奋刻苦，自强不息，以梦为马，不负韶华，争做"有理想、有道德，有本领、有担当"，堪当民族复兴大任的新时代社会主义建设者和接班人。

　　青山伟岸翠柏含情，思绪满怀精神长存。我们将发扬张祥青董事长、张荣华主席及老一辈荣程人艰辛创业的精神，从祥青精神中汲取奋进的力量，阔步向前，行稳致远。希望全体荣程人共同努力，实现张祥青的梦想，实现荣程人的共同的心愿。祝愿荣程集团：乘时代之东风，扬帆远航，继之遗志，再创辉煌，谱写中国式现代化荣程新篇章！

"和融化育，上善致远"的优秀校友

丰南实验小学　原校长李怀志

丰南实验小学82届毕业照（张祥青：自下往上第二排右数第六位）

丰南实验小学始建于1905年，是一所具有丰厚文化底蕴的百年老校。百年来人才辈出，学校秉承"和融化育，上善致远"的校训，从这里毕业的孩子长大后，在各自领域中以卓越的才华和扎实的素养，为国家和社会做出了积极贡献。今天，我所讲述的故事主人公就是我们丰南实验小学的优秀校友——张祥青。

1995年6月23日，我调任到丰南实验小学当校长，当时的办学条件还很艰苦，校舍只有一栋震后建成的两层教学楼和几间筒子房。年久失修、设施老化，经历了暑假里的几场暴雨后，不仅屋顶漏水，墙体也出现了裂缝，我望着这栋"危房"，不禁忧心忡忡。

1998 年春天，寒冬过后，水管附近的墙面斑驳爆裂，这栋危房更是雪上加霜，修缮刻不容缓。唐山市建设局质检工程师检测后，出具了鉴定报告——此建筑不能用于教学，建议加固后另做他用。

为了让这所百年名校更好地传承下去，市领导决定对学校进行重建，计划在原址南侧建一栋占地 4000 平方米的新教学楼，其中涉及拆迁有 11 户，这在当时的丰南也是轰动一时的大事。建设方案很快就定了下来，但 1998 年受全球金融危机影响，政府虽然全力支持，学校的建设仍面临资金短缺的困境。为此，丰南市委、市政府组织领导干部进行捐款。学校也积极募捐，各友好单位、校友、社会各界人士捐款总额达 36 万余元。

恰在此时，我认识了从这所小学毕业的张祥青，那时的他已经是丰南地区小有名气的民营企业家。募捐仪式上，张祥青带着同样在这里就读的女儿张君婷一次性捐款 25.9 万元，一张珍藏于校史的泛黄照片记录了这一刻。张祥青拿着支票满脸笑容地站在拿着一沓现金的女儿身后，父女俩共同将这份大爱放进了红色的捐款箱中。

很多人认识张祥青都是因其 2008 年汶川地震募捐晚会上振臂一呼捐款一个亿的壮举。而在之前，他就已经广施善行，并言传身教于下一代，家风传承，美德广惠。

1999 年，学校在多方努力下，终于如期建成。2000 年 8 月初，时任全国政协副主席、党组成员、中央统战部部长的王兆国同志要来参观。我们加紧了学校的建设步伐，作为"百年名校"，我们计划建设一个校园电视台，但此时学校资金还是特别紧张，为此，我又一次找到了张祥青，说明缘由后，他毫不犹豫地应下。没过多久，他的夫人张荣华女士就亲自送来一张5万元的支票，丰南实验小学第一个电视台诞生了。2000年9月9日，我们

张祥青携女儿张君婷为丰南实验小学捐款

隆重举行了建校95周年校庆及电视台落成典礼。

现代化、高标准的教学楼拔地而起，孩子们的脸上能洋溢着笑容在更加舒适、安全的环境中学习成长，这里面有张祥青的一份功劳。

此后，张祥青又将别人送给他的一尊精美的"龙号机车"模型捐赠给了学校。他觉得，这么有教育意义的模型，放在学校比放在自己的办公室更有价值。在第一届校史展上，这个模型对外展出，展牌上写着"张祥青赠"。张祥青不仅有大爱，他的格局与情怀更是令人敬佩。

学校里整天面对着喧闹顽皮的孩子们，培养他们长大还需要十几年，培养他们成人、成才、成栋梁还需要几十年。听老教师说，当年在这里上学的张祥青也是个机灵淘气，但也是个有情有义的孩子。几十年过去了，他对学校的贡献，对企业的贡献，对国家和社会的贡献，都令我们全校教职员工和一届一届、一代一代的孩子们感到无比自豪。他没有辜负学校的教育，他将"和融化育，上善致远"的校训诠释得淋漓尽致，我们都要向他学习，我们都很想念他。

诚信大爱的祥青同志

全联冶金商会创会名誉会长　赵喜子

　　不知不觉，荣程钢铁原董事长张祥青逝世已经 10 年了。作为全联冶金商会的 8 位发起人之一，他的离开，是商会的损失。全联冶金商会创立的一大初衷就在于引导、引领民营企业人士热爱党、跟党走，坚持中国特色社会主义，热爱行业、事业，团结、培养人才，张祥青正是体现这一初衷的佼佼者。作为一位民营企业家，他对党、对这个社会怀抱着朴素的感恩之情并外化于行，诚信重诺，慈善爱人。他的行为感动并吸引着很多人听党话，走正道，做奉献。

　　张祥青说过一句话，让我印象十分深刻。他说："荣程钢铁摆在第一位的，是诚信和社会责任。"确实，他办的很多分、子公司的名字都带有一个"诚"字——诚信的"诚"，而不是荣程的"程"。

　　提到诚信，用老百姓的话说，张祥青这个人很老实，为人正派，做事规矩。他是钢铁行业里出了名的"拼命三郎"，凡事躬身力行，勤勉刻苦，不会搞歪门邪道的东西去走捷径。客户自然愿意同有诚信的企业合作，荣程钢铁从一个小型钢铁厂，逐渐发展成为具有国际竞争力的现代化钢铁企业就是得益于"诚信"立企，荣程更是在电子商务这个非常看重信誉的领域抢得先机。2011 年 2 月，荣程的融宝支付公司成立，并获得央行颁发的第三方互联网支付牌照，成为钢铁行业内继宝钢之后第二个获得互联网支付牌照的钢铁企业，同时还取得了全国手机支付牌照。

清华大学的一位教授曾和我说："荣程讲诚信，我们愿意帮荣程的忙，不给钱也愿意。"荣程的氢能源汽车事业也在这些专家们的帮助下顺利启航。

除了诚信，张祥青和他的荣程钢铁还有另一个突出的特点——非常重视社会责任。最典型的事情就是 2008 年汶川大地震时，他和夫人捐款 1 个亿支援抗震救灾，这在当时引起了轰动。后来我去荣程考察调研，好奇他们为什么捐这么多。他的夫人张荣华告诉我，"虽然荣程的企业效益不是最好的，但是张祥青是唐山大地震的幸存者，当时若没有党的关怀和社会的帮助，人早没了。唐山大地震是全国人民救的，汶川大地震全国人民都有责任救。我们夫妻俩没有什么更高的理由，就这么简单，立马做出的决定"。这些话，让我记忆犹新。这一捐款行为发生后，荣程的所有员工和客户看到张祥青夫妇是真正地把社会责任放在自身利益之上，是个说到做到、心中有大义的人，大家都愿意聚在他们身边一起干事业。现在荣程对其所在的天津市也是贡献突出，作为天津市的台柱子企业，荣程一直在很稳定地发展。无论是钢铁、物流运输，还是文化产业，荣程与天津市的融合都做得有声有色。

除了为受灾地区积极捐款捐物，荣程还在黑龙江、云南等老少边穷的地方投资农业，其目的不是为了挣大钱，而是通过项目去扶贫。这些并不是因为中央号召才做，而是完全从爱心出发，主动帮助贫困地区，这是非常了不起的。张祥青去世后，他的夫人张荣华和女儿张君婷也依然延续着这份爱心事业，是业内有名的慈善人士。

把诚信和社会责任摆在第一位的背后，是张祥青把"牢记党恩，跟党走"牢牢刻进企业的基因里。荣程是最早成建制建立党组织的民营钢企之一，企业重大事项都有党委书记参与决策，确保了企业的发展始终沿着正确的方向前进。我看过荣程在党建方面的一些规章制度，和国有企业一样，非常规范。荣程企业文化的重头戏就是党的建设。公司专门设立了党建文化展厅，把我们党走过的路以及辉煌成就，很形象地通过展览来呈现。员工入职培训企业文化第一课的主题就是感恩党，造福社会。荣程的党组织也发挥出先进堡垒作用，越来越多的优秀员工积极加入党组织，该企业员工中的党员比例在民营企业里是比较高的。荣程的党建文化也多次受到天津市的表彰。可以说，如何在党的领导下办好我们的民营钢企，荣程钢铁交出了一份很好的答卷。

斯人已逝十载。这十年间，我国民营钢铁企业进步明显，民营粗钢产量占比现已超过六成，为国民经济发展做出了突出贡献。荣程钢铁也在他的夫人张荣华以及女儿张君婷的带领下欣欣向荣，依然是民营钢企中的重要力量。越来越多的民营钢企像荣程一样，坚持党的领导，坚守诚信原则，践行社会责任，为中国特色社会主义新征程贡献着钢铁力量。

【作者简介】

赵喜子，全联冶金商会创会名誉会长。

感念祥青的红色情怀

原中国钢铁工业协会常务副会长　朱继民

　　10年前，一位优秀的企业家、荣程集团创始人张祥青先生永远离开了这个世界。他的离去，不只是荣程集团的损失，更是钢铁行业和全社会的损失。

　　我与祥青相识多年，他给我留下最深刻的印象，是他感恩社会、热爱祖国的情怀和坚韧不拔、勇于创新的创业精神。

　　在我与祥青还未相识之时，我已经听说了他传奇性的创业经历。作为一位从唐山地震的废墟中走出的农村孤儿，他早早地承担起生活的重担。然而，生活的困苦并未击垮他，反而锻炼出他坚韧不拔的性格。他凭借着自己的聪明才智和百折不挠的精神，白手起家，创立了荣程集团。尽管他初涉商海时，曾因为缺乏经验而遭受挫折，但正是这些困难，塑造了他坚定的信念和勇往直前的精神。经过两三年的打拼，他赚到了自己的第一桶金。在他的带领下，荣程集团逐渐发展成为我国钢铁行业的重要企业，为我国经济建设做出了巨大贡献。

　　让我最感动的是，尽管企业日益发展壮大，但祥青一直没有忘记初心，始终怀着感恩之心，积极回馈社会。他一直热心公益慈善事业，多次向国家和贫困地区捐款捐物。特别是在2008年，他为汶川地震抗震救灾出钱出力，在捐款3000万元的基础上又追加了7000万元。在我听到这个消息时，就觉得祥青这个人是个懂得感恩、有责任、有担当，了不起的人。

　　在我拜访荣程集团的时候，我更直观地感受到祥青已经把爱国精神贯穿到整个企业的发展中。在荣程集团，有个红色展览馆。祥青说，建立这个红色展览馆，旨在让员工和来荣程的参观者了解我国的革命历史，传承红色精神。这既是对历史的尊重，也是对未来的期许。在他的领导下，荣程钢铁不仅敢于创新，还积极履行社会责任，为我国钢铁行业的可持续发展做出了表率。

　　如今，祥青离开我们已经10年了，但他的精神将永存于我心中。荣程人依然循着张祥青的足迹，追逐他曾追逐的梦想，始终保持"自强不息、奋斗不止、永不言败"的本色，担当起了新时代荣程人的使命，为打造百年绿色荣程贡献着智慧和力量。

　　荣程集团正以劈波斩浪、砥砺奋进的姿态，加速奔跑在高质量发展的赛道上。

　　祝愿荣程集团的明天会更好！

【作者简介】
　　朱继民，原中国钢铁工业协会常务副会长。

卓越的企业家　高尚的奉献者

丰南区人民政府

唐山市丰南区历史底蕴深厚，是中国近代工业的摇篮。中国第一条自建标准轨距铁路——唐胥铁路，中国第一台蒸汽机车——龙号机车均诞生于此。开凿于1881年的煤河与唐胥铁路相连贯穿于丰南东西，开创了中国近代运输史上铁路、水路联运先河，开平矿务局的煤顺流而下至北塘，远销到上海、香港等地和国外，对唐山开埠和经济起到了十分重要的作用，丰南从此走向海洋。百年煤河静静流淌，记录着丰南各个时期的仁人志士的辉煌业绩，见证着丰南经济社会的繁荣发展和历史变迁。

张祥青先生就是唐山市丰南人。他出生并成长于煤河岸边的丰南区胥各庄镇三街，孩童时期经历了唐山大地震，痛失双亲。他志存高远，艰苦创业，从个体户、小微企业到支柱企业，早在2003年度国家税务总局发布的全国私营企业纳税百强排行榜中位居第52位，创造了事业的辉煌，书写了人生的传奇。在他身上，集中体现了"公而忘私、患难与共、百折不挠、勇往直前"的抗震精神和"感恩、博爱、开放、超越"的新唐山人文精神。他是改革开放的弄潮儿，是钢铁工业领域的创新者，他对丰南民营经济的发展起到了重要的引领和推动作用，他是从丰南走向天津、走向全国的优秀民营企业家！

张祥青先生不仅是成功的企业家，更是值得丰南人民永远记住的社会慈善家。他感恩于心，奉献于行，回馈桑梓，造福家乡，他慷慨仁爱的善行善为不胜枚举。1998年，他捐资助教，支持原地重建、扩建百年历史的丰南实验小学。2008年，他在中央电视台四川汶川地震慈善赈灾晚会现场捐款3000万元后立刻奋力高呼："再追加捐款7000万元，给孩子们建最好的学校，建震不垮的学校！"张祥青先生总计为四川汶川地震捐款1亿元！此壮举震撼全国，荣耀家乡。2022年治理煤河时，他又慷慨捐资200万元，并斥巨资在煤河上建设起了祥青桥、荣华桥、尧澜桥，打通了城区南北主要大通道，方便群众通行，成为丰南区城市建设的耀眼地标和煤河上的壮美景观。

丰南是张祥青先生出生、成长、创业的故乡，是荣程集团的发祥地，我们为有他这样的丰南骄子、企业家、慈善家引以为荣，引以为傲！

2014年，张祥青先生的英年早逝令家乡人民无比惋惜和心痛，赤子虽远行，但他那敢为人先，敢于创业、创新、创造的拼搏精神，他那家国天下、大爱无疆的博大情怀，他那热爱家乡、奉献社会的真情善举，都永远铭刻在丰南人民心中！他的英名必将彪炳千秋，永载史册；他的精神必将是激励家乡人民建设丰南、奉献丰南的巨大激情、信心、勇气和力量。丰南人民将以张祥青先生为榜样，学习他的高尚的情怀和卓越能力，为推动丰南的经济发展和社会进步再创辉煌，再谱新篇！

领军实业发展　助推社会进步

滦南县人民政府

　　转眼间，荣程集团创始人张祥青先生已经离开我们10年了！回想起他曾经在滦南奋力拼搏办厂办企的情景，一切宛如在眼前，历历在目！

　　"日月不肯迟，四时相催迫。"张祥青先生于1999年10月27日在本县承包了滦粤钢铁厂，正式创办了唐山市滦南县合利钢铁厂。2003年8月，更名为唐山荣程钢铁有限公司（简称"唐荣"）。刚刚成立的唐荣百废待兴，张祥青先生招兵买马、完善设备、研发工艺，从高炉检修到转炉扩容，从年产36万吨到年产百万吨级规模，逐步探索并发展成拥有一套设备合理、能力匹配、工艺齐全的钢铁生产线，开始了唐荣全流程冶炼钢铁的新局面，并发展成为唐山市重点企业及纳税大户。直到2020年11月15日，为支持唐山市钢铁产业结构调整及沿海产业布局，唐荣积极响应国家相关政策及号召，从大局出发不计小利，全面停产。

　　可以说，唐荣历经二十二载，起步于滦南，发展在滦南！在张祥青先生的带领和指引下，荣程人务实肯干，抢抓机遇，开拓进取，创新发展，奉献社会，创造了巨大的经济效益和社会效益。在企业不断发展壮大、带领员工共同富裕的同时，也为本县经济高质量发展提供了巨大支持。

　　"回首来时路，郁郁满芳华。"祥青先生坚持"依法纳税、诚信纳税"，把推动地方经济发展作为义不容辞的责任，累计缴纳各项税金

19.1亿元，依法依规交纳行政事业收费1500余万元，为滦南县域经济发展贡献了重要力量。祥青先生坚持"人人受益、人人共享"，让每位员工共享企业发展的成果，创造就业岗位2000余个，"无延时、无拖欠"支出员工工资8.8亿元，按规定执行全体员工的各项劳保、福利及养老保险和医疗保险，解决了员工的后顾之忧。祥青先生坚持"感恩社会，传承爱心"，积极投身于公益事业，累计在救灾、助学、助残、助教、扶贫和"文明生态村"建设等方面捐款金额达7000余万元，特别是资助40万元为贫困村建设了一所希望小学，让更多贫困户享受到了优质、公平的教育。

"迈步新征程，砥砺再出发。"虽然祥青先生于2014年8月与世长辞，但他为滦南所做出的贡献至今历历在目。祥青先生爱国敬业、遵纪守法、勇于创新、艰苦奋斗的企业家精神值得我们铭记和学习；祥青先生主动践行社会责任，积极回馈滦南百姓的社会大爱和家国情怀令我们为之动容。近年来，在张荣华主席的带领下，荣程集团结合滦南县及唐山市的长远发展规划，积极发挥企业自身产业优势，致力于与滦南政府对接钢锹小镇、新能源物流小镇等新项目，以产业助力家乡经济腾飞，为家乡建设再助发展，再立新功！

栉风沐雨三十五载，荣程集团在数智化转型、绿色低碳高质量协同发展的道路上砥砺前行，这都离不开祥青先生骨子里"自强不息、奋斗不止、永不言败"精神的无限指引，这也将永远激励着每一位荣程人为实现百年绿色荣程而不懈奋斗！

如今的滦南，风清气正、人心思上，发展机遇多、发展空间大，广大企业家大有可为、大有作为，也真诚希望我们与荣程集团在相关领域能够达成共识，积极开展更深层次的合作，携手奋进、共同拼搏，只争朝夕、不负韶华，共同振兴新滦南，谱写高质量发展新篇章。

最后，衷心祝愿荣程集团事业蒸蒸日上，更上一层楼！

大力弘扬张祥青同志的企业家精神

中共津南区委员会　津南区人民政府

2024年，是荣程集团董事长张祥青逝世10周年，是荣程集团与津南携手并行的第23年。作为优秀民营企业家，张祥青同志为津南区和天津市发展建设做出了重大贡献，他的奋斗事迹和"自强不息、奋斗不止、永不言败"的企业家精神激励、感染了津南区无数创业者和企业家。2020年，习近平总书记在企业家座谈会上强调，要弘扬企业家精神，勉励企业家要增强爱国情怀、勇于创新、诚信守法、承担社会责任、拓宽国际视野。张祥青同志正是彰显这种企业家精神的典范之一。

创新不止——敢为人先立潮头，勇闯津门开新局

2001年，张祥青同志开始战略性布局天津，与津南结下不解之缘。他瞅准时机，毅然收购津南区一家倒闭的钢铁公司——天津市渤海冶金有限公司，并将公司总部迁来津南，总投资2.8亿元，短短14天就完成收购，不仅为区里解决了一个老大难问题，更标志着一个现代化大型民营企业在津沽大地冉冉升起。他用唐山的两个钢铁厂的全部利润6000万元对津南厂区进行修复改造，被大家看作是破釜沉舟、背水一战。刚入驻时，条件非常艰苦，厂区大、设备破、人员杂、蚊子多。张祥青同志与职工们吃住在一起，吃2元钱一份的盒饭，住简陋的小旅馆，带领大家没日没夜地埋头苦干，仅用了不到一个月时间，第一台高炉就点火生产，

停产多年的钢厂恢复了生机。

荣程的员工们总是惊叹于张祥青同志的超前意识。他坚信自己的判断，未来的钢厂肯定是临海的。就在当年，国家决定大规模发展国内钢铁行业，开发天津港作为钢铁运输重要港口，而这一切，正如他所预料。"我不是建一个普通的钢铁厂，而是要建设一个优钢、特钢的钢铁厂。"无论是将钢铁总部迁往津南，还是兼并合作，他都是先决定干什么，然后千方百计创造条件。他很早就认识到产业链的极端重要价值，强调"因为细分的市场、产品的范围、用户的定位都不一样，我们的定位是围绕天津的产品制造业，为他们配套服务，形成一条龙，以最强的一种产业链来去做的"。

荣程成立的第一年产值即达1.3亿元。6年后的2007年，荣程排名中国民营企业500强的第179位、制造业500强的第93位、天津市百强民营企业的第一位，成为名副其实的大型集团公司。在张祥青同志的带领下，荣程开启多元发展战略，除钢铁主业之外，还涉足国际贸易、金融、林业开发等。

慧眼如炬——对标国际争一流，乘风破浪善领航

虽然张祥青同志十几岁就已辍学，但他学习不辍，依靠勤奋自学成为钢铁行业领先的技术专家。他口袋里常装着最新的《冶金报》，多年来还坚持学习英文，购买大量的全英文技术书籍，善于把最先进的技术应用于生产。为建设特钢厂，他不辞辛苦，走访国内外多家大型钢铁企业，学习先进技术，引进消化国外先进设备。2008年，从美国引进的精品高速线材建成投产，时任天津市市委书记张高丽同志带领市委理论学习中

心组来荣程考察调研，给予了张祥青同志高度的评价。张祥青同志主持建立起一支享誉国内外的技术研究团队，特别是荣钢的节能技术、污染排放控制技术以及产品革新率，在国内外都处于领先地位。他学习上海宝钢的经验，利用天津港口优势从国外进口铁矿石。2003年，他力排众议，决定与澳大利亚力拓集团旗下的罗泊河钢铁集团签订长达10年的铁矿石供应合同，总量达到4000万吨。之后几年，全球钢材价格飞涨，而荣钢仍可用全球最低的价格购进充足原料。张祥青同志的远见卓识和宽广视野着实令人敬佩。

爱国深沉——胸怀满腔家国情，解囊亿元为国难

2003年非典期间，张祥青同志向天津市卫生部门捐助10万元现金和价值38万元的医疗用品。2008年初，我国南方遭遇了百年不遇的雪灾，张祥青同志第一时间到红十字会捐款300万元。同年5月，汶川发生特大地震后，在中央电视台抗震救灾大型募捐活动现场，张祥青同志手举"捐款3000万元"的牌子激动地说："我刚跟夫人商量好，决定追加捐款7000万元，帮助灾区人民尽快重新建好家园。"1个亿的捐款额为当天募捐活动的个人捐款之最。"为孩子们建最好的学校，建震不垮的学校"，全场雷鸣般的掌声响起，震撼的不只是在场观众，更有电视机前的全国观众。此次的抗震救灾，张祥青夫妇总共捐款1亿元。张祥青同志说："对于这样大的地震，灾区肯定需要大量援助，我们应该尽力为抗灾多出些力量，更何况我自己就是唐山大地震的幸存者。"2010年，由荣程援建的宁强、略阳两县的荣程中学竣工启用，每年惠及几千个孩子。同年，青海玉树地震后，张祥青夫妇再次向灾区捐助2000万元。

以诚立身——守法经营利长远，诚信合作惠多方

创业伊始，张祥青同志就把合法经营奉为圭臬，始终坚持不欠国家税款、不欠客户料款、不欠员工工资、不欠定期借款、不欠预付发货款的"五不欠"承诺。为确保足额纳税，他坚持在企业内部开展审计，请税务部门安装防伪税控系统。为使工作落到实处，他制定责任追究制度，因工作失职造成企业形象受到影响的，一律追究当事人责任。他把诚信作为做人的根本、做事的基石，秉持"诚信双赢"的经营方针，与上下游客户群建立了战略合作伙伴关系，本着互惠互利的原则，扩大合作深度与广度，使荣钢的客户满意率和货款回收率实现"双百分百"。与荣钢合作的企业，不论是国企还是民企，都交口称赞"荣钢的回款永远是最快的"。

倾情回馈——铁肩担当显大义，慈爱遍洒暖人间

张祥青同志把节能减排作为企业履行社会责任的重要组成部分。"清洁生产、节能降耗、资源在创新中再生；控制总量、遵纪守法，建设百年绿色荣钢"是他的建厂方针。荣钢集团使用的水是渤海湾中被排放出来的污水，还为此投资2.5亿元建设了反渗透过滤生产线。在夏天，工人们提议："水温太高了，给我们点地下水吧。"张祥青同志坚持不用地下水，他说："我们这儿比海平面才高3米，再抽就成漏斗了。"

张祥青同志十分珍视人才，关爱员工。他不惜重金引进高级专业技术人才和管理人才，注重选拔、培养人才，优待干部职工，深受大家爱戴。他投资2亿元建起3栋单身宿舍楼，购买葛沽镇综合配套设施齐全的

福海园居民楼2栋，解决了双职工家庭和携带家属职工的住房困难。2004年，荣钢一个年轻员工不幸患上肾衰竭，他带头捐款，为这个员工募集30余万元用于手术。他说："我们是个家族企业，我把每一个员工都当成家族的成员。企业为家族，这个企业早晚不会长久。如果家族为企业，全都奉献给企业的时候，它就特别有凝聚力，能够带动全企业的人都变成这个企业家族的一分子。"

张祥青同志还是一位受人尊敬的慈善家。他无比热心于社会公益慈善事业，始终将社会责任和仁爱之心融入企业发展中。他经常说："财富是大家的，是社会的。"在他的大力支持下，2007年，天津荣钢篮球俱乐部有限公司正式成立。荣钢出资732万元修建葛沽镇幼儿园，向南开中学基金会捐款1000万元，向清华大学教育基金会捐款2000万元。此外，捐建希望小学，修桥铺路，支持中国残疾人运动会，资助天津贫困大学生圆梦行动，捐助西部母亲爱心工程、希望工程，救助先天性心脏病儿童，捐助中国华夏未来艺术团，大力支持天津市体育事业……截至2014年，张祥青夫妇和荣钢集团累计捐款捐物达4亿多元。荣钢集团被市红十字会授予象征着红十字会最高荣誉的"红十字"奖杯。张祥青同志获得"第二届中华慈善人物"称号，被中华慈善总会授予"中华慈善事业突出贡献奖"。在张祥青同志的带领下，爱心文化、慈善理念早已成为荣程文化最重要的组成部分。

百年荣程，初心不渝，风华正茂。荣程集团创业发展36年，扎根津南23载，为津南区的发展做出了重大贡献。张祥青同志未竟的事业后继有人、生机勃勃。荣程坚持创新理念、诚信经营，实现了跨界、跨业多元发展，数智化转型、绿色低碳高质量协同发展不断迈向新的台阶。在全国民营企业 500 强排名中名列前茅，荣获"全国文明单位""中华慈善事业突出贡献奖""全国就业与社会保障先进民营企业""全国绿色工厂"等多项荣誉称号。这些成绩的取得不仅是荣程的骄傲，同时也是津南区的骄傲，是津南区民营经济发展的亮丽品牌！

当前，津南区深入学习贯彻习近平总书记视察天津重要讲话精神，践行"四个善作善成"重要要求，深度实施高质量发展"十项行动·天津津南行动"，持续打好用好"三张好牌"，扎实推进科教产、会展商、农文旅"三个融合"，统筹做好科技创新、产业焕新、城市更新和盘活存量、培育增量、提升质量"三新""三量"工作，持续精心建设"四区四谷"，全力打造科创会展城和天津重要增长极，为津南区和荣程实现共赢发展提供了新的机遇。

我们坚信，荣程集团将始终发扬"自强不息、奋斗不止、永不言败"的企业精神，在张荣华同志的带领下，坚定信心、攻坚克难、接力前行，继续为全区民营企业当好标杆、做好表率，为全力打造世界一流的民族企业凝聚力量、实干奋进，在以中国式现代化全面推进强国建设、民族复兴伟业进程中展现新作为！

我们坚信，在张祥青同志企业家精神的鼓舞感召下，全区广大企业和企业家将抢抓机遇、创新竞进、勇攀高峰，主动融入津南区高质量发展大局，共同奋力谱写中国式现代化津南区篇章！

企业家精神不朽！

大企业家的人民情怀

泰来县人民政府

　　张祥青，他的泰来故事承载着坚韧力量和奉献精神。从唐山到北京，从天津到泰来，他以极高的战略眼光，扩展产业布局，着眼未来开始转型。他具有极强的家国情怀，以大企业家的人民情怀和推动北方振兴发展的奉献精神，克服北方冬季的严寒，致力生产研发对全国人民健康有益的好白酒。在政府及主要领导和张祥青董事长的极力推动下，将荣程产业发展到祖国的最北方——一个在2012年GDP仅有40.8亿元的贫困县泰来。在县域经济发展、国家脱贫攻坚战略举措中发挥了至关重要的作用，也在张祥青董事长的光辉历程里，书写出了一篇精彩而又辉煌的泰来故事。

　　2012年，荣程集团创始人、时任荣程集团董事长的张祥青在荣程集团各大产业体系的推进谋划中，着重强调了白酒产业是构建荣程集团民族健康产业体系的重要组成部分。他以希望"人类健康百年"的格局，着眼泰来县"三省交界"、地处第一积温带、农作物高质高产的先天优势，跨越1000千米的距离，跨越20℃的温差，在泰来县撒下"一粒种子"，投资建设白酒厂，开启了荣程集团酒业的新征程，也为泰来的发展画上浓墨重彩的一笔。

　　2013年，张祥青董事长锚定大力发展白酒目标，先后选择了在云南、四川、黑龙江开展白酒酿造。在重大项目建设上发力，加快推进项目建设进程，克服了北方严寒的困难、跨越几千千米，以最快速度深化与泰来县的一系列战略合作。7月20日，荣程集团与泰来县政府签订投资协议，黑龙江荣程泰来酒业有限公司正式成立，荣程与泰来踏上携手共进新历程。

2014年，在张祥青董事长的奋力推动下，荣程泰来酒业项目施工正式开启。"雄关漫道真如铁，而今迈步从头越。"4月20日，泰来县的党政领导和黑龙江荣程泰来酒业有限公司各主要领导齐聚泰来县经济开发区，共同迎接一个光辉、美好的时刻。双方的不懈努力终于迎来这一天，双方领导的深情致词与礼炮声响彻泰来大地，庄重热烈的奠基石培土，寄托着荣程与泰来的共同希望。

2014年9月，荣程集团为实现张祥青董事长关于"人类健康百年"、酿出"让老百姓喝得起的真酒"、酿出"清香纯正、醇甜柔和、自然谐调、余味爽净"的好酒的凤愿，黑龙江荣程泰来酒业有限公司派出12名员工远赴西南4000千米，到西双版纳研学精品白酒的酿造技术，为荣程集团在民族健康产业体系上的持续壮大及在北方打造精品白酒奠定了坚实基础。

2014年，荣程集团在泰来县不断推动产业发展的同时，积极响应党中央号召，充分发掘企地联合共建潜力，激活乡镇产业，扩大农户增收，泰来县先天具备种植优势，黑龙江荣程泰来酒业有限公司通过订单收购的方式，与县域农户签订高粱订单，实现了农户增收、企业酿酒原料充足的双赢局面。

2016年，荣程集团助推打造泰来县工业经济新增长极。黑龙江荣程泰来食品产业科技开发有限公司以PPP模式开发建设，以高端绿色有机食品为主导产业，以大数据为支撑，助力于"互联网+现代农业"行动，建设以绿色有机健康食品原料生产、储藏、加工、运输全程可追溯体系为核心竞争力的中国寒地黑土区域健康食品全产业链专业化产业园区，以此打造工业地产，形成产业聚集。4月8日，荣程泰来时代健康食品产业园举行了复工仪式。8月31日，完成施工，公司更名为黑龙江荣程食品科技开发有限公司。泰来县依托荣程健康食品产业园，成功引进绿洲杂粮微波烘焙、林格贝叶黄素和植物蛋白提取等项目，厂房、公寓、办公楼同时对外招租，荣程园区集聚效应与吸纳能力不断增强，荣程集团为县域引进竞争优势强、市场空间大的好项目、带动县域持续夯实经济高质量发展根基做出了重大贡献。

2017年，荣程集团以极高的政治站位和大局意识践行企业担当，深入贯彻落实习近平总书记关于脱贫攻坚重要指示精神，在不断深入推进产业发展的同时，积极投身脱贫攻坚主战场，助力县域脱贫攻坚行动，突出项目引领、村企供应、推动形成企业与乡村融合发展的良好局面。荣程集团精准推动村企对接，倾力帮扶泰来县的贫困村——齐心村，积极帮助贫困户开展生猪养殖，不仅提供资金支持、引进优良品种，同时还帮助拓宽销售渠道，持续帮助贫困户改善生产生活条件，促进稳定增收，为泰来实现脱贫，以及后续的乡村振兴注入了强大动能。

2018年，荣程集团挖掘泰来县地处三省交界区位的交通优势，以及中草药种植的生态优势，深入谋划发展中药产业，与泰来县委、县政府持续对接探讨。5月，郝丽萍总经理带领泰来团队推进中国中药材仓储物流项目。9月，中药材物流基地规划建设方案通过专家评审，全国百个地道药材和集团百村地点相融合工作得以持续推进，为泰来中药产业持续发展奠定了坚实的基础。

2019年，荣程集团以极强的使命感和紧迫感深入落实乡村振兴战略，以更大的决心、更明确的目标、更有力的举措书写助力泰来"三农"新篇章。6月，荣程集团、泰来县人民政府、中国乡建院携手举办"聚力乡村建设 共谋乡村振兴"论坛。荣程集团与泰来县人民政府、中国乡建院签署战略合作协议，建设乡村振兴"泰来模式"，并在泰来县文化宫举行了百村计划签约仪式，以企业力量助推泰来乡村振兴事业快速发展。

2019年，荣程集团泰来公司不断完善园区内基础设施建设，提高园区承载能力，持续提升服务"硬"实力，为项目建设和产业发展创造了良好的基础设施，也为推动全县经济高质量的发展固本强基。黑龙江麦士德金包装有限公司成功入驻，荣程园区自招商以来，截至2021年成功入驻落地企业17家，提供用地近4万平方米，荣程园区筑巢引凤功能的充分发挥为泰来经济高质量发展打造了"最强引擎"。

2019年，荣程集团泰来公司为弘扬张祥青董事长的大爱无疆奉献精神，行善举、播爱心，用实际行动彰显社会责任与担当，在郑金辉经理的带领下自发组建爱心小组，通过水滴筹、县爱心协会资助泰来县困难学生和贫困人员。荣程用爱心诠释企业责任，用行动彰显企业担当，助力泰来学子成长成才、帮助困难群众脱贫致富，祥青精神传递着正能量，感召了更多人。

2020年，黑龙江荣程白酒酿造有限公司正式更名，4车间改建工程、清香型白酒一期项目厂房改造扎实启动，白酒项目正式投产。泰来县工业园区酒香四溢，张祥青董事长"酿让老百姓喝得起的真酒"的夙愿，在他辞世6年后终于得以实现。

张祥青董事长在苦难中成长，在奋斗中修炼，在成长中领悟，在成功中发光。他以高瞻远瞩的眼光运筹帷幄，他以雷厉风行的作风恪尽职守。在他身上，严谨细致的科学态度和果断洒脱的勇敢担当高度融合，他乐观自信、超越自我，他坚韧不拔、锲而不舍，带领着荣程集团不断壮大，推动着泰来各项事业高质量发展。

张祥青董事长为我们留下无尽的思念与缅怀，他对泰来的贡献永不磨灭，他的英名铭记在25万泰来人民的心中。

携手开创更加美好的未来

冶金工业规划研究院

寒来暑往，四季更替。弹指一挥，张祥青董事长已经离开我们整整10年了。岁月虽匆匆流转，但往事并不如烟。总有一些人、一些事会在我们的记忆中时常浮现，难以忘怀，张祥青就是其中的一位。他的生命虽定格在45岁，但他的精神在荣程集团落地生根、永续传承。

企业家精神弥足珍贵

说起张祥青，大家都知道他是年轻有为的钢铁老板、知名企业家、大慈善家。但是很多人不知道，他还有你想象不到的记忆：他是地震孤儿，他拾过破烂、卖过豆腐……

张祥青祖籍河北唐山。1976年7月28日，唐山发生强度里氏7.8级大地震，共造成24.2万多人死亡。张祥青的父母被大地震夺去了生命，他成了一个地震孤儿。那一年，张祥青7岁。后来，为了一家人的生计，年仅12岁的张祥青辍学了。辍学后，他拾过破烂、捡过废品。16岁时，他受政府的照顾，进入位于唐山市丰南区的一座钢厂，当了一名轧钢工。

1987年，18岁的张祥青离开钢厂，学做豆腐手艺。也是这一年，他认识了生命中的另一半张荣华。1988年，两人结婚，从卖豆腐、卖早点开始了他们的艰辛创业之路。1991年，两个人拿出1万元的全部积蓄和从亲戚手里凑来的8000元，开始到北京做起废钢生意。几经挫折，1992

年，张祥青从首钢贸易做起，渐渐进入钢铁行业。

1993年，张祥青靠废钢生意赚了300万元，而当年1月，国家除指令性计划外，放开钢铁产品价格，当时的中国处于计划经济向市场经济的转轨时期。可到了第二年，随着钢材需求的减少和资源的增加，供过于求，价格一路下跌，很多中小型钢厂都倒闭了。张祥青做废钢原料，行业不景气。困境之下，他把所有的钱投入一个小烧结厂，自此进入实体。1998年，张祥青夫妇创办丰南冀发特种钢材有限公司。1999年，又买断了滦南县滦粤钢铁厂，并成立了唐山市合利钢铁厂（唐山荣程的前身）。那个时期，正是钢铁由行业低谷渐渐转向底部低位的盘整阶段。2001年，张祥青夫妇果断决策，以分期付款的方式投资2.8亿元收购了濒临倒闭的天津渤海冶金工业，即后来的天津荣程，整个过程仅花了不到半个月的时间。

2008年，胡润富豪榜评估当时张祥青的身家已达百亿，2010年，他被福布斯富豪榜列为天津首富。也正在这一年，历经金融危机后的张祥青开始推动企业的多元化战略转型。2013年，融宝支付平台上线，荣程进入互联网支付和互联网金融领域。该年年底，时代记忆文化馆正式开馆，荣程集团由此步入良性健康持续发展的快车道。

今天，我们总是谈论企业家精神。什么是企业家精神？艰苦创业、勇于创新——张祥青的奋斗历程给了我们一个很好的答案。企业家是经济活动的重要主体。市场活力来自企业，特别是来自企业家，来自企业家精神。企业家精神，对于新时代的中国弥足珍贵。

切实履行社会责任

"穷则独善其身，达则兼济天下。"当一个人有基础、有条件、有能力的时候，要多帮助他人。这不仅是中国的传统精神，也是全人类在道德哲学上的一种共鸣。张祥青曾说过："人生真正的幸福是分享。当我能够给别人帮助时，自己也得到一分快乐。"这或许与他个人的成长经历息息相关。作为一个地震孤儿，能够成为远近闻名的企业家，张祥青认为离不开社会大家庭与政府的关爱。因此，他始终怀着一颗感恩的心，以实际行动回报社会。

从20世纪90年代开始，张祥青坚持"财富是大家的，是社会的"这一理念，在赈灾、抗击非典、扶老、助残、济困、助学、助医，以及支持文化事业、体育事业、环保事业等方面捐款捐物。在历次大灾大难面前，荣程集团都第一时间慷慨解囊，扶危济困。

2002年，张祥青一次性捐款230万元，成功治理了家乡煤河的水污染，使这里成为市民休闲度假的好去处。2003年非典期间，他带头向天津市卫生局捐款10万元，并向津南区卫生系统捐赠了价值38万元的医疗器械及药品。2004年，为救一个患肾病的职工，他带头捐款，为病人募集了30余万元用于换肾手术。2006年，张祥青被中华慈善总会授予"中华慈善事业突出贡献奖"。2007年，他又捐款40万元，定向资助天津的52名贫困孩子。在2008年我国南方雨雪冰冻灾害和2010年西南旱灾发生后，荣程钢铁曾分别拿出300万和100万元通过红十字会支援灾区。

最让人们印象深刻的是张祥青、张荣华夫妇向汶川地震灾区捐款1亿元的壮举。在2008年5月18日晚上央视抗震救灾《爱的奉献》大型募捐活动中，张祥青手捧"捐款3000万元"的牌子，冲着话筒激动地说："我刚跟夫人商量好，决定再追加捐款7000万元，帮助灾区人民尽快重建家园，为孩子们建震不垮的学校！"张祥青的捐款额成为当天募捐活动的个人捐款之最。

2021年，因在抗击疫情期间做出的突出贡献，荣程集团荣获第十一届"中华慈善奖"捐赠企业奖。2023年9月5日，荣程集团总裁、荣程钢铁集团董事长、荣程普济公益基金会理事长张君婷荣获"中华慈善奖"捐赠个人奖。目前，荣程的公益慈善脚步已遍及全国32个省市地区，帮扶人口300万人次，累计投入超10亿元。"感恩社会，传承爱心"这一公益理念已经融入荣程集团的血液之中。

社会是企业家施展才华的舞台。只有真诚回报社会、切实履行社会责任的企业家，才能真正得到社会认可，才是符合新时代要求的企业家。张祥青用他的实践完美诠释了新时代企业家的社会责任，并将其融入企业的基因，永续传承。

明天会更好

冶金工业规划研究院作为"政府机构参谋部、行业发展引领者、企业规划智囊团"，以"促进行业进步"为使命，多年来，与荣程集团相互信任、共赢发展，建立了非常好的合作关系。

2008年全球金融危机对钢铁企业产生了重大影响。企业未来如何发展？如何转型？战略路径如何选择？这些问题成为荣程集团迫切需要回答的问题。荣程集团与冶金规划院的合作机缘也从这里开始。当时，以李新创院长为首的冶金规划院专家根据国家宏观经济形势，以及行业发展趋势，结合荣程所处区位、装备等，对荣程的战略发展做出了全方位梳理，给出了科学的定位。我们对国家政策的深入分析，对经济形势、行业发展的精准把握，使荣程的发展思路更加清晰，发展的信心更加坚定。

多年的精诚合作，使荣程和冶金工业规划研究院相互信任，实现了联合联盟、共赢共荣发展。从最初共同研究制定钢铁主业"十二五"战略规划，到现在的全方位合作，双方合作领域不断扩大。不仅仅在企业战略规划等方面给予了专业性的指导，在绿色转型、产品研发、电子商务、智能制造、互联网金融、节能低碳等方面也进行了深度合作。

2015年12月24日，荣程集团与冶金工业规划研究院建立战略合作，签署《荣程——规划院"互联网+"战略合作协议》，共同打造行业领先、国内外知名的标杆式"互联网+"和智能制造示范。2021年2月3日，冶金工业规划研究院与荣程集团有限公司正式签署《碳达峰及降碳行动计划合作协议》。2023年8月30日，天津荣程联合钢铁集团有限公司召开天津荣程极致能效提升项目启动会，冶金工业规划研究院专家参加会议，重点围绕天津荣程极致能效提升工作、节能技术应用和能效优化路径进行研讨，并就现场调研进行详细部署……

经过10年来的快速发展，荣程集团现已形成钢铁能源、经贸服务、数字科技、新能科技、文化健康五大主体产业，研究院、商学院两院为智库，产业基金、公益基金两基金为发展动能的"1+7"顶层布局，构建"智云、智运、智造"三智合一的荣程模式和"产城融合、产融联动、产教联合、产研协同、产产共生"城乡产融一体化的发展模型，打造生产要素、生活要素集成商、服务商。在新时代全面推进数智化转型、绿色低碳高质量协同发展，为中国式现代化建设的有序推进，持续贡献荣程力量。

历史的脚步永远向前，从不停歇。在新的历史征程上，冶金工业规划研究院愿意与荣程集团继续并肩携手，共创美好未来。

"你只管静坐天国，我为你守候希望。你只管种下梦想，我替你振翅翱翔。你只管在那里守望，我们会为你梦拼搏……"对一个人最好的纪念，就是坚守他的初心、追逐他的梦想、传承他的事业、创造新的辉煌。衷心祝福荣程集团在张荣华女士的带领下创造出新的辉煌，在以中国式现代化全面推进中华民族伟大复兴的征程中做出荣程更大的贡献！

信念在人间激荡

中国冶金报社

"光辉齐日月，身影耀河山。"猛然间，天津荣程联合钢铁集团有限公司（现荣程集团）董事长张祥青去世已经10年了。在这位杰出企业家的领导下，荣程集团取得了飞跃式的发展，短短10多年时间就成为我国钢铁行业乃至世界钢铁行业的一支重要影响力量。中国冶金报社作为与荣程集团合作多年的媒体，已经在相互扶持和相互关爱中凝成了"血浓于水"的深厚情谊。在这个特殊的时刻，我们希望通过撰写一篇纪念文章，表达我们对张祥青的怀念之情、崇敬之意，以及对荣程集团的感谢之意、兄弟情谊。

今天，我们站在新的历史起点上，回望过去，感慨万千，也有一种强烈的时空穿越感——他的信念其实一直在人间激荡，他的精神从未离开我们。张祥青的一生，是一部充满拼搏、奋进的传奇，是一部充满大爱、仁义的史诗。他对钢铁事业的忠诚与执着，对国家、民族的责任与担当，成为我们永远学习的榜样。

荣程特质

以十一届三中全会的胜利召开为标志，中国进入改革开放的风雷激荡时期。改革开放东风劲吹，在古老的中华大地上催生了一大批优秀的企业家，像耳熟能详的钢铁行业的邯钢集团领导刘汉章、浙江海盐生产衬衫的步鑫生、浙江杭州万向集团公司董事局原主席鲁冠球等。与20世纪中国改革开放的脚步同步，张祥青也是这个时代的弄潮儿。

张祥青祖籍河北唐山。在唐山大地震中，他的父母被夺去了生命，他成了一个地震孤儿，这也造就了他不折不挠、敢于担当、展现大爱的品质。那一年，张祥青7岁。后来，为了一家人的生计，年仅12岁的张祥青辍学了。辍学后，他拾过破烂、捡过废品。16岁时，他受政府的照顾，进入钢厂当了一名轧钢工。

1987年，18岁的张祥青离开钢厂创业，也是这一年，他认识了携手一生、同甘共苦的另一半——张荣华。1988年，两人结婚，从卖豆腐、卖早点开始了他们的艰辛创业之路。1991年，两人拿出1万元的全部积蓄和从亲戚手里凑来的8000元，开始到北京做起废钢生意，从此迈入钢铁行业。

在1991年投身于废钢贸易之后，张祥青与北京一家钢厂签订了废钢渣采购合同，对废弃料精选后再发运到丰南交易，为企业以后的发展奠定了基石。随后，于1994年，张祥青设立顺达冶金原料厂，通过低成本经营使企业快速成长，企业规模逐渐扩大，走上实业报国之路。2018年改革开放40周年，荣程集团荣获"钢铁行业改革开放40周年功勋企业"称号。

张祥青的这种特殊经历也塑造了荣程集团的品质。如果你想要塑造你公司的品质，打造一家伟大的企业，就需要一种属于这家企业自身的文化特质。但是，伟大不是依靠智力，而是来自品质，品质决定命运。荣程集团是什么品质？从荣程集团的企业文化价值观可以略窥一二：诚信、创新、奋斗、奉献、共享。其中，诚信就是真字为人、诚字处事、德勤治家；创新就是做产业互联网金融的领跑者、运营模式的创新者、美丽庄园的建设者、健康标准的制定者；奋斗就是为位同频、付富对等、以奋斗者为本；奉献就是感恩社会、传承爱心、以奉献者为荣；共享就是成就社会、服务于民、利他忘我。此外，荣程集团的企业文化核心是家的文化，水的理念。

我们知道，创新是一家企业生产经营的常规操作，属于"器"的范畴，但是荣程集团的品质中有很大的比例是跟奋斗、奉献、共享等紧密联系在一起的。企业作为一个营利性社会组织，敢于高高举起"利他忘我"的旗帜，并始终如一，这种企业还是不多见的，而且荣钢集团更是将"利他"放在前，"忘我"随后，这种境界上升到哲学或者佛学的高度就是"无我""大爱"。我们有理由相信，张祥青的特殊经历，包括他成为孤儿，感受到组织的关心、爱情的滋养、奋斗的成功，让他格外地珍视"爱""家""奋斗"这类温暖的字眼。

有什么样的价值观，就有什么样的行动。2002年，张祥青一次性捐款230万元，治理了家乡煤河的水污染。2003年非典期间，他带头向天津市卫生局捐款10万元，并向津南区卫生系统捐赠了价值38万元的医疗机械及药品。2004年，为救一个患肾病的职工，他带头捐款，为病人募集了30余万元用于换肾手术。2007年，他又捐款40万元，定向资助天津的52名贫困孩子。在2008年我国南方雨雪冰冻灾害和2010年西南旱灾，荣程钢铁曾分别拿出300万和100万元通过红十字会支援灾区。2008年5月18日晚上央视抗震救灾《爱的奉献》大型募捐活动，张祥青手捧"捐款3000万元"的牌子，冲着话筒激动地说："我刚跟夫人商量好，决定再追加捐款7000万元，帮助灾区人民尽快重建家园，为孩子们建震不垮的学校!"

这是张祥青的品质,也是荣程集团的品质,更是改革开放后新一代钢铁企业家性格,还是我们钢铁人的品质。

众所周知,在改革开放的进程中,中国大地上曾经出现了数不清的乡镇企业、个体户,等等。比如江苏的苏南地区曾经有几千家冶金类企业,但大浪淘沙之后,所剩无几。像荣程集团这样跨越式发展壮大的企业,凤毛麟角。

拥有核心信念,每天都发自内心地检视目标竭尽全力地追求、持之以恒地追求;和爱的人一起,携手踏上征途。这就是张祥青的故事,也是荣程集团的文化之根,精神之源。

我们认为,张祥青的这个历程,实际上也是改革开放的时代缩影。

创新引领

打开2012年8月22日的《中国冶金报》,可以看到《关于表彰中国钢铁工业科技工作先进单位和优秀个人的决定》中,在中国钢铁工业优秀科技工作者中,赫然列着:天津荣程联合钢铁集团有限公司董事长张祥青,是108人中唯一具有董事长身份的优秀科技工作者。

2001年2月14日的《中国冶金报》,刊登了2000年实现全连铸的钢铁企业名单,在20家钢铁企业中(截至2000年,以170家为统计对象已有130家实现)唐山市合利钢铁厂赫然在列。其实,张祥青在1999年10月27日才成立唐山市合利钢铁厂。拥有了设备合理、能力匹配、工艺齐全的"一条龙"生产线,唐山市合利钢铁厂开始全流程冶炼钢铁。20世纪末到21世纪初期,全连铸被作为全行业的共性关键技术进行大力度推广，一些老的国有企业还在"平炉改转炉""模铸改连铸"的泥沼中讨论和挣扎，而唐山市合利钢铁厂起步就是全连铸。

一家钢铁企业最大的挑战来自技术和市场，其他的挑战还来自工业迭代、地缘政治和社会层面等。荣程集团将"创新"列为自己五大价值观之一。也许是张祥青在钢厂工作过的原因，他对钢铁行业有着浓厚的兴趣。在他的领导下，荣程集团秉承"以人为本、科技创新、追求卓越"的企业理念，不断加大技术创新和人才培养的投入，将荣程集团从一个小型钢铁厂逐渐发展成为具有国际竞争力的现代化钢铁企业。

2003年，首座拥有年产铁水百万吨能力的588立方米高炉点火投产；120吨顶底复合转炉投产，首条中宽带轧钢线投产，结束有铁无钢的历史。2004年，自建转炉生产钢水，成为实现钢铁全产业链条开闸源头。

2007年5月1日，荣程集团转型升级项目——100万吨精品高速线材生产线举行开工奠基仪式，极大丰富了产品线，提高产品附加值和企业竞争力。

2010年1月29日，天津荣程联合钢铁集团能源管理中心项目正式启动。9月13日，荣程集团投资控股的天津荣智达高新技术股份有限公司在滨海新区挂牌成立，正式启动了荣程集团"做精钢铁，做强科技金融，做大文化健康产业"的转型战略。

2011年，天津荣程投资11亿元从国外引进合金钢大棒材生产线。2011年2月，融宝支付公司成立，并获得中国人民银行颁发的第三方互联网支付牌照，成为钢铁行业内继宝钢之后第二个获得互联网支付牌照的钢铁企业，同时还取得了全国手机支付牌照。

2012年，荣程集团董事会主席张荣华总结提出"四位一体"联动发展模式，即围绕工业实体，结合现代物流，打造电子商务平台，实现互联网金融的新业态，完成工业实体加物流、信息流和资金流服务的综合产业布局。

……

仅仅这些不完整的事例，就给人一种极大的蹄疾步稳的紧张感和紧迫感。不过10年的时间，荣程集团就蜕变成了一个现代化、多元发展、实力雄厚的现代化大型钢铁集团。贯穿其中的就是对"创新引领"的坚持和践行，就是张祥青"普碳钢的成本，精品钢的质量"的坚如磐石的原则。

通常来说，期望值很高的人通常韧性很低。不幸的是，韧性在成功中很重要。但是，张祥青恰恰是最有韧性、最能持之以恒的企业家，无论经历多少挫折和痛苦。举例来说，当钢厂轧线变成"印钞机"的时候，你还能坚持"普碳钢的成本，精品钢的质量"的理念吗？恐怕很多企业就会进入拼命扩大生产的"捡钱模式"了，但是品质在张祥青这里是一直以来的坚守。

站在今天的角度，回忆荣程集团和张祥青的创新引领发展过程，可以使大家对"新质生产力"有更深刻的认识。

精神永存

民营经济是推进中国式现代化的生力军，是高质量发展的重要基础，是推动我国全面建成社会主义现代化强国、实现第二个百年奋斗目标的重要力量。习近平总书记指出："市场活力来自于人，特别是来自于企业家，来自于企业家精神。"《中共中央国务院关于促进民营经济发展壮大的意见》对促进民营经济发展壮大做出了新的重大部署，提出"在民营经济中大力培育企业家精神，及时总结推广富有中国特色、顺应时代潮流的企业家成长经验"。

改革开放以来，我国一大批优秀企业家在市场竞争中迅速成长，一大批具有核心竞争力的企业不断涌现，为积累社会财富、创造就业岗位、促进经济社会发展、增强综合国力做出了重要贡献。新征程上，我们仍要大力弘扬优秀企业家精神，更好发挥企业家作用，促进民营经济发展壮大。

回忆我国钢铁工业的发展历程，无数钢铁英雄为国家建设做出了巨大贡献，他们的无私奉献和艰苦奋斗，也为今天的我们留下了宝贵的精神财富。"孟泰精神""马万水精神""攀枝花精神""铁山精神""李双良精神""曾乐精神"曾被原冶金工业部誉为钢铁行业的六大精神，为在强起来的道路上探索实践的钢铁人树立起了精神的标杆，直到今天依旧深刻影响着新一代的钢铁人。

企业家是经济活动的重要主体，企业家精神是推动经济发展的重要动力。在新时代的钢铁人精神谱系上，我们认为需要增加新的钢铁精神，需要新的企业家精神。

新时代需要什么样的企业家精神？爱国敬业、遵纪守法、艰苦奋斗、创新发展、专注品质、追求卓越、诚信守约、履行责任、勇于担当、服务社会等都是企业家精神的题中之义。当前，民营企业践行新发展理念、转变发展方式、转换增长动力，坚守主业、做强实业，自觉走高质量发展之路，都要求民营企业家大力弘扬优秀企业家精神。

今天，从张祥青和荣程集团身上，我们看到了爱国敬业，看到了艰苦奋斗，看到了创新发展，看到了诚信和责任、专注品质等企业家的精神内涵，就让我们将其概括为"祥青精神"吧。

让我们感谢张祥青为中国钢铁工业发展做出的巨大贡献，是他的坚定前行，为我国钢铁事业书写了新的辉煌篇章。

让我们铭记张祥青的精神，更加坚定地肩负起时代赋予我们的责任，为我国钢铁事业的繁荣发展贡献自己的力量。

让我们再次向张祥青表示崇高的敬意，愿他在天堂继续守护着他钟爱的钢铁事业；同时也祝愿荣程集团在张荣华主席的领导下更加辉煌，为实现中华民族伟大复兴的中国梦贡献更多力量。

斯人已逝，精神永存！

钢铁意志，祥青精神

天津市钢铁工业协会　天津市冶金商会

　　张祥青同志是荣程钢铁的创始人、前董事长。他不仅仅为荣程钢铁的发展倾注全身，也为天津钢铁工业的发展做出了突出贡献。他生前非常关心支持天津钢铁工业的发展，在天津钢协成立之初，他和全市各钢铁企业领导们一起，为促进大津钢铁工业的健康可持续发展，以及协会的建设献计献策，身体力行。他的事迹至今被钢铁人传颂，激励着天津钢铁工业干部、员工勇担使命、创新创业。

　　从收购渤海冶金到成立荣程钢铁，张祥青同志带领全体员工爬坡过坎，在艰难困苦中拼搏向前，可谓艰苦创业，孜孜以求。他不断追逐"百年绿色荣程"的梦想，致力打造现代化优钢特钢企业，把荣程建设成为天津钢铁工业发展中的重要力量。他为人朴实，干事厚道，把诚信作为荣程长久发展的根基，对政府、对客户、对员工，都是言必信，行必果，把信誉放在首位。他敢于创新，敢于先行先试，以冶炼特种钢为目标，不断追求技术突破，创造了很多的行业纪录，特别是建设转底炉直接还原装置，敢为人先的事迹令天津钢铁人难忘。他是刻苦钻研技术的模范，在冶炼工艺技术上爱学习、爱钻研，还总是有新想法、新举措，比如在高炉冶炼大胆使用国外矿，冶炼系数一度保持行业领先，业内都对他感到由衷的敬佩。他心怀大爱，胸襟豁达，善良正直，对社会公益事业，一点不含糊，甘于奉献。2008年汶川地震突发，他毅然捐款亿元，感动全国，被誉为"中国最具社会责任感的民营企业家"。为我们钢铁人争了光，为我们天津争了光！

今天，在他的爱人荣程集团董事会主席张荣华的带领下，荣程集团在绿色低碳、专精特新产品研发、智能制造、产业链深度融合、促进共同富裕等方面，勇担当、做标杆、当示范，企业发展发生了翻天覆地的变化，成为天津市民营企业的一面旗帜。张祥青同志的女儿张君婷接过父亲的接力棒，不仅担任了荣程集团董事长，成为荣程发展的接班人，还担任了天津钢铁工业协会、冶金商会的轮值会长，全体荣程干部、员工秉承"为责任而生，为使命而活，为传承而前行"的信仰砥砺奋进，以实际成绩告慰张祥青同志的在天之灵，让他的事业基业长青！

我们欣喜地看到，荣程集团实现了跨越式发展，绿色高质量发展水平不断实现新提升，在全国民营企业500强排名中名列前茅，荣获"全国文明单位""中华慈善事业突出贡献奖""全国绿色工厂"等多项荣誉称号，助力了天津钢铁工业的可持续发展。

我们坚信，在未来的道路上，荣程集团一定会秉承"自强不息、奋斗不止、永不言败"的祥青精神，担当起新时代荣程人的新使命。在张荣华主席的带领下，荣程集团勇毅前行，奔向世界一流钢铁企业行列，实现百年绿色荣程的奋斗目标。我们也相信，在张祥青同志事迹的感染下，全市钢铁企业定将以党的二十大精神为引领，抓改革、求发展、锐意进取，积极融入天津"十项行动"，坚定不移向高端化、智能化、绿色化转型升级，持续推进钢铁工业健康可持续发展，为推进中国式现代化、实现中华民族伟大复兴贡献"天津钢铁"力量！

告慰祥青

荣程赋

岁逢辛丑，时维暮春。倾接荣程盛邀，为其企业庆典赞贺，深感荣幸之至。欣喜之余，始觉骈语浩繁。奈何因情所困，便不揣寡陋，试韵以为酬答。斯时，渤海涌潮，滨城焕彩；津沽铺锦，日月同光。迩刻，再忆沉年往事，穷搜故纸轶闻，别有一番滋味在心头。嗟夫！逝者如斯，后生可畏，何其相似乃尔?! 抚今追昔，恍恍然已三十年矣。诗不足表，词安以达？遂藉赋句而铭之。

大道，乃乾坤之势也；弘德，辄创业之基焉。举凡揣梦之人，或为积贫奋发，或因羸弱克难。思既往诚可叹，想来者足以观。红尘三昧，庶几皆然。至若，古有"文君当垆""相如涤器"之佳话，今闻"祥青创业""荣华助夫"之美谈。天道轮回，同工异曲；吾侪何幸，得以仰瞻?!

洎呼！有祥青者，降诞丰南。幼年蒙难，遍尝辛酸。奋发向上，意志弥坚。虽有悍孤之痛；而无气馁怨烦。白手起家，不屑虚功暴利；少年创业，但凭赤臂双拳。韬光养晦，何惧千折百转；筑梦夯基，哪求一日三餐。累月经年，栉风沐雨；积微成著，秉抱攀岩。尤喜上天眷顾；更期玉女结缘。奉爱捧真，同甘共苦；荣华舍却，笑看人间。瑟弄琴调，夫唱妇随齐奋进；相濡以沫，夙兴夜寐共维艰。欣欤！迎改革之大潮，奏振兴之序曲；描创新之远景，占时代之前沿。大哉！骏业乘祥风追梦；

荣程伴盛世扬帆。铁水横流，彰显磅礴气慨；钢花四溅，织出美丽家园。

君不见？怀恩报德，反哺在前。行仁仗义，大爱无边。扶贫济弱，助学赈捐。汶川义举，宛似隔烟。化茧成蝶，英魂永驻常思忆；勋功傲世，大业宏开只等闲。一瓣心香，遥寄蓬莱仙岛；几行诗意，沉吟空谷幽兰。五岳三山，化作擎天柱础；千头万绪，汇成战地誓言。呜呼！柔肩挑重担兮，含悲接力；纤手挽狂澜兮，忍泪出山。情比天高，且送龙腾追梦走；爱同海阔，试看风振凯歌还。

俱往矣！三十年长歌如幻；十四五重任在肩。一纸温馨，几许改革缩影；两行脚印，太多创业悲欢。看今朝！长缨在握，使命着鞭。吹响冲锋号角；哪容自满偏安。踏锦程，抢抓机遇；偿夙愿，致远襟宽。红色传承，记忆转为动力；精神钮带，赤诚化作源泉。辟路筹谋，多业并举开新境；举旗扬帜，凝心聚力闯雄关。两树两轴，多元广利；一带一路，大道结缘。四力齐开，打造荣程物产；三牛并进，聚焦绿水青山。约纵联横，链接西北；焚膏继晷，剑指东南。展未来！实业为根，初心不改；平台为体，使命凭栏。科金为王，融合发展；数字为核，宇宙空间。噫吁嚱！文化频弹自信曲；民营再赋智能篇。表我荣程兮，转型跨越；颂吾国祚兮，坚稳如磐。赞我时代兮，初心永葆；盼吾华夏兮，绮梦终圆！

赞曰：承天之道，纬地之凭。党之政策，民之郊迎。

薰风化雨，沐浴恩情。改革开放，诞育雄鹰。

荣程启幕，白手躬行。卅年路漫，廿载引擎。

二人创业，做大民营。同心所向，共束长缨。

未酬壮志，天妒精英。罡星陨落，万众涕零。

衔悲蓄志，云淡风轻。荣华吐曜，石破天惊。

顶层设计，高屋建瓴。百年变局，斩棘披荆。

一体两翼，多元共赢。民族血脉，红色为经。

城乡并进，农村振兴。楷模时代，举世闻名。

种仁播爱，青史垂铭。多轮驱动，阔步不停。

荣程揽月，物产摘星。胸怀天下，襟抱豪情。

辉煌再造，领袖挥旌。神州逐梦，唱与君听。

中华耀世，禹甸昌宁。

光荣历程

"七五"时期（1986年—1990年）创业 致富

1988年，伉俪结缘，开启荣耀征程

12月13日，荣程创始人张祥青、张荣华结为夫妇，开始做豆腐、卖早点，就此走上了风雨同舟、艰苦创业之旅。借助改革开放的东风，开启了一个民营企业发展的荣耀征程。

"八五"时期（1991年—1995年）开拓 创新

1991年，投身废钢贸易，开启辉煌旅程

1991年，投身于废钢贸易，与北京首钢签订了废钢渣采购合同，对废弃料精选后再发运到丰南交易，为企业以后的发展奠定了基石。

1994年，设立顺达冶金原料厂，走上实业报国之路

组建唐山丰南顺达冶金原料厂，通过低成本经营使企业快速成长，勤奋、睿智、诚信，企业规模逐渐扩大，走上实业报国之路。

"九五"时期（1996年—2000年）盘活 拓展

1998年，组建唐山丰南冀发特种钢材有限公司，企业发展进入快车道

1998年4月28日，组建唐山丰南冀发特种钢材有限公司，在同行业里率先使用高炉煤气生产烧结矿，不仅解决了高炉煤气放散造成的空气污染问题，也给企业带来了可观的经济效益。

1999年，成立唐山市合利钢铁厂，钢铁是这样炼成的

1999年10月27日，成立唐山市合利钢铁厂。拥有了设备合理、能力匹配、工艺齐全的"一条龙"生产线，开始全流程冶炼钢铁。2003年更名为唐山市荣程钢铁有限公司。2011年4月，投入16亿元进行生产线的改造升级，装备技术达到行业主流水平。

"十五"时期（2001年—2005年）逐梦 蝶变

2001年，高效并购，迅猛发展，创造天津奇迹

从初步接触，开始谈判，到整体买断原渤海冶金钢铁公司，仅用了短短14天时间，于2001年4月28日改组成立天津荣程钢铁厂。当年即实现产值1.3亿元，上缴税金252万元，将一个倒闭企业转变为快速发展的经济奇迹。

2003年，迈入集团化经营发展轨道

首座拥有年产铁水百万吨能力的588立方米高炉点火投产，首条中宽带轧钢线开始建设。天津荣程联合钢铁集团有限公司正式注册成立，步入快速发展轨道。

2004年，钢铁全产业链条发展

首条轧材生产线一号750中宽带轧线，以及一号120吨转炉先后竣工投产，结束了有铁无钢无材的历史。相继完成15000立方米制氧、高炉、焦炉煤气的回收利用和三号高炉等重点项目的技术改造，钢铁产业步入全产业链发展阶段。

"十一五"时期（2006年—2010年）转型 跨界

2007年，精品高线奠基，荣钢男篮成立

2007年5月1日，荣程转型升级项目——100万吨精品高速线材生产线举行开工奠基仪式，极大丰富了产品线，提高了产品附加值和企业竞争力。2007年，荣程成立荣钢男子篮球俱乐部，使天津男篮升级"职业队"。

2008年，大爱义举，感动中国

2008年汶川地震，张祥青夫妇捐款1亿元，并表示要帮助灾区人民重建家园，建"震不垮的学校"。由荣程援建的宁强、略阳两县荣程中学于2010年建成。2008年12月5日，张祥青参加2008年度中华慈善大会，荣程荣获"最具爱心内资企业"，胡锦涛、李克强等国家领导人接见获奖代表。

2010年，战略转型，开启多元化发展

2010年1月29日，天津荣程联合钢铁集团能源管理中心项目正式启动。9月13日，荣程投资控股的天津荣智达高新技术股份有限公司在滨海新区挂牌成立，正式启动了荣程做精钢铁，做强科技金融，做大文化健康产业的转型战略。

"十二五"时期（2011年—2015年）联动 传承

2011年，做精主业，科技金融开始发力

2011年，荣程投资11亿元从国外引进合金钢大棒材生产线。2月，融宝支付公司成立，并获得中国人民银行颁发的第三方互联网支付牌照，成为钢铁行业内继宝钢之后第二个获得互联网支付牌照的钢铁企业，同时还取得全国手机支付牌照。

2012年，四位一体，进入联动发展新模式

2012年，张荣华总结提出"四位一体"联动发展模式，即围绕工业实体，结合现代物流，打造电子商务平台，实现互联网金融的新业态，完成工业实体加物流、信息流和资金流服务的综合产业布局。

2013年，全面开花，开启新起点、新征程、新跨越

2013年，融宝支付上线发布会隆重举行，当年实现交易额超百亿元。融通物贸（天津）电子商务有限公司成立，被工信部授予"电子商务集成创新试点工程"项目。12月13日，祥青堂开业，成为荣程健康产业发展新的里程碑。12月26日，历时50天建成的天津时代记忆馆投入运营，标志着荣程向文化产业转型迈出可喜的一步。

2014年，不忘初心，接力祥青，传承梦想

2014年8月9日，荣程创始人、董事长张祥青离开了一手铸造并为之奋斗终身的舞台。张荣华临危受命，出任集团董事会主席，接力祥青，传承梦想。10月，荣程在云南西双版纳顺利投粮酿酒，健康产业掀开了新篇章。天津联合冶金商品交易中心上线运营。

2015年，砥砺前进，稳中有进，"十二五"圆满收官

2015年，钢铁主业坦克炮管钢成功打入军工市场；滨海云商金控（天津）投资集团有限公司顺利挂牌，形成涵盖第三方支付平台、大宗商品交易平台、商业保理、融资租赁、金融服务、资产管理等多平台、多牌照的产融结合、互联互通、联合联动发展格局；荣程成立天津市荣程普济公益慈善基金会，公益慈善事业开启系统化、规范化运行。

"十三五"时期（2016年—2020年）融合 叠变

2016年，"十三五"开局，持续保持高质量发展

2016年，荣程持续保持高质量发展，与中国金属学会合作，在荣程成立院士专家工作站，为产品研发引进高级专家智库。12月26日，首届"12.26时代论坛"成功举办，正式开启寻找非遗、寻找匠人、塑造匠人的路程。

2017年，文化产业全面发力，开启国际化新征程

2017年，荣程积极践行"一带一路"倡议，先后开展时代记忆美国行、英国行、斯里兰卡行、捷克行，传播与展示中华优秀传统文化，开启荣程国际化新征程。4月，天津荣程小百花越剧表演有限公司成立，创作演出的交响乐越剧《红楼梦》取得了巨大成功。12月26日，荣程仅用33天就建成了56个民族研究中心。

2018年，创业三十载，荣程再启航

2018年是改革开放40周年，荣程荣获"钢铁行业改革开放40周年功勋企业"称号。经营业绩创历史最好水平，钢铁板块多项生产技术指标

刷新历史最好水平，竞争力评级获钢铁企业A级（特强）；科技金融板块支付、金融、征信、保险、交易于一体的场景建设取得阶段性成果；设立时代记忆专项基金，举办"时代记忆·乡村振兴"论坛、"时代记忆·魅力非遗"全国非遗文化公益行等活动，56个民族非遗文化保护传承中心迎来首批非遗传承人入驻；健康板块大批新产品成功上市。多元板块多点突破，彰显转型之进。

2019年，铸就百年时代记忆，打造百年绿色荣程

2019年是中华人民共和国成立70周年，是荣程创业又一个30年的开局之年。天荣率先实现高炉热风炉脱硫超低排，国内首条1100毫米全连轧带钢生产线投产；荣程获"全国企业文化优秀成果"一等奖、钢铁企业综合竞争力评为A级（特强）、"国家级绿色工厂"荣誉称号。

2020年，创新融合，叠变共赢，同心抗疫，圆满收官"十三五"

面对突如其来的新冠疫情，荣程第一时间捐款1亿元，坚持疫情防控和复工稳产"双手抓"，全力保障企业人员健康安全及生产运营，经营业绩逆势增长。2月2日，成立天津荣程新智自然科学研究院有限公司。董事会主席张荣华荣获"全国劳动模范"荣誉称号，为胜利完成"十三五"画上圆满句号。

"十四五"时期（2021年—2025年）协同 共生

2021年，新格局、新动能、新跨越，启航"十四五"

2021年，荣程迈入数字化转型、绿色低碳高质量协同发展新征程，形成"1+7"整体布局。4月28日，天津融诚物产集团有限公司成立。

12月15日，浩物股份（000757）成为荣程首家实控上市公司。天津首个氢能运输示范应用场景、光伏发电等重点项目相继落地，荣程的"十四五"扬帆启航！

2022年，逆风而上、坚毅前行，百折不挠、勇攀高峰

2022年是党的二十大召开之年，是实施"十四五"规划关键一年。荣程深入融合协同，协力创新开拓，在推进"大结构""新一高"上抓落实，全力扛起稳住经济盘责任。"5G+三智园"正式启用；荣程钢铁7个项目获天津市质量攻关奖，刷新纪录；荣获我国钢铁产品实物质量水平认定的最高奖项"金杯优质产品"；当选企业标准"领跑者"；获评天津市级制造业单项冠军企业；荣程智运单日签收量首次突破10万吨大关；捐款1500万元助天津抗疫；"先行者"8连胜闯进季后赛……荣程整体经济运行稳中向好，高质量发展取得新成效，协同发展形成新动能，绿色发展实现新提升，品牌影响跃升新高度。

2023年，坚定信心，团结奋发，勇毅前行，再立新功

2023年，是全面贯彻党的二十大精神的开局之年。荣程坚决把思想和行动统一到党的二十大精神上，围绕数智化转型、绿色低碳高质量协同发展的主线，优化顶层设计和战略规划，形成荣程钢铁、融诚物产、上海数科、文化健康、新能科技五大集团，强化融合协同，坚持稳与拓双轮驱动、量与质双向提升，不断增强高质量发展的本领和实效。实干成就未来，团结才能胜利，新征程是充满光荣和梦想的远征，荣程将保持强烈的责任感、使命感，以奋发有为的加速度，以新作为、新气象为中国式现代化的推进和拓展贡献力量。

后

记

后　记

　　《钢铁人生——平凡而非凡的人生》这本纪念文集出版了，但愿读者读完所有的文章后掩卷沉思，祥青的形象能够立体化地呈现在大家眼前。

　　祥青是一位企业家，更是一位传奇性人物，他的存在对荣程具有史诗般的意义，更有殿堂级的价值！祥青是一个博大的题材，承载着一个时代的命题。虽然他的生命仅仅存续了45年，却光芒四射，熠熠生辉！他是唐山地震的幸存者，幼时饱尝了生活的艰辛和人间的冷暖。他也是时代的弄潮儿，生逢改革开放的伟大时代，从零起步奠定了荣程事业的坚实基础。他和夫人张荣华，以创业者的姿态，艰苦创业，百折不挠；以企业家的胆识，励精图治，卓越奋进；以"穷则独善其身，达则兼济天下"的家国情怀，感恩社会，传承爱心。在他们身上，我们看到中国企业家的品格、精神！

　　10年前，荣程集团董事会张荣华主席满怀对祥青的赤诚真爱，在他离去后毅然接过了旗帜，带领荣程继续前行。她以坚定的信念和毅力，接续奋斗，不断创新，让祥青未竟的事业绽放出更加耀眼的光芒。她的智慧和勇气让荣程人更加团结，活力和凝聚力空前高涨，引领荣程实现了跨越式发展。她的坚持和努力，让人们看到了爱与责任的力量，她用自己的方式传承与发扬，推动荣程在高质量发展的道路上行稳致远，阔步向前。

10年来，祥青的一双儿女君婷和锡尧茁壮成长，才华出众，肩负着父亲的遗志，踏上荣程的舞台，和母亲一起推动事业发展，他们的成长是家族精神的延续，也是对祥青最好的告慰。

传承祥青精神，是我们前行的指引。他的创新精进，如同明灯照亮我们的道路；他的坚韧不拔，如同利剑助我们披荆斩棘；他的社会责任，如同盾牌守护我们的初心。

传承祥青精神，意味着珍视他的大无畏创业经历，珍惜荣程今天来之不易的成就，鼓励大家敢于挑战传统，在困难面前勇于亮剑，攻坚克难，不断进取，追求卓越。

传承祥青精神，是荣程持续发展的引擎。不仅有助于保持荣程的核心竞争力，还能在不断变化的市场环境中始终保持活力。这些精神财富不仅推动了荣程的发展，更激励后来者不断前行。

10年，在中华民族伟大复兴事业的时间长河中，仅仅是一个片段。今天的荣程，正以坚定的信心、扎实的脚步走进新时代，迈向新征程，荣程万名家人会牢记祥青留下的"自强不息、奋斗不止、永不言败"的铮铮誓言，勠力同心。以祥青精神为帆，开创未来的航程，在创新中求变，在坚韧中成长，在责任中前行，共同书写荣程的辉煌篇章。

本书创编工作得到荣程高度重视，张荣华主席更是多次组织会议听取创编工作汇报，并提出具体指导意见。创编工作组怀着神圣的使命感、责任感，严肃认真、不辞辛劳地策划与组织。不论是行业协会，还是祥青走过的地方政府、院校；不论是业界翘楚，还是曾经与祥青共同合作过的朋友、伙伴；不论是公司同事，还是祥青的至亲好友，均对本书的创编工作给予了大力支持。大家对祥青的认可、对荣程事业的关爱、对荣华主席的支持，形成了这本千姿百态、形象灵动、真实感人、震撼心灵的祥青故事，汇成了追忆祥青、纪念祥青、感恩荣程、传承精神的力量源泉！

感谢所有为这本书付出辛劳的策划者、口述者、采访者、编写者、出版者……致敬并感谢相关各级政府、相关院校、中外友人、荣程集团各系列代表对祥青的正确定位、高度赞誉、无限追思和深切缅怀！

祝愿荣程的明天更加灿烂辉煌！